全国高等美术院校建筑与环境艺术设计专

Eternal Brilliance

A History of Ancient Western Architecture

永恒的辉煌

外国古代建筑史

（第二版）

王其钧 编著

中国建筑工业出版社

前 言

　　西方人常常将建筑史的断代划分为 19 世纪以前和 20 世纪以后两个时期。我们国内的教材一般是把新古典主义建筑以前的内容，作为外国古代建筑史的部分；从新艺术运动、工艺美术运动开始，将其后的内容归入近现代建筑史的范围。本书就是按照国内的习惯性做法划分的，其内容从古埃及的建筑开始，至新古典主义风格的建筑为止。这样做的目的，是为了和国内其他教材的内容范围统一。

　　外国古代建筑的成就，是人类文明史的一部分，是社会发展和科学技术发展的一个过程，同时，又是世界艺术发展的一个重要方面。欧洲的绘画历史主要是从 13 世纪后期，被称为"西方绘画之父"的乔托（Giotto di Bondone 1267 ～ 1337 年）开始的。在此之前，还较少有经典的单幅架上绘画作品留存。欧洲的建筑历史，则可以从公元前 2000 ～前 1700 年古希腊克里特岛上最早的米诺斯宫殿（Palace of Minos）的兴建开始，其后就有大量的精彩建筑留存至今。古埃及和两河流域的建筑历史则更加悠久，初步建筑成就的取得在时间上可以追溯到公元前 3000 年之前，并且还有建筑实例或建筑遗址可供今人参观。我这里主要想表达的意思是，在古代美术的长河中，建筑艺术所占的比重是超过绘画艺术的。

　　总体来说，外国建筑的发展是由简而繁的。通过地中海的交流，欧洲最初的建筑艺术是在学习了古埃及的建筑经验基础上发展起来的。古埃及人将石头作为构筑大型建筑的主要材料，并使用柱子和横梁结构建成大型的神庙建筑。这种柱子和横梁的结构形式为后来的古希腊建筑所模仿。

　　希腊的庙宇建筑，不仅在柱子的形式上发展出了几种成熟的模式，而且在建筑的造型上也形成了优美的风格。山花、柱廊、雕刻等被后世公认为经典的建筑手法一直影响着其后各个时期的西方建筑。

罗马帝国时期，由于罗马军队对希腊的入侵，使罗马人受到古希腊建筑艺术的感染，再加上国力的强盛，社会生活的需求随之扩大，因而罗马人在学习古希腊神庙建筑的基础上发展出了更多公共建筑类型，建筑的形式也随之越来越复杂。古罗马建筑大量使用拱券和穹隆结构，使用壁柱形式和混凝土等建筑材料，建筑规模宏大，并在建筑艺术方面有多种创新，为西方古典后期建筑的发展奠定了更为坚实的基础。

东罗马时期的拜占庭帝国，将基督教合法化，因而在此之后的漫长历史时期里，教堂的建设变成了欧洲各地区建筑活动的主要内容。拜占庭地区在地理位置上处东西方的交界处，而且此时正值基督教分化为天主教和东正教。因此，几乎在整个中世纪，信奉东正教的拜占庭地区的教堂建筑一直在四臂等长的希腊十字形平面上尝试发展，并将古罗马和东方的建筑结构与技术相融合，创造出了鼓座、帆拱等新建筑形式，使圆形平面的穹顶可以坐落在正方形平面墙体的建筑之上。

中世纪时期的社会相当压抑，当时的欧洲建筑发展，主要集中在教堂及堡垒两种建筑类型的营造上。在教堂的建设上，为求在不断完善技术和结构的基础上将教堂建得尽量高大。由于人们的逐渐尝试，出现了高耸的哥特式建筑，豪迈地表现出人们对于这种代表自己理想的上帝崇拜与对美好愿望的追求。受宗教压抑的这种保守的社会状态，直到文艺复兴时期随着人文思想的发展才有所改善。人们在思想和艺术上追求解放，也使欧洲的建筑风格为之一变，这时不仅出现了大量优秀的建筑作品，还出现了许多优秀的雕塑和绘画作品。

但是建筑艺术的发展是永远不会停止在一种风格上的，随着富有教会的炫耀需求，奢华的巴洛克建筑由此诞生，而在正值皇权统治鼎盛时期的法国，在路易十四国王的鼓励下，繁缛的洛可可风格也孕育而生。不过真正的艺术还是要有传统和文化内涵的，因此，仅以注重装饰性见长的巴洛克和洛可可两种建筑风格流行时间不长，就被端庄沉稳的新古典主义建筑所取代了。新古典主义建筑的产生和文艺复兴建筑的产生一样，都是真正的建筑师和艺术家到古希腊和古罗马建筑中去重新寻找艺术真谛，而后用严谨的比例法则创造出的一种新的建筑艺术。

　　纵观建筑历史，影响建筑风格的不外乎自然与人文两种因素。自然因素主要包括地理、地质、气候、材料的影响，而人文的影响主要是文化、宗教和传统。由于建筑艺术与民族文化的关系密不可分，因此，建筑史就是人类社会进化演变过程的一个缩影。从古埃及、两河流域、古印度、古代美洲、古希腊、古罗马、拜占庭等国家和地区，直至中世纪欧洲以及文艺复兴影响到的几个国家的建筑发展就可以看出，无论什么民族，建筑与其社会、经济、技术的发展总是息息相关的。

　　在当今社会发展日益国际化的潮流下，认真学习外国古代建筑史，对于学习艺术专业的学生来说，是非常必要的。学生掌握的建筑文化知识越多，在进行创新设计时，才会越有自信心。还有一点我也想强调，就是对其他民族和地区文化研究得越多，就越有利于让自己融入到当今这股全球化的浪潮之中，并在此基础上更有力地发展和弘扬本民族的文化特征。

王其钧

2009 年 7 月于中央美术学院城市设计学院

CONTENTS
目 录

前 言

第一章 埃及建筑 /1
第一节 综述 /1
第二节 古王国时期的建筑 /3
第三节 中王国时期的建筑 /7
第四节 新王国时期的建筑 /9
第五节 异质化的古埃及后期建筑 /15

第二章 欧洲以外地区的建筑 /19
第一节 综述 /19
第二节 古代西亚建筑 /24
第三节 印度建筑 /32
第四节 日本建筑 /40
第五节 伊斯兰教建筑 /44
第六节 美洲古典建筑 /51

第三章 古希腊建筑 /61
第一节 综述 /61
第二节 爱琴文明时期的建筑 /64
第三节 古希腊柱式的发展 /67
第四节 雅典卫城的神庙建筑 /72
第五节 希腊化时期多种建筑形式的发展 /78

第四章 罗马建筑 /85

第一节 综述 /85

第二节 柱式的完善与纪念性建筑的发展 /89

第三节 城市与城市建筑 /95

第四节 宫殿、住宅与公共建筑 /102

第五章 早期基督教建筑与拜占庭建筑 /109

第一节 综述 /109

第二节 早期基督教建筑 /111

第三节 拜占庭建筑 /117

第六章 罗马风建筑 /133

第一节 综述 /133

第二节 意大利的罗马风建筑 /136

第三节 法国罗马风建筑 /141

第四节 英国和北方的罗马风建筑 /147

第五节 德国罗马风建筑 /152

第七章 哥特式建筑 /157

第一节 综述 /157

第二节 法国哥特式建筑 /161

第三节 英国哥特式建筑 /166

第四节 其他地区的哥特式建筑 /172

第八章 文艺复兴建筑 /181

第一节 综述 /181

第二节 意大利文艺复兴建筑萌芽 /184

第三节 意大利文艺复兴建筑的兴盛 /190

第四节 意大利文艺复兴建筑的影响及转变 /196

第九章 巴洛克与洛可可风格建筑 /203

第一节 综述 /203

第二节 意大利巴洛克建筑 /207

第三节 法国巴洛克与洛可可风格的诞生 /213

第四节 巴洛克与洛可可建筑风格的影响 /218

第十章 新古典主义建筑 /227

第一节 综述 /227

第二节 法国的罗马复兴建筑 /230

第三节 英国的希腊复兴建筑 /235

第四节 欧洲其他国家古典复兴建筑的发展 /239

第五节 美国新古典主义建筑 /243

后 记 /250
参考书目 /251
选图索引 /253

第一章　埃及建筑

第一节　综　述

古埃及是世界上最早创造出高度发达文化的古文明地区之一。当时的人们是在神权思想基础上发展其政治、文化、艺术等社会上层建筑领域的，因此古埃及的代表性建筑作品也以崇拜神的宗教性建筑为主。从很早古埃及就已经形成了一套建立在原始崇拜基础上的、完整的神祇家族崇拜体系，这套体系中的神的职责包罗万象，各种自然现象和人的生老病死等生活的各个方面都有不同的神祇对人们予以保护或惩罚，因此在古埃及人的生活中，神权被认为具有至高无上的力量，包括法老（Pharaohs）在内。对古埃及人而言，他们所崇信的诸神，是世间万物一切生命的缔造者，是一切死亡的守护者，也是不容置疑的裁判者。神祇们通过丰收、饥荒、战争、兴盛、疾病等很多方式来向人们宣布他的判决。

古埃及文明主要分布于非洲东北部的一个细长的沿河绿洲地带，其西面是荒无人烟的撒哈拉沙漠（The Sahara Desert），东面隔沙漠与红海（Red Sea）相接，南面是瀑布和山川，北临地中海（Mediterranean）。

古埃及富饶的条形文明带长约1200公里，宽约16公里，在历史上这片领土经常被分为两个埃及：南部以尼罗河（The Nile

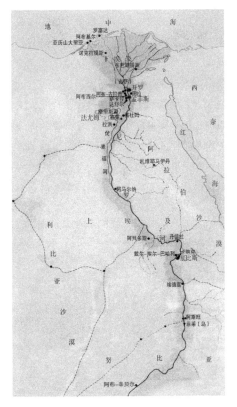

古埃及主要城市分布图

古埃及的主要城市都分布在尼罗河细长的绿洲带上，早期文明发展主要集中在入海口的三角洲附近，后期则逐渐向内陆伸展，文明中心也移至底比斯。

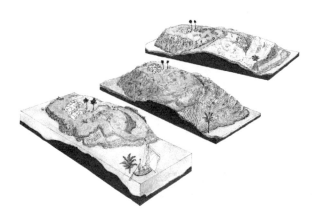

尼罗河水每年有规律涨退的自然现象，是影响古埃及人形成独特神学体系的重要因素。

River）谷地为中心的上埃及（Upper Egypt）和北部以河口三角洲为主的下埃及（Lower Egypt）。尼罗河流域每年一次的周期性河水泛滥，会使两岸的沙漠变为季节性的肥沃绿洲。这是由于尼罗河自南向北的流向以及南部河流上游高山深谷的地形，使得来自上游各瀑布区的湍急河水在到达平坦的中下游时，将河水中夹杂着多种矿物质和腐烂植物的淤泥都沉积了下来，才造成了河两岸的沃土。也正因为如此，这里富饶的土地才得以孕育出古代世界中最丰硕的文明成果。

古埃及建筑是世界建筑史上的第一批奇迹，其原因不仅是因为这些建筑的规模庞大，以及其蕴含的复杂、精确的工艺至今仍令人无法破解，还因为这些古代建筑一直被保存到了今天，这在古代几大文明中是较为罕见的。人们现在看到的一些古埃及时期的建筑依然保存完好，这一方面得益于所选材料的优良质地，另一方面则是得益于埃及的天气情况。埃及的石料

古埃及墓构中出土的陶制模型

由于古埃及地区的平民住宅多就地取材，而且结构简单，因此不易长时间地留存，后人主要是通过这种坟墓中出土的陶制模型来了解古埃及人的居住情况。

资源十分丰富而且建筑石材质地坚硬耐久，其中以中部出产的砂石、南部出产的正长石和花岗石、北部出产的石灰石最为著名。埃及的日照时间很长，天气十分炎热，但年平均气温变化幅度不大，由于没有风霜雨雪的腐蚀和温度造成的热胀冷缩对于建筑材料的摧毁，故而古建筑能够得到很好的保存。

这种终年炎热少雨的气候特点，也影响了古埃及房屋的形制。古埃及早期的房屋材料是河岸边最常见的芦苇与黏土。芦苇被扎成捆以后便可以作为梁、柱，人们再将编织好的芦苇席两面糊上黏土泥糊便形成了一面墙，而房屋就是由这样的多片泥墙组合而成的。讲究一些的贵族房屋则是由泥砖砌筑而成，房屋也是这种平顶式，并且由多座平顶房屋围合，形成了院落的形式。这种泥房子制作简单，但为人们提供了必要的遮蔽。房屋的屋顶均采用平顶形式，且由于少雨水的原因，在建造屋顶的时候并不用考虑排水问题。

古埃及住宅建筑的另一特点，是墙面中只设置很小的窗口或根本不设窗口，这是避免过量光照、保证室内凉爽的必要考虑，而且从门口和四面墙壁孔隙射进来的光线已经足够室内的照明之用。因为墙壁不设窗口，使建筑的外形显得更加完整。大面积泥墙体，不但可以阻断来自室外的酷热，而且还为人们在墙体的壁面上雕刻一些花纹装饰提供了可能的条件。这种建筑形式也成为了此后石构神庙建筑的原形，形成了古埃及建筑上以绘制或雕刻等方式设置象形文字、人物等形象装饰的传统。这些建筑上的图像不仅是装饰，还是现代人了解古埃及人们政治、宗教、生活等方面情况的重要媒介。

宗教对于古埃及建筑的影响非常大，因为神学崇拜体系在古埃及国家政治和生活中都占据着举足轻重的地位。古埃及人所崇拜的诸神和由此形成的神学崇拜体系，在各个不同历史时期会有所变化，但有两

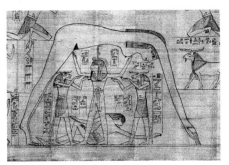

条最主要的思想是不变且贯穿于各时期神学体系之中的。一是生死轮回思想，古埃及人认为人死后精神是不灭的，因此只要保存好死者的尸体，以待精神再度回归时，得以复活。二是君权神授思想，世间的统治者被认为是神和人之间的传话者，因此无论是法老（Pharaoh）、大祭司（High Priest）还是王国后期的外来统治者，向世人证明他权力来源合法性的途径，就是通过各种形式来向世人展现他对神的尊崇或神对他的眷恋，并严格保障上层人士所享有的与神交流的独一无二的权力。

这种神学崇拜体系的影响在古埃及人的生活中无处不体现出来。比如古埃及人居住的城市都位于尼罗河东岸，这里是太阳升起的东方，代表着生的希望；而陵墓和祭庙等建筑都建在尼罗河西岸，那里是太阳落下去的方位，也代表着死亡。神学体系表现在建筑上则主要有两种形式：一种是为死者建造的陵墓；另一种是为生者建造的神庙。在古埃及人看来，日月星辰、各种动物和自然界的怪异现象均由不同的神操控，因此都可成为崇拜的对象。而且各地都有对不同神的特殊尊崇，因此在古埃及时期，在埃及各地都建有供奉不同神灵的宗教建筑。

综上所述，古埃及建筑主要可以分为住宅、陵墓和宗教祭祀建筑这几种，其中尤以后两种建筑为代表。

历史上把古埃及文明的发展分成了多个阶段：第一阶段是上古王国时期（Ancient Kingdom），这一时期大约是从公元前3100～前2040年，为第1王朝至第10王朝；第二阶段是中古王国时期（Middle Kindom），这一时期大约是从公元前2130～前1567年，为第11王朝至第17王朝；第三阶段是新王国时期（New Empire），这一时期大约是从公元前1567～前332年，为第18王朝到第31王朝。而在此之后，古埃及先后被亚历山大大帝和古罗马人所占领，进入异质化文明发展阶段。

第二节
古王国时期的建筑

在公元前3100年，古埃及的第一代法老美尼斯（Menes）统一了上下埃及之后，古埃及建筑发展也步入了第一个发展繁荣时期，而这一时期在建筑方面所取得的成果，就是金字塔（Pyramid）建筑的形制发展成熟。

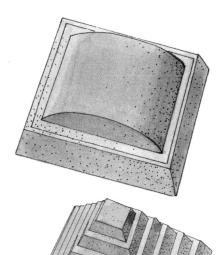

古埃及神谱图

这幅神谱图表现了诸多神灵创立天地时的情景，天被表现为一位巨人般的女神，这位女神和其他诸神的名字，都被刻在各神像的旁边。

从马斯塔巴到阶梯形金字塔

从马斯塔巴到阶梯形金字塔不仅是建筑规模和高度上的变化，也是砌筑技术提高的表现。但此时还未脱离早期马斯塔巴长方形的建筑平面形式。

折线形金字塔的平面已经转化为正方形，而且四个立面平整，这些都已经显示出成熟的金字塔的特征。

古王国时期的奴隶制国家中，法老是绝对的统治者，并被认为是世间的神。为了确保和维护法老在来世的权威依然强大，建造坚固的陵墓保护好法老的尸身，就成为了法老在世时心系一生的大事。在古王国时期最早出现的是一种梯形墓的建筑形式，这是对现实生活中泥房子形象的直接复制。梯形墓的平面多为长方形，用土石或泥砖结构建在地下墓室之上，四面墙体向上逐渐收缩。这种早期的梯形墓被后来的阿拉伯人称为马斯塔巴（Mastaba），马斯塔巴是阿拉伯人所坐的一种板凳，早期梯形墓的造型与这种板凳很相像。

早在公元前3000年左右第1王朝的时候，一些法老和贵族的马斯塔巴陵墓就已经建造得相当讲究了。这时的陵墓包括地上建筑和地下建筑。古埃及人不仅仅在地下建造了石板铺砌的多个墓室，而且在地上还用泥砖外包石材的方式建造了庞大的地上建筑部分。地上建筑样式是模仿真实的住宅和宫殿形式建造的，有的其中开设有祭室，有的则只辟有一条狭窄的廊道用于存放死者雕像。

陵墓建筑之所以仿照住宅和宫殿的形式，大致是基于两方面的考虑：首先是古埃及人按照现实中人们的日常生活来想象

马斯塔巴墓以长方形平面为主，格构形式的墓坑既方便不同随葬物的放置，也可以使顶部覆盖结构更坚固。

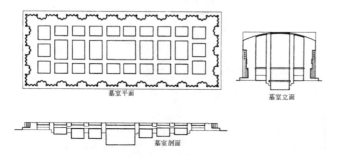

墓室平面

墓室立面

墓室剖面

人死后的情景，当时的人们认为人死后的生活仍然与活着时的生活一样；其次是古埃及人在建造陵墓时，只有以住宅及宫殿这两种建筑模式为依托来进行探索和研究其建筑的形制。

到了后来，为了满足法老专制统治的需要，陵墓不再仅仅作为帝王死后的居所，它已经逐渐演变成了一种具有象征性和纪念性的建筑物了。

由于国家的不断强盛与壮大，加上各种权力被完全集中在了法老手中，因此这时对于法老的神化和崇拜也随之被更为刻意地加强了。与之相适应，马斯塔巴形式的陵墓一个接着一个地被建造了起来，形制上也从原来一味模仿住宅和宫殿建筑而不断改进，最终形成了伟大的陵墓建筑形式——金字塔。

最早的金字塔建筑雏形出现在公元前2686～前2613年的第3王朝时期，并以昭塞尔（Zoser）金字塔为代表。昭塞尔金字塔是一座6层的阶梯形金字塔，它不仅是第一座全部由经过打磨的石材建造的、初具金字塔形式特点的陵墓建筑，也是一座以法老金字塔建筑为中心，带有独立祭庙、皇室成员和官员的陵墓等附属建筑的大型陵墓建筑群。

昭塞尔金字塔陵墓建筑群的建成，不仅为之后大型石结构建筑的兴建在结构、施工等方面积累了经验，也为此后金字塔陵墓建筑群的组成提供了最初范例。昭塞尔阶梯形金字塔建筑的建成，以及整个建筑群的形成，可能也暗示了此时神学思想的一种倾向，即古埃及人认为高大的层级形金字塔可以使法老最大限度地接近太阳神，以便步入理想中的天国世界。那些在金字塔的周围埋葬着的法老的亲属和重臣，则可以陪伴法老一同升入天堂。

昭塞尔金字塔的出现，正式揭开了金字塔建筑兴建的序幕。但第4王朝早期建于达舒尔（Dashur）的金字塔却失败了，人们不得不把它建成折线形金字塔（the Bend

Pyramid）的形式。人们从这次失败中总结经验，使成熟的正金字塔形式最终形成，并由此诞生了古埃及文明的标志性建筑形象——吉萨（Giza）金字塔建筑群。

第 4 王朝大约从公元前 2613 年延续到公元前 2494 年，吉萨金字塔建筑群就是在此期间修建完成的。整个吉萨金字塔建筑群是由第 4 王朝时期三位法老的金字塔：胡夫（Khufu）金字塔、哈夫拉（Khafre）金字塔和门考拉（Menkaura）金字塔，及各金字塔的附属建筑组成的，位于现在埃及首都开罗市的南面。这一金字塔群称得上是古埃及金字塔建筑中最为成功的范例之作，从这一金字塔群中几乎可以看到所有金字塔陵墓建筑的典型建筑特色。其中著名的狮身人面像的长度约为 73 米，高 20 多米。它位于吉萨金字塔中的第二座哈夫拉金字塔的前方，是现今世界上最大的巨石雕像，它是法老王权的庄严象征。这尊被称为斯芬克斯（Sphinx）的巨像，是雄狮的身体与法老哈夫拉（Khafre）头部的结合体。其中雄狮斯芬克斯的狮身最早由一座岩石山体雕刻而成，后来由于风化严重而加入了砖石砌筑的结构部分。

胡夫金字塔是吉萨金字塔群中，也是古埃及金字塔建筑中最大且最为著名的一座金字塔，它高约 146 米，是平面为正方形，四个立面相同的正锥形金字塔，底部平面边长约为 231 米，占地面积超过了 5.27 公顷，据估计可能共由 250000 块花岗石建成，而且这些石块的平均重量都可达 2.5 吨。

据有关资料显示和专家的推测，在胡夫金字塔建成之后，曾经在外部覆以一层

石灰石作为装饰，使金字塔的表面平滑而光洁，而且这种坚硬、光滑的石材表面也可大大降低岁月的腐蚀。而在胡夫金字塔的顶部则以一块包金的塔顶石结束，塔顶石上面通常还雕刻着铭文，作为一种纪念或与神对话的途径。

胡夫金字塔的内部从上至下设置有国王墓室、王后墓室及地下墓室三个有限的空间部分。金字塔内设有三条没有装饰的走廊分别通向各个墓室，这三条通路最后汇集在一起，通过一条狭窄的通廊与外部相接。这条通向金字塔内部的廊道入口，通常设置在金字塔北立面高出地面的某处，

昭塞尔金字塔

这座金字塔的建成，从建筑的形制、施工技术和组群形式等方面，为此后吉萨地区成熟的金字塔建筑群的产生奠定了基础。

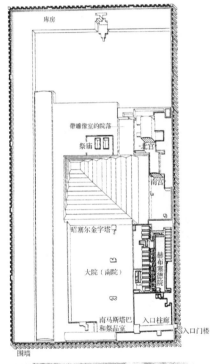

昭塞尔金字塔建筑群轴测透视图

早期金字塔建筑群还未形成固定的布局规则，因此各种建筑围绕金字塔而建。在整个建筑群的构图中，金字塔作为建筑中心的统领性很强。

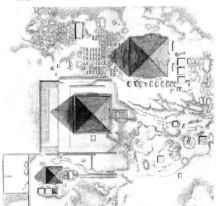

吉萨金字塔群平面图

三座金字塔以及三座金字塔之间精准的方位对应，是吉萨金字塔群的突出特色之一。

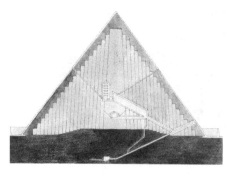

斯芬克斯像
（左上图）

斯芬克斯像面向东方，表达着一种对永生的渴望。

胡夫金字塔墓室结构（右上图）

在塔身中设置两个墓室和复杂廊道的做法，显示了此时人们在大型石材构造上的较高工艺水平。

胡夫金字塔大走廊结构剖视图

墙壁叠涩出挑和屋顶锯齿形的结构相配合，在横向和纵向两方面保证了结构的坚固性。

其外部还要设置多层石材加以巧妙地掩饰。

胡夫金字塔中通向各墓室的廊道大都狭窄而低矮，以对抗塔身巨大的压力，但位于国王墓室前的一段大走廊却相当高敞。这个大走廊是由巨大的岩石所建成的，并且为了应对塔身上部巨大的压力，对走廊两边进行了特殊的结构处理。这段走廊长近47米，高约8.5米，其空间的横剖面是梯形的，即从地面约2米以上的高度起，连续7层石材逐层对称地向走廊空间的地方出挑。大走廊的顶部空间不断变窄，最终在顶部两侧墙面间距缩减至1米左右，而且顶部也采用斜向错齿式的设置。这样狭窄而且呈锯齿形的顶部设计，不仅在纵向上增强了顶部盖石的抗压能力，也使横向石材间的衔接更加紧密，不会因为某一块石材的破碎或滑落而产生连锁反应，而破坏整体结构的坚固性。

胡夫金字塔在内部设置墓室的做法表明，人们已经解决了承受巨大压力的建筑结构营造方法，这其中以位于塔身中部的国王墓室结构最具代表性。国王墓室的两壁上分别设有一条斜向通出塔外的通风管道，这被视为法老灵魂与诸神沟通的通道，而最具技术性的则是墓室顶部的设计。墓室顶部由坚硬的花岗石构筑，第一层顶棚由9层石板组成，在这层屋顶之上每隔一段距离设置一层平顶，共有4层，在第4层之后，最上部是同样由巨石构筑的两坡形顶。多层巨石和坡形屋顶的形式，将顶部的受力分化，因此能够稳稳承托住塔顶的巨大压力。在胡夫金字塔北部入口的顶端也采用与国王墓室相同的结构，在入口上部设置4块减压石，以承托其上部的大部分压力。

为了修建规模庞大的金字塔，需要动用大量的人力，这些人力主要有三大来源，即奴隶、专职工匠和涨水期休息的农民。建造金字塔所用的石材大多通过船运从上游的山谷中采集而来，至于金字塔的整个建造过程和方法，直到现在仍然是一个未解之谜。虽然当代学者推测出了当时可能采用的多种建造方案，但生活在高度现代化社会中的人们仍然无法想象，在没有先进工具的条件下人们是如何建造出如此伟大的建筑的。

金字塔是古代埃及文明的标志，也是古埃及王权和神权的象征。金字塔建筑本身坚固而庞大，内部墓道错综复杂，但仍因后世毫无节制的采石和盗墓者的偷盗而损坏严重。虽然千百年来它被人们认为是法老的陵墓，但人们却从来没在金字塔中发现过法老的木乃伊（Mummy），这又为金字塔增添了几许神秘的气息。总之，古王国时期，埃及的建筑成就以金字塔为代表。

第三节
中王国时期的建筑

古王国后期经过了相当长的一段混乱的中间期，才过渡到社会比较安定的中王国时期。可能是金字塔建筑太过招摇，容

胡夫金字塔国王墓室

这种将三角形顶盖与多层石板相结合的减压结构，也是古埃及金字塔建筑中较为常用的做法，这种结构还被用于金字塔入口等部位上。

易引来盗墓者的破坏，也可能是金字塔建筑在人力、物力和财力上的投入太大，不是所有法老都承受得起，在古王国之后，金字塔陵墓群的形式逐渐被人们抛弃。即使也有法老建造过此类金字塔群式的陵墓，但无论建筑的规模大小还是金字塔建筑形制的美观度，都已不能与之前相比了。

从中王国时期开始，随着古埃及首都移至南部的底比斯（Thebes）一带，开凿于尼罗河沿岸山丘上的石窟墓形式，逐渐取代了金字塔陵墓群。这种凿建在山崖上的石窟陵墓的建筑规模，相对于地上的金字塔陵墓群要小得多，但在建筑群布局上发生了较大的变化。石窟墓群不再像平地上的金字塔墓葬群那样，以金字塔为中心，将附属建筑围绕金字塔建造，而是逐渐形成了从外向里层层递进的中轴对称式的建筑空间形式。这种形式的出现也与石窟墓的建筑条件有关。石窟墓多建在尼罗河西岸面河的岩壁中，因此整个墓葬群就以岩壁为终点向外延伸成一个深远的院落。

陵墓的入口面向东方太阳升起的地方，入口内多是柱廊环绕且层层嵌套的庭院，用于祭祀活动和存放官员的陵墓。庭院的中部是依照传统建造在

佩皮一世金字塔想象复原图

中王国时期的佩皮一世金字塔建筑群将金字塔与祭庙相组合的做法，暗示着金字塔作为陵墓建筑主体的地位正逐渐被神庙建筑所取代。

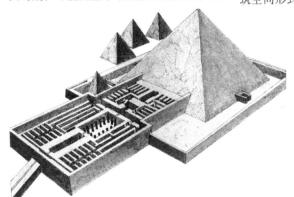

在岩石壁上开凿的陵墓空间一般较小，而且室内也遵循地上神庙建筑的布局特色，由纵向排列在一条轴线上的多个房间组成。

门图霍特普陵庙想象复原图（右图）

陵庙建筑在渐次升高的台基上，且每层台基都以围绕中心庭院设置的列柱大厅建筑形式为主，而中心庭院上方是否被修建成了凸出的金字塔的形式，则在学界存在较多争议。

多级台地上的金字塔区，这里也可能是主要的祭祀场所，同样结构复杂的法老的真正墓室，大多就位于金字塔建筑的地下，而墓室的入口则多位于院落的某一处，并被小心地掩盖起来。金字塔院落向内的空间逐渐收缩，与之相连的即是最内部深入岩体中的内室，用于存放神像和祭祀之物。

新的陵墓群虽然保留了金字塔的造型和基本功能空间的构成部分，但金字塔在建筑群中的主体地位却在逐渐消除，取而代之的是更严谨的对称轴线布局和祭祀建筑的扩张。

大约于在公元前2000年的门图霍特普陵庙（Mausoeum of Mentuhotep），就是这种新的建筑格局的代表。这座陵墓建造在底比斯城对面、尼罗河西岸一座高且陡峭的悬崖之上。建筑群采用庭院与柱廊大厅相间的形式建成，中轴明确，祭祀用的厅堂已经扩展成为带金字塔的规模宏大的祭庙，并成为了陵墓的主体建筑。

整个陵墓区除临河的入口外都有围墙

封闭。进入墓区后，迎面是一条通向陵墓区的主路，主路的两侧排列着法老的雕像。再向前走是一个很大的广场，广场道路的两侧有密集的树坑，以前可能是一片人造树林。沿着庭院中心的坡道一直走，可以登上一个建有小型金字塔的平台。在平台的后面仍旧是一个由四面柱廊环绕的院落，但面积要明显比入口广场小得多。走过这个院落后，人们还要通过一个由80根断面为八角形的柱子支撑的大柱厅，才能进入到一个开凿在山岩中的小小的圣堂。

这座陵墓的特色在于，一方面是轴线序列空间很长，另一方面轴线空间变化明显。人们从墓门到广场，再从广场到平台，会经历第一次从开敞到封闭和地平面向上抬高的空间体验。最后通过大柱厅进入山岩中的圣堂的过程，人们一方面感受到建筑空间的变化，另一方面也可以感受到越来越神秘和庄严的建筑氛围的转变。

在中王国时期，除了法老修建的陵庙等大型建筑之外，城市和民间建筑也有了

门图霍特普陵庙平面

陵庙平面的这种对称轴线式的布局，和越向建筑内部规模越缩小的做法，都为后期的神庙建筑所继承，并成为古埃及神庙的建筑特色之一。

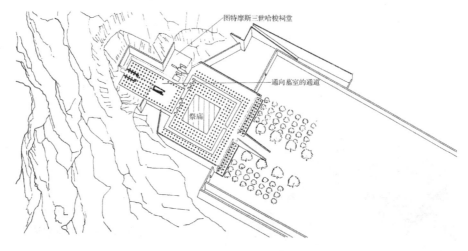

图特摩斯三世哈梭祠堂

通向墓室的通道

祭庙

进一步的发展。此时古埃及的民居建筑已经形成了两种较为固定的住宅形式：一种是上埃及以卵石为墙基，土坯砌墙，圆木屋顶的建筑形式；另一种是下埃及以木材为墙基，芦苇编墙的建筑形式。由于建造法老陵庙等建筑的需要，使得在这些建筑区附近逐渐形成了大规模的工匠村，继而发展成为多功能的城市，而且由于这些村镇和城市多是经过事先规划而兴建的，因此呈现出很规整的布局和严谨的功能性分区。

这种城市中的民居显然也经过统一规划，各个街道中分布的住宅面积、建筑形式和布局都很相似，显示出很强的统一性。除了普通民居之外，在城市中贵族和官员的府邸建筑已经演化为颇具规模的庭院建筑群。例如在三角洲上的卡宏城（Kahune）中建造的许多贵族府邸中，较大规模的建筑其占地面积已经超过了 2700 平方米。在这些府邸建筑中包括了多个相套的院落、多楼层的建筑和诸多不同功能的房间。

由于埃及的气候十分炎热，在府邸建筑的空间布局设计中突出了通风和遮阳这两方面的需求考虑，院落中的住宅均向院落内部开敞。柱廊和主体建筑构成的开敞式院落多为公共活动或会客空间，此外还

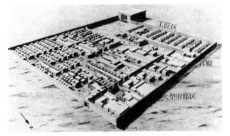

要设置一个比较私密的家庭内部使用空间，而一些带有独立出入口与外部公共空间相通的建筑部分，则可能是家庭女眷的房间。

总之，在古王国时期，无论金字塔、陵庙还是普通住宅，都显示出很强的统一规划性。由于各种建筑的营造事先都有一定的计划，因此早期比较自由的各种建筑形制逐渐呈现出统一化和模式化的发展倾向。此外，由于古埃及独特的气候条件，使得各种建筑都呈现出对外封闭，对内开敞的特点。除了金字塔建筑之外，古王国时期的宫殿、住宅和陵庙建筑中都已经形成了梁柱形式的建筑结构特色，而且在柱子的样式和建筑细部的基本组成，柱子、梁架和墙壁的装饰手法等方面，都形成了较为固定的做法，这些做法和建筑模式也成为古埃及建筑传统的早期起源。

第四节
新王国时期的建筑

到新王国时期，第 18 王朝的第一位法老之后，古埃及传统的墓葬形式发生了变化。法老们出于防盗等原因，不再热衷于修建早期的那种造型上十分招摇的墓葬形式，而是向早期底比斯的贵族官员学习，开始将自己的陵墓设置在尼罗河西岸山谷险峻的岸壁上。

在这种岩墓建筑中，主要空间由前厅、中厅和墓室三部分构成，各部分之间通过长长的廊道相连接，有些还带有库房和祭祀等其他功能的附属空间。墓室和廊道都

卡宏城复原想象图

大约建于公元前 1895 年的卡宏城，是因为大型的金字塔修建工程而形成的新城市。最初只是一个通过整齐规划的工匠镇，后来则成为一座初具规模的城市，显示了古埃及严谨的城市规划思想。

阿玛纳城区部分想象复原图

这是新王国前期一座经过事先规划而建的城市，城市中不仅轴线明确，而且不同建筑区还有各自的城墙围合，等级明确。

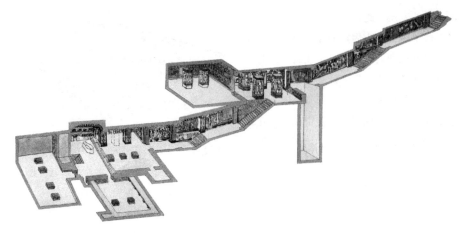

是在岩石中凿制出来的，但其形制依照地面建筑，室内也采用了平顶或拱顶的形式。为了保证结构的坚固性，还多在内部预留有各种粗壮的支撑柱。墓室内部还大多进行雕刻或彩绘装饰，在官员和地方贵族岩墓中的壁画装饰尤其精彩，因为这些壁画多采用反映世俗生活的题材，旨在对墓主生前的生活进行记录。

　　岩石墓多建造在地势险要的崖壁上，建造好的石窟墓由岩石封闭并制作掩饰性的岩石表面，以防止盗墓贼的侵扰。在岩石墓内为了防止遭受盗墓者的破坏，还特别设计建造了一些假楼板、假墓室和陷阱等防盗设施。这些设计表现出了当时建造者们的独具匠心，同时也体现出了当时高超的建筑水平。但遗憾的是，这些人们精心设置的防盗设施大多没能起到作用，它们很容易地被盗墓者所破解，随之堆满大量珍贵陪葬物的岩墓被洗劫一空，这使得今天的人们缺乏文献或实物资料而无法对岩墓的情况进行研究。这种情况直到近代图坦卡蒙墓（The Tomb of Tutankhamun）的

发现才得到改善，而图坦卡蒙墓没有被盗的原因也很具有借鉴性。因为这位年轻的法老死得突然，因此他被匆匆葬于一个嫔妃或高官的墓中，这才躲过了劫数。

　　在新王国时期岩墓的形式普及之后，原来庞大陵墓群的建筑形式被废弃了，随之而来的是祭庙作为独立纪念性建筑的大发展时期。新王国时期的法老们，大多在尼罗河西岸，山谷入口处的岩壁下修建大型的祭庙建筑，作为举行各种纪念和祭祀活动的场所。新兴起的祭庙形式延续了早期岩石陵庙的中轴对称布局形式，但彻底抛弃了金字塔的建筑形式，形成了一种新的祭庙建筑类型，此类祭庙的代表之作是18王朝的一位女法老哈特舍普苏特的祭庙（Queen Hatshepsut' Funerary Temple）。

　　哈特舍普苏特女法老的祭庙位于底比斯地区尼罗河的西岸，据说是由女法老的宠臣森麦特（Senmut）负责选址和设计建造的。这座神庙位于此后安葬法老的岩石墓聚集地，被称为帝王山谷（The Valley of the Kings）的前面，整个祭庙从河岸一侧的入

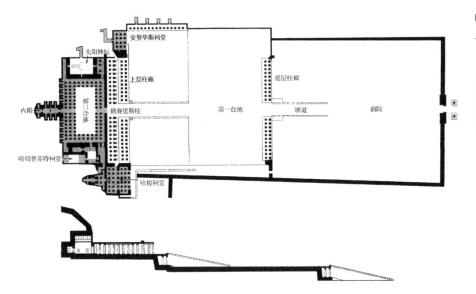

哈特舍普苏特祭庙
平面、剖面图

台基层级递增、
轴线明确的哈特舍普
苏特祭庙，是新王国
时期成熟的祭庙建筑
的代表。

口开始呈层级升高的台地形式建造，各台地升高的立面均设置柱廊，并通过中轴坡道向上延伸。在祭庙的尽头，也是地势最高处，设置柱廊厅和祭坛，用来祭祀太阳神拉（Ra），祭坛之后则是深入岩壁开凿的神圣祠堂和内殿。

哈特舍普苏特女法老是历史上有记载的埃及第一位执治的女帝王，因此她的这座祭庙不仅规模庞大，而且在早期可能被装饰得极为华丽典雅，除了雕刻有女法老神化形象的雕塑和柱头之外，建筑墙壁上还雕刻有描绘女法老的神生，和她在任内进行的战争、商贸活动等的故事场景。只可惜，祭庙遭之后继位的图特摩斯三世（Thutmose III）法老的破坏，损毁严重。

祭庙与陵墓建筑的分离，也向人们展现了古埃及大型建筑向世俗性的转变。人们对于建筑内部空间可供使用并且人们可以进入其中的宗教建筑的需求更强，因此

使新王国时期的神庙建筑形式得到了更大的发展，并逐渐成为了国家建筑的重点。

在新王朝时期，神庙是除了金字塔以外最为重要的建筑，埃及人的神庙在古代世界中是第一个完全用石头砌筑而成的建筑，并且也是第一个大规模使用过梁（Beam）和柱子（Column）的建筑。庄严肃穆的神庙象征着法老所拥有的至高无上的神明权力与财富。

古埃及的庙宇属于非民用建筑，它是专供法老及僧侣们举行仪式和瞻礼的地方。虽然整个神庙从塔门起，到内部柱厅的墙面、柱子等处都布满了宗教和现实生活题材的浮雕壁画，但实际上内部空间大多数情况下都处于黑暗之中。因此，神庙中的这些彩绘和壁画也可以说并不是为现实中的人们所准备的，而是为了神而准备，是人们借以与神沟通的方式之一。神庙的塔门以内一般只限法老和僧侣们进入，而最后的圣堂则只允许法老或高级祭司进入。因而从这个角度上来看，神庙中精美的装饰就具有神祭性了。

在古埃及神庙中，人们大规模地运用了柱子和过梁结构，这一结构也成为此后西方建筑的基础和最大特色。作为神明在世间暂时居所的神庙在当时被大量地兴建，但由于古埃及关于精神世界与物质世界共存的信仰，新修建起来的神庙都与早先建

古埃及神庙剖透视

由塔门、多个柱厅按照轴线对称形式兴建的神庙建筑，建筑空间越向内越隐秘，停放和存放圣物的空间往往位于轴线的最末端。

造起来的神庙建筑在同一个基础之上。这样就导致了大多数的早期神庙被拆毁而由新建筑所取代，因而很少有能够保存下来的。

古埃及神庙是为活着的人提供日常祭祀神灵和与神灵通话的场所，因此古埃及神庙同城市、宫殿和住宅一样，都建立在尼罗河东岸。在诸多神庙建筑中最著名的是位于底比斯城附近的卡纳克神庙（Great Temple of Karnak）和卢克索神庙（Temple of Luxor）。

在新王国时期，古埃及的神庙建筑已经成为国家建设的重点工程，其中规模最大的是建造于尼罗河东岸的卡纳克神庙区。此时的神庙建筑已经形成了比较固定的建筑模式，即在中轴对称的布局基础上，由庙前广场、带方尖碑（Obelisk）的塔门、柱廊院、大柱厅和圣堂这几个主要的建筑部分排列构成狭长的封闭建筑形式，其中柱廊院和大柱厅都可以不断重复建造多个，圣堂后还可以建造仓库，但总体空间上越向内，屋顶和地面越接近，空间也越封闭，以营造出一种神秘又神圣的氛围。

在卡纳克神庙区中则以阿蒙神庙为主体。阿蒙神（Amon）是底比斯地区崇拜的诸神之主，也是古埃及人崇拜的历史悠久的主神，而这一主神与传统的"瑞"（Re）神崇拜结合，就形成了阿蒙－瑞的崇拜体系。阿蒙－瑞与他的妻子万物之母穆特（Mut）、儿子月亮神孔斯（Khonh）一起被称为底比斯三神（Thebantriad）。这座阿蒙神庙同时也是埃及新王朝的宗教信仰中心。

卡纳克阿蒙－瑞神庙区俯瞰图

虽然古埃及文明时期的建筑损毁严重，但通过残留的建筑基址部分，明确的轴线和严谨的布局仍清晰可见。

卡纳克阿蒙－瑞神庙区总平面

庞大的神庙区又因所供奉的主神不同而被围墙分隔为多个庙区，各庙区之间通常有专门的圣路相沟通。

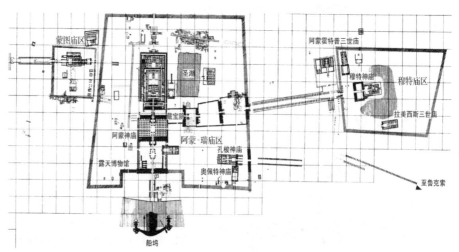

卡纳克神庙区是古埃及建筑规模最大的宗教建筑群,它最早的创建历史可追溯到古王国时期,而且此后各个时期的法老都有所扩建。到新王国时期,对卡纳克神庙的扩建活动达到鼎盛时期,最终卡纳克形成了以阿蒙神庙为主体,附带有穆特和孔斯两座小神庙、圣湖、附属建筑,并被围墙围合的庞大神庙区。当时的神庙建筑已经取代了金字塔,成为了纪念活动的中心。卡纳克神庙区占地约为26.4公顷,在庙前有历代国王建造的六座塔门。

在规模庞大的卡纳克神庙区中,柱廊大厅是由拉美西斯二世(Ramesses Ⅱ)于公元前1312～前1301年建造的,这座柱廊大厅共由134根柱子组成,它们被分为16排,中央两排的柱子采用盛开的纸莎草(Papyrus)式柱头,比两侧花苞(Bud)式柱头的柱子略高,并由此在顶部形成高侧窗。

建造于公元前1198年的卡纳克孔斯神庙(Temple of Khonh in Karnak),是一座建筑形式较为普通的古埃及神庙。在这座神庙中建有庭院、柱廊、厅堂、塔门和僧侣们的居室。在庙外大道的两侧分别排列着狮身像,沿着大道向前有带方尖石碑的塔门,塔门的中间也就是神庙的入口处,人

们可以通过此入口进出神庙。从入口处进入即来到了一个三面有双排柱廊的宽敞露天院落,再向前走就来到了连柱厅,在连柱厅的后方依次还建有圣殿和小型的带柱厅堂。

卢克索神庙区相对于卡纳克神庙区规模较小,但建筑保存相对完好。卢克索神庙区更靠近尼罗河,它被认为是太阳神的圣婚之所,因此许多卡纳克神庙区举行的大型祭祀活动都将来到卢克索神庙区祭祀作为其重要的一项活动内容。卢克索神庙区现今遗存的建筑大多是由阿蒙霍特普三世(Amenhotep III)主持修造的,其神庙的基本形制也遵循了卡纳克神庙区的固定模式,由带有方尖碑的塔门、柱廊院、大柱厅与圣堂所构成。

除陆地上兴建的神庙建筑之外,新王国时期还出现了一种直接凿建在岩壁上的岩庙形式,其中以大约建造于公元前1301年的阿布－辛贝尔神庙(Temple of Abu-Simbel)为代表。阿布－辛贝尔神庙分为献给法老拉美西斯二世及其王后的一大一小两座神庙,分别凿建在两座相隔不远的岩壁上。两座神庙的布局相似,都是由门前巨像,内部轴线对称但逐渐封闭的系列空间和轴线外的一些附属空间构成,只是拉美西斯二世的神庙规模较大。

大神庙开凿在了一块巨大的岩石表面,立面由四尊20多米高的巨像与中部的入口构成,岩庙内部建筑有一个高9米的主殿,它的屋顶由两排雕刻成尤西里斯神像(Osiris)的柱子支撑起来。主殿之后是逐渐缩小的后殿及圣堂,这三个空间构成完整

卡纳克神庙柱廊大厅高侧窗示意图

利用柱子高度变化形成的高侧窗,既可以为大厅内通风换气,也可以提供照亮顶部华丽的柱头的光线,增加了大厅内的神秘氛围。

卢克索北面入口处的柱廊

不同性质的建筑中所使用的柱头样式也不相同,但主要以盛开的纸莎草与花苞式的纸莎草两种柱头样式应用得最为广泛。

阿布－辛贝尔大神庙

这座在岩石壁上开凿的大神庙，是敬献给拉美西斯二世的神庙。由于现代人修建阿斯旺水坝，因此这座神庙与另外一座小神庙一起，被整体移至基址上游的岩壁之中。

阿布－辛贝尔大神庙平面

神庙总体上按照地面神庙的对称轴线式布局设置，但也在主轴之外开凿了一些附属的储藏空间。

的轴线空间，圣堂中尊放着四尊神像，每年2月和10月，都会有两天，太阳穿过层层大门，逐一照亮其中的三尊神像，而永远坐落在黑暗中的则是代表冥府的神灵。

新王国时期法老的宫殿建筑大多都像神庙那样留下残址，但可以肯定的是此时的宫殿建筑已经脱离了与神庙合为一体的建筑形式，而是逐渐发展为轴线对称的独立建筑群。而且不仅有柱廊和柱厅构成的主轴线，还有与主轴线垂直的多条辅助轴线，用以安置各种不同功能的建筑空间。

与宫殿建筑相比，城市中的一些大型住宅建筑留下了较为清晰的建筑布局。在短暂兴盛的首都阿玛纳（Tel—el—Amarna）城，有一些大型贵族府邸的遗迹。这些府

邸通常可以分成三个部分。第一部分：在中央有一个有柱子的大厅，在大厅的旁边围绕着附属性的房间，且这些房间的门均

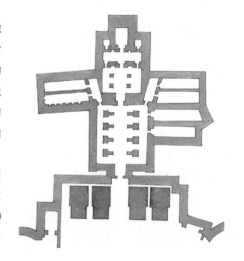

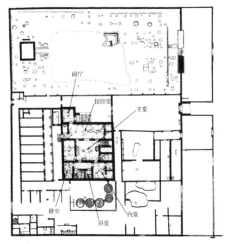

第三部分：在这些府邸中通常还建有大型的鱼塘、菜地及花园、果林等一些设施。其中果林和菜地可以为主人们提供自给自足的生活必需品，花园和水塘则可以为主人们作观赏娱乐之用。

在这一时期的府邸建筑中还出现了一种三层楼的建筑形式，这种三层楼的府邸大都是以木质结构为主的建筑。它的墙垣是用土坯建造的，房屋为平屋顶的设计，在它的上面还建有可以供人们夜晚乘凉的晒台。

高级住宅平面图

这座由建筑与花园组成的高级住宅，被围墙限定在一个规则的矩形平面之内。建筑内部以主堂为中心设置各种使用空间，对外开放的接待区与私人生活区有较为明确的分区。

朝向中央的大厅，位于中央大厅的南面是供妇女和儿童们居住的房间，北面则建筑着一间可以直达院子的大房间。在一些建筑规模较大的府邸中，除了中央及南北两面建造的房间外，还在西面建有一间带柱子的大厅。

第二部分：除了这些供主人居住的房间外，在府邸中还建有供下人们居住的居室及贮藏粮食的谷仓、浴室、厕所、厨房及牲畜棚等一些小型的附属建筑。为了显示主次有别的地位等级关系，这些附属性建筑的地面均比主人们居住的房间低一米左右。

第五节
异质化的古埃及后期建筑

古埃及虽然地处非洲，但在地理上通过北部的地中海（Mediterranean）和东部的红海（Red Sea），与欧洲南部尤其是古希腊（Ancient Greece）文明区和亚洲文明区毗邻。古希腊文明区在公元前8世纪之后逐渐形

菲莱岛俯瞰图

位于上埃及与努比亚边界的菲莱岛，从很早以前就受努比亚艺术风格的影响，此后又吸纳了古希腊与古罗马的艺术特色，因此岛上的宗教建筑极具异域特色。

菲莱岛上的图拉真

这座大约建于1～2世纪的小型建筑，虽然保留了古埃及独特的柱子形象，但明显是遵循古希腊－罗马建筑的样式而建。

在埃及发现的女神雕像

无论是女神像长裙的样式，还是湿褶式的纹样和雕刻手法，都显示出较强的希腊艺术风格。通过在埃及发现的大量的这种异族风情的雕像，可以看到古埃及文明与古希腊－罗马文明的交融。

成了奴隶制城邦（City-State）的政体形式，虽然各城邦间也时有战争，但大多数情况下各城邦处于相对和平的发展状态。虽然古希腊各城邦先后受到波斯人（Persians）和斯巴达人（Spartans）的统治，也在公元前4世纪之后逐渐落入希腊本土北部马其顿人（Macedonians）的统治之中，但各城邦内部是相对安定和协调的，在这种安定的社会条件下，古希腊人不仅在哲学、数学、戏剧等文化艺术方面取得了较高的成就，也创造出了诸如古希腊卫城（Acropolis）这样的辉煌建筑成就。

马其顿－希腊最著名的统治者亚历山大大帝（Alexander the Great）在公元前336年继位之后，继续其对亚、欧、非三大洲的征战。公元前332年古埃及被亚历山大大帝征服之后，古埃及帝国结束了波斯人的统治历史，又迎来了古希腊的统治者。公元前331年，建立在尼罗河入海口三角洲地区的新城亚历山大里亚（Alexandria）初步建成，这座城市完全按照古希腊城市传统兴建，不仅吸引了众多古希腊学者前

来，还以丰富的古代典籍收藏而著称，一度成为古希腊文明发展的中心。而在古希腊人的统治之后，古埃及又被强大的罗马帝国（Roman Empire）纳入版图，成为罗马帝国的一个行省（Roman Province）。

虽然古埃及后期的异族统治者大都继续尊重古埃及原有的宗教神学统治系统，并继续修补和增建古埃及传统神庙建筑，但同时也带来了一些本地区之外的建筑特色。在这种背景之下，古埃及后期的神庙建筑开始呈现出异质化风格发展倾向。

在公元前305年～前30年，是希腊罗马式建筑在埃及发展的鼎盛时期。比如在伊德富（Edfu）地区供奉着鹰神何露斯（The Temple of Horus）的神庙，就是一座最为完整的希腊罗马式建筑，这座建筑前后大约共建造了180年的时间。另外一处重要的异质化建筑遗迹，是位于菲莱岛（Philae Island）上的伊西斯神庙（The Temple of Isis）建筑群。由于对伊西斯女神的崇拜在古罗马时期也依然十分盛行，所以作为伊西斯圣地的菲莱岛上的伊西斯神庙，也显示出很强的古罗马建筑特色。

古埃及建筑在被亚历山大大帝征服后的异质化发展，也是古埃及文明传统衰落的标志。

古埃及建筑在几千年的发展过程中，体现出以神学体系和陵庙、祭祀的建筑为主的极为独特的建筑发展模式。尼罗河上游丰富的石材资源和便捷的水运条件，是古埃及时期营造大规模宏伟石造建筑群的保障。金字塔和神庙是古埃及建筑的两大突出代表，早期金字塔的建造使古埃及获得了营建大规模石质建筑的相关经验，而后期神庙建筑群的兴建，则使古埃及建筑形成其最终的特色。

从原始时期建筑中用草绳捆扎的纸莎草支柱到后期古埃及神庙中雕刻精美的巨大石柱，古埃及以梁柱系统为主的建筑体系逐渐发展成熟，并形成了初步的柱式（Order）使用规则。以纸莎草（Papyrus）、莲花（Lotus）、棕榈树（Palm Tree）等植物图案和法老、神灵的雕像为主进行装饰的柱头和具有花边、象形文字与各种标志装饰的柱身，已

伊西斯神庙门廊

位于菲莱岛上的伊西斯神庙是岛上的主要建筑之一，这座神庙到古希腊－罗马时期仍然受到朝拜，因此建筑总体保留得比较完整。

经与不同柱础（Base）、柱顶盘（Abacus）等形成相对固定的多种柱式，并具有各不相同的隐含象征意义，因此形成了按照建筑的不同功能、性质设置不同柱式的建筑规则。

除了建筑构件及细部装饰以外，古埃及人还开始注意对建筑内部空间氛围的设置与营造。无论是早期金字塔建筑封闭、狭窄的墓室，还是后期庞大神庙聚落中轴线明确但层层缩减的空间形式，都显示出设计者对使用功能以外的空间的深入认识，设计者对人心理感受影响的重视和精心的设计，才创造出古埃及建筑这样辉煌的成就。古埃及文明虽然在此后的发展中被伊斯兰（Islam）文明所取代，其发展戛然而止，但因其独特的地理位置和后期被古希腊、古罗马人所统治等原因，对后来的古希腊建筑、古罗马建筑这两大西方建筑文明的起源产生了极大的影响。

古埃及时期大型石构建筑在建筑结构、布局和柱式体系等方面形成的宝贵经验，通过其北方征服者传播到地中海另一端的古希腊和古罗马，对此后古希腊和古罗马文明所取得的辉煌建筑成就具有很强的影响。因此可以说，古埃及建筑不仅是古代建筑文明的重要组成部分，也是开启欧洲古代建筑文明发展的主要源头。

亚历山大里亚

亚历山大里亚最早就是被作为希腊文化中心而建造的，因此体现出很强的希腊建筑特色。

第二章
欧洲以外地区的建筑

第一节　综　述

　　除了古代埃及和欧洲地区的辉煌建筑发展历史以外，在世界的其他地区也有着十分发达的古代文明，以及这些文明创造的相当精美的建筑和独特的建筑文化传统。世界各地区建筑文化的发展，受各地区地理、气候与自然条件的影响，同时也受宗教、政治制度和社会发展水平的限制，因此各地的建筑特色和文化传统各不相同。

　　与此同时，由于战争、迁徙和贸易等因素的影响，也使一些地区的建筑传统呈现出一些近似趋向的特性，这种共性的元素是在建筑发展早期所呈现出来的。一些建筑上的设计做法、结构形式和装饰图案等在不同地区的相似或相同风格特点，尤其在一些地理上接近的地区表现最为明显。比如在地中海（Mediterranean）沿岸地区，不仅将古希腊、古罗马和古埃及三地区的建筑历史联系起来，还使两河流域（The Tigris-Euphrates Valley）和其他西亚地区的古代建筑发展史与古埃及和欧洲的古代建筑发展产生了交集。

　　在世界古代建筑发展史上，与古埃及—欧洲古代建筑史有所联系，且对人类建筑文明的发展具有很大启发意义的是古

古印度地区的神庙

　　各地区古文明时期的建筑虽然大多以宗教类型为主，而且采用石质材料，但无论结构还是外部样式都存在极大的差异，具有很强的地区特色。

苏美尔文明最具
代表性的乌尔城，没
能形成网格式的规则
城市布局，但全城以
建在山岳台上的神庙
圣区为中心建造，各
个方向上的城区也都
建有纵横交错的发达
道路网。

代西亚建筑。西亚建筑是人类早期的重要文明——两河流域文明的产物。位于底格里斯河（Tigris）与幼发拉底河（Euphrates）所构成的美索不达米亚（Mesopotamia）平原区，是亚洲内陆深处少有的水草丰美之地。从大约公元前8000年开始，美索不达米亚地区就已经形成了有组织的村落和一定的文明基础，而且在史前时期似乎还与同时期发展起来的古埃及文明有所联系。因为在美索不达米亚地区也同古埃及一样兴起了砌筑的金字塔式高台的纪念建筑，所不同的是这一地区的高台不像古埃及金字塔那样形成规整的正锥体，而是以同样庞大的梯形形体示人。但由于这一文明区主要位于干旱和广袤的内陆地区，因此形成了与古埃及石砌文明所不同的泥砖文明。但另一方面，人们可以从古埃及早期大型的马斯塔巴（Mastaba）建筑和西亚地区庞大的山岳台（Ziggurat）这两种建筑中找到某种共同点，即利用泥砖砌筑的、高高叠起的建筑（To Build On A raised Area），来作为一种表达崇高敬意的方式。

古代西亚早期文明历经苏美尔文明（Sumerian）、亚述文明（Assyrian）、新巴比伦文明（Neo-Babylonian）和波斯文明（Persian）几个阶段，其发展大约从公元前3000年到公元前331年，波斯帝国被亚历山大大帝征服之前。

古西亚文明发展的时间与古埃及文明的主体部分发展大致是同步的，不同的是西亚文明在建筑方面所表现出的前瞻性。因为在苏美尔文明时期以泥砖砌筑的梯形

塔式高台建筑（Huge Pyramidal Temples）传统与古埃及的金字塔建筑特征十分相像；亚述和新巴比伦文明中所出现的大型拱券（Arch）和釉面砖（Glazed Tile）贴饰的建筑特色，以及事先规划的整齐城市，则与古罗马时期的建筑特征十分相似；而在波斯文明时期诞生的百柱大厅，则明显与古希腊文明时期的列柱神庙一样，在梁柱建筑结构系统方面进行了深入的探索。

古西亚地区因为地理上的关系，从很早起就与古埃及和欧洲古代建筑文明发源地区产生了密切的关联，这些在古西亚建筑与欧洲古代建筑中所出现的共同点，并不能确切地说明两地建筑文明的延续性或师承性，但在表明两地建筑发展关联性方面的作用却是肯定的。

印度建筑和日本建筑也在发展中显示出很强的关联性，但建筑所关联的方向则略有不同。

印度古代文明的发展与宗教联系紧密，其建筑受宗教发展的影响很深入。印度的古代社会也处于地区和跨地区的战争与和平相交替而不断向前发展的状态，因此其社会的宗教发展也不像其他地区那样呈现出总体上的延续性，而是处于一种断裂和

新宗教不断代替旧宗教的发展状态中。

古印度早期第一个文明发展高潮是孔雀王朝（Maurya Dynasty）时期，由于王朝统治者尊崇佛教（Buddhism），因此早期的建筑遗存以佛教的石窟（Buddhist Grottoes）和 堵坡（Stupas）两种类型为主。而且此时无论是雕刻造像还是建筑，都在早期显示出一种倾古希腊地区的艺术风格，这与此时期王国与古希腊文明区的接触有关。但总的来说，石窟和窣堵坡都是一种在印度出现和发展成熟的，具有本地区传统特色的建筑形式。

在孔雀王国的佛教建筑时期之后，印度再次陷入动乱的征战时期，而在下一个安定期到来之后，建筑高潮转移到了印度教建筑类型上来。印度教是印度文明发展的主流，大约从4世纪之后兴起，在7～13世纪，即西方文明的中世纪时期达到发展的顶峰，此后虽然衰落，但对后世的影响却长久存在。

中世纪时期的印度教（Hinduism）建筑也是古印度极具特色的建筑发展时期，此时期的建筑以印度教神庙为主。总的来说，印度教的神庙式建筑都是建筑、雕刻艺术的结合，雕刻似乎已经不再是建筑中的一种装饰，而是成为了建筑必不可少的组成部分。因为地区传统不同，印度教的宗教神庙可以分为南、北方和德干三种不同的地区风貌，其中南、北方的神庙都是带有院落和附属建筑的组群形式，而且神庙主体都是尖锥形的，只是分为四边形平面的方尖锥与笋状的拱尖锥两种形态。

到10世纪之后，随着印度大地逐渐被信奉伊斯兰教的外来民族所统治，印度的建筑也逐渐转向了伊斯兰教风格，这其中尤其以莫卧儿王朝（Moghul Dynasty）时期兴建的宫殿与陵墓建筑最为著名。印度后期伊斯兰教建筑的突出代表是泰姬陵（Taj Mahal），这座建筑不仅规模庞大，而且在布局、造型、结构和装饰上都是印度伊斯兰教建筑的巅峰之作，既代表了印度伊斯兰教建筑的最高水平，也同时寓示着印度古典建筑时期的结束。

日本建筑同印度一样，体现出很强的传承性特色，但这种传承性

红堡皇家浴室的地面

雕刻精美的莲花地面呈现了浓郁的伊斯兰风情，这种以精细雕刻的植物纹样为主的奢华装饰风格，是印度莫卧儿帝国时期建筑的突出特色。

阿旃陀石窟

环绕山谷而建的印度阿旃陀石窟，其修造时间约持续了900年，是古印度佛教艺术的圣地之一。

古坟时期的日本建筑模型

通过这座陶塑的建筑模型，可以看到日本从很早就形成了以构架为主的建筑传统。

京都俯瞰图

始建于平安时代（784～1185年）的京都，是仿照中国长安城兴建的，但城内的各种主体建筑，却已经在中国建筑传统基础上，显现出很强的地域性特色。

并不是全部来自于日本国内，而是来自与日本临近的中国。日本从南朝时期开始向中国派遣使节，尤其在唐代到达高潮，使中国的各种文化传播到日本。也是在此之后，日本建筑以中国唐代建筑规则为基础，逐渐形成了以木结构为主的日本建筑体系。日本最早的本土宗教是崇尚自然之神的神道教（Shinto），此后则全面接受的是起源于古印度、后经由中国传播到日本的佛教，

木结构建筑传统

亚洲许多地区的古代文明，都是以木结构的建筑传统为主，但各地木结构的形象存在较大差异，日本神社建筑（上图）通常在顶部设置夸张的木结构，而印度人则把木结构的样式雕刻在石壁上。

因此日本早期的代表性建筑也以各种佛教建筑为代表。

日本的佛教建筑从佛教传入日本之后逐渐兴起。在飞鸟（Asuka）、奈良（Nara）、平安（Heian）、藤原（Fujiwara）、镰仓（Kamakura）、室町（Muromachi）这几个日本历史的主要发展时期，虽然政治、经济和文化上的发展受战争和统治者喜好等因素的影响而导致其发展有所变化，但佛教建筑却在各个时期都被统治者所重视。

日本建筑继承了中国唐代建筑以木结构为主体的结构形式、深远出檐的造型特色和古朴淡雅的色彩传统，但同时也在长期的发展中逐渐形成了具有自身特点的地区特色。比如日本建筑无论单体还是组群，都很注重建筑与室外环境的协调以及室外园林的设置。这种室外园林的规模大小不一，但都以清幽、素雅的风格为主，往往蕴涵深刻的哲学或佛学思想，因此常常表现出一种耐人寻味的宁静、平和之感。

除了佛教建筑之外，日本后期取得了较高成就的还有城郭建筑（City Walls）。城郭堡垒式的建筑是社会动乱时期的产物，无论是在城关要塞还是重要都城的堡垒（Fort）建筑中，坚固的城墙和一种被称为天守的建筑的形式都是其必备和最突出的建筑防御组成部分。

所谓天守，是一种由城郭堡垒的望敌楼演化而来的建筑。天守一般都位于堡垒最重要的地势之上，其建筑本身是多层的塔式建筑，不仅规模庞大、体量高耸，而且具有很强的防御性和便利的攻击性。天守建筑有时还是城郭统治者的居住地，因此建筑内外有时会进行特别的装饰，是一种极具防卫性和观赏性的建筑。

与环地中海地区和西亚、印度、日本等地在建筑上呈现出的与本地区和邻近地区建筑紧密的联系性相比，还有一些地区的建筑或建筑风格的发展却呈现出很强的独立性。造成这种建筑风格独立性发展的状态，有来自地理、宗教和政治等多方面的原因。

岩石清真寺

吸收拜占庭建筑
传统兴建而成的耶路
撒冷岩石清真寺，其
内部空间的向心性很
强，但容纳的信徒数
量极其有限，因此建
筑的观赏性远大于实
用性。

比如较为独立发展的伊斯兰教建筑（Is-
lamic Architecture），就是因为其教义而呈
现出独特面貌的。伊斯兰教建筑的发展与
影响地区是随着这种宗教的传播而决定的，
而且与早期美洲建筑因为地理上的与世隔
绝而产生独立的建筑体系这种历史现象不
同的是，独立的伊斯兰教建筑产生以后与
亚、欧等地的其他建筑体系交流频繁，因
此会在不同地区呈现出一些当地建筑的风
格与具体做法。比如早期的伊斯兰教建筑，
就明显受到了古罗马（Ancient Rome）和拜
占庭（Byzantine）建筑的影响，尤其是在建
筑材料、结构方法等方面的影响。但因为
伊斯兰教有着严格的宗教规定，这才使伊
斯兰教风格的建筑很明确地与其他风格的
建筑在造型上明显地区别开来，呈现出强
烈而独特的面貌。

伊斯兰教建筑以耶路撒冷（Jerusalem）
为发展中心，遍布于阿拉伯人生活的西亚、
北非的大部分地区，同时还包括信奉伊斯
兰教的穆斯林（Muslim）曾经征服和统治过

的西班牙南部，以及印度北部的、曾经为
莫卧儿王朝所统治的地区。

虽然由于分布地区广阔，而使得伊斯
兰教风格的建筑所呈现出来的地区差异明
显，但这种风格的建筑仍然很容易被人们
分辨出来。伊斯兰教建筑注重室内闭合空
间的营造，在建筑中禁止使用人和动物形
象的装饰，但大量使用植物和伊斯兰经文
文字的装饰手法等，都构成了其标志性的
建筑特色。这种以古罗马、拜占庭建筑营
造经验为基础，以宗教教义的规定为建筑
装饰原则，以闭合的室内空间为主的建筑
发展特色，是使多样化的各地伊斯兰教建
筑呈现出统一风貌的关键，也是其最突出
的建筑特色。

与伊斯兰教建筑这种与世界建筑体系
既分又合的发展不同，古代美洲文明则独
立于世界其他地区的建筑文明而形成独立
的发展体系，而造成这种结果的原因，与
其在地理上的孤立有关。美洲位于大西洋
与太平洋之间，远离欧洲和亚洲的文明地

特奥蒂瓦坎死亡大道

死亡大道位于特奥蒂瓦坎城的中心部分，这条大道的两边以各种祭祀建筑为主，而且各种建筑都建造在层级升高的台基之上。

区，这块面积庞大的陆地直到1492年才被探险家哥伦布（Christopher Columbus）发现，而也正是从它被发现时起，灿烂的美洲文明开始面临灭顶之灾，美洲建筑的发展也因此戛然而止，并且与美洲本土的其他古代文明一起突然而决绝地结束了。

美洲建筑文明的丰硕成果大多集中在中南美洲地区，并以带有各种神祭建筑的规模庞大的城市为主。无论是发现了金字塔建筑的早期文明城市特奥蒂瓦坎（Teotihuacan），还是盛期神秘的奇琴伊察（Chichen Itza）、特诺奇蒂特兰（Tenochtitlan），抑或是后期印加人建在山顶上的马丘比丘（Machu Picchu），这些大型的城市都曾经是人声鼎沸的美洲古代文明中心。在这些不同时期的城市中，除了有各种大型的祭祀建筑以外，还有着规则的城市规划和不同功能的分区，城市中不仅不像人们想象的那般混乱，反而存在一种现代都市般的井然的生活方式。

美洲文明是一种以宗教为主导发展起来的文明，因此其建筑发展也呈现出以宗教建筑为主体的特色。美洲文明中最令人瞩目的一种建筑，是与非洲古埃及文明代表性的金字塔建筑相似的一种金字塔式高台建筑。同古埃及金字塔相比，美洲的金字塔建筑并不是表面光滑的正锥形，而是表面布满装饰的阶梯式造型，而且美洲金字塔的顶端另外建有神庙，而这部分神庙建筑才是祭祀活动的主体。

美洲古代文明在总体上的发展时间都较世界其他古文明地区要晚，由于与外界毫无联系，使得美洲文明的建筑风格发展变化并不大。美洲人从很早就掌握了大型石材的采集、运输与建造技术，在石材的使用上没有发明拱券，但普遍使用一种叠涩出挑很少的两坡顶建筑形式。

总观世界古代建筑文明的发展历史，分布于各地区的几种古建筑文化，虽然有其各自独立的发展体系和特色，但存在于古代建筑中的一些同一性也不得不被人们所注意到。譬如建筑大多数为规则的长方形平面，而很少用圆形、异形平面；建筑大都是墙体和屋顶构成的；墙体大都是垂直的；建筑设置门和窗分别作为出入口与通风采光之用。这说明在满足人们对建筑基本要求时，人类的智慧都是相同的。

第二节 古代西亚建筑

亚洲西部以美索不达米亚（Mesoptamia）地区为中心的古代文明，发源于底格里斯河（Tigris）与幼发拉底河（Euphrates）流域。这里是人类最重要的文明发源地之一，不仅因为这里是犹太教（Judaism）、基督教（Christianity）和伊斯兰教（Islam）产生的摇篮，也不仅是因为这里是地球上最早形成城市和文明高度发展的地方，还因为这里的文明与经验几乎是点燃人类文明进程

伊什塔尔门

装饰华丽的伊什塔尔门不仅是巴比伦建筑的象征，也是整个西亚美索不达米亚地区古代建筑的标志。

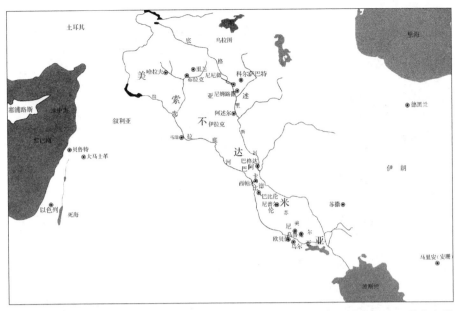

美索不达米亚地
区位于幼发拉底河与
底格里斯河之间的广
阔平面地带，古代文
明就是在这条狭长的
两河平原地带发展起
来的，也被人们认为
是《圣经》中提到的
伊甸园的所在地。

开端的火种。在欧、亚、非三大洲的各种文明中，都可以看到与美索不达米亚文明的联系。因此甚至可以说，古老的美索不达米亚文明是世界文明发展的重要源头。

西亚的美索不达米亚文明，按照发展的时间顺序可以分为四个高潮时期：苏美尔（Sumerian）文明时期，大约从公元前3000～前1250年；亚述（Assyrian）文明时期，大约从公元前1250～前612年；新巴比伦（Neo-Babylonian）文明时期，大约从公元前612～前539年；波斯（Persian）文明时期大约从公元前539～前331年，被亚历山大大帝征服。

这四个时期的建筑均各自具有着独立的建筑特色。苏美尔文明发展的时间较早，主要以高台式祭祀建筑为主要代表；亚述时期庞大的宫殿建筑中，以大量装饰性的浮雕装饰为特色；新巴比伦时期则以蓝色为主的彩色上釉瓷砖（Glaze Tile）贴饰的巨大城门而广为人知；而波斯帝国则以饰有双牛头柱廊支撑的百柱大厅为突出建筑成就，而且令人不可思议的是这座大厅还曾经满饰以绚烂的色彩装饰。

作为西亚美索不达米亚地区最古老的文明，苏美尔文明时期的建筑绝大部分都已经没有踪迹可寻，但当时所建的大型祭祀神庙却留存了下来。建造高大的梯形基台（Ziggurat）或称山岳台的建筑作为祭祀建筑的做法，在埃及、美洲、中国等的古文明时期都曾经有过。在世界各地的早期文明之中，人们都以天为最高神灵居所或所在的共同信仰特征，这可能是从原始时期所遗留下来的自然崇拜的产物，因此人们建造高高的建筑以尽量贴近神灵的做法，就变得易于理解了。

苏美尔人最早的高台祭祀建筑是大约建于公元前3000年左右的白庙（White Temple）。这座位于乌鲁克（Uruk）地区（今伊拉克境内）的建筑，完全采用泥砖砌筑而成，显示出与古埃及和欧洲石结构建筑所不同的、极强的地区化特色。处于城邦发展阶段的苏美尔人的聚居区，就以这种高大的塔庙及其附属建筑为主体，而其他建筑的营造则不那么被重视。除了普通建筑之外，与早期文明的许多石建

发达的文明，频繁的商贸活动，催生了人类已知最早的楔形文字的产生，这些遗存下来的大量楔形文字，是人们深入了解古代两河流域文明的钥匙。

乌鲁克白庙遗址

这座神庙被建在更早期的一座神庙建筑基础之上，高大的砖砌平台侧面有带阶梯的缓坡通向上层，是苏美尔人早期最具代表性的山岳台建筑。

乌鲁克白庙及想象复原图

在人们对乌鲁克白庙遗址的复原过程中，虽然对顶部神庙样式存在诸多争议，但对神庙建筑空间窄小的论述却得到人们的一致认可。

圆锥泥条砌筑的墙体

这种利用圆锥泥条砌筑的墙体，可能是马赛克装饰最早的起源，也是苏美尔文明时期最具特色的墙面装饰形式。

筑被彻底损毁所不同的是，西亚古文明中这种采用最普通的泥砖材料砌筑的塔庙建筑却能够遗存下来，这与西亚地区干旱少雨和较少居民与战乱破坏的历史发展特点有关。

乌鲁克的这座高台基的神庙建筑也一样，由于整座建筑在外墙上都涂刷了白色的石灰防护层，因此它也得到了白庙的称号。白庙建在泥土砌筑的约12米高的梯形台基之上，这个台基的内部采用夯土形式，外墙则用泥砖砌筑成向内收缩的墙面。整座高台的四个角分别朝向四个方位，而顶部的神庙入口则朝向西南。从底部延伸出向上的阶梯，但这个阶梯并不像古埃及和其他的高层建筑那样是通直的，而是呈折线形，在转折了几次之后到达白庙的顶端。白庙上部有多间神殿建筑，这些神殿建筑内部空间不大，这说明苏美尔人在这座高台神庙中的祭祀活动可能不是公共活动，而是只供少数祭司和统治者使用，也是其特权的体现之一。

此时期的建筑上很少有装饰，人们只在塔庙基底的遗存建筑中发现了一种类似马赛克（Mosaic）的花纹墙面。这种墙面是由不同颜色的泥条垒砌的，这种垒砌墙体的泥条是细长的圆锥体形式并在大的底部一端染色。在砌筑墙面时采用锥体与填充

料相混合的方式按照不同色彩叠砌，锥体的尖部插入墙体，底部朝外，许多个锥体底部的彩色截面构成统一的图案，最后就形成了由圆形色点所组成的彩色墙体。

除了乌鲁克的白庙之外，另外一座遗存下来的高台式建筑是晚于白庙1000年的乌尔纳姆山岳台（Ziggurat of Urnammu）。这座山岳台上的神庙已经遭损毁而消失了，只留下高大的台基。这座平面为四边形的台基高度在15米以上，内部采用夯土泥砖

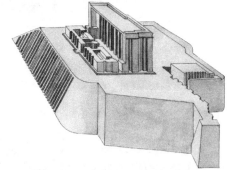

填实，外部则采用焙干泥砖与一种类似沥青的物质混合砌筑。乌尔纳姆山岳台的表面较白庙要成熟得多了，其四面墙体不仅向上逐渐内缩，而且每隔一定距离还出现了凸出的扶垛墙体形式。

　　通向山岳台的阶梯不是一条，而是三条，它们设置在同一方向的立面上，分别在正中与建筑垂直处和这条垂直梯道的两边，顺着山岳台的墙体处设置。至于在这三条坡道的会合处，是直接修建神庙，还是通过另外一条梯道通向神庙，由于建筑上部已毁，因此成为了永远的谜团。

　　在苏美尔人之后短暂兴起的是古巴比伦王朝。古巴比伦在汉谟拉比（Hammn-rabi）国王的统治下迅速成为统领此区大部分地区的强盛国家，但现在除了一部刻在石碑上的汉谟拉比法典（The Code of Hammnrabi）之外，几乎没有什么文化遗迹留存下来，而且古巴比伦王朝在汉谟拉比去世后就迅速被亚述人所取代了。

　　接下来登上历史舞台的是亚述人

（Assyrians）。亚述人早在公元前3000年就已经建立起了城邦（City-State）体制的国家，虽然期间也曾经有过短暂的强盛并脱离了被统治的地位，但在其发展的早期，大部分时间都臣服于苏美尔人和古巴比伦人的统治之下。一直到公元前14世纪中期，亚述人才逐渐强大起来，逐渐成为统领整个西亚的霸主。亚述人不再将敬神的塔庙作为其主要建筑，而是更重视人们的真实需要，因此人群聚集的城市和王室的宫殿建筑成为了此时的建筑主体。在亚述帝国600多年的发展史中，先后出现了三个拥有大城市遗址的区域，它们是尼姆鲁德（Nimrud）、尼尼微（Nineveh）和豪萨巴德（Khorsabad）。

　　在这三个地区发现的城市与宫殿建筑群中，反映出亚述时期建筑上的一些共同的特色。首先，从不同时期形成的城市中都可以看到，整个城市有城墙围绕，而且城中的建筑密集，拥有高台的塔庙已经不再像乌尔城那样位于城市中心，亚述人城市中的塔庙规模大大缩小，并且作为皇宫的一部分与皇

豪萨巴德宫殿想象复原图

规则的城市布局显示出很强的秩序性，但皇宫建筑已经取代山岳台式神庙成为城市建筑的中心，这预示着皇权的强大。

豪萨巴德城平面图

整个城市的平面较为规整，而且在城市内部形成了以垂直道路分割的不同城区，宫殿区位于城市后部，不仅有内城墙围合，而且整体要高于城市平面，但内城布局相对混乱。

宫一起坐落在城市的一侧。其次，城市中的皇宫都另外有一圈城墙围合，形成相对独立的建筑群。最后，各个时期的宫殿建筑中都发现有浮雕装饰，而且这些浮雕主要由记叙性的场景和文字所组成，为后来的人们了解当时的建筑与社会状况提供了重要的参考。相同装饰题材在不同时期建筑中的反复出现，还形象地为人们勾勒出了一条亚述建筑雕刻的发展轨迹图。

现在人们研究得比较深入的宫殿，也是布局与建筑上都较为成熟的城市宫殿，是亚述文明发展后期的萨尔贡二世城堡（Citadel of Sargon Ⅱ）。这座占地约 2.6 平方公里的城市已经形成规整的形象特征，城市的平面为长方形，由高而厚的城墙围合，而且城墙每隔一段距离都设凸出的塔楼。

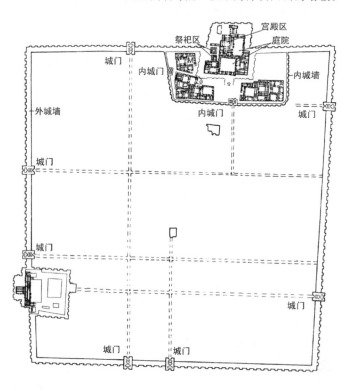

在每个方向上的城墙都对称地设置了两座城门，除了后部被宫殿占据的一座城门外，其他七座城门都是公众可以使用的。

当时已经在城市里密集地设置着各种类型的建筑，其中位于城市中后部的王宫建筑最为引人注意。王宫建筑位于一处被抬高的基址上，并另有一圈内城墙围合以便与城市中的其他建筑分开。王宫内部的建筑主要是以围绕庭院营造为主要布局形式，并由庭院将会客、居住等不同功能的空间分开。以带螺旋形坡道的高塔式神庙为主的祭祀区位于王宫的一角，除了主体神庙之外还包括一些供祭祀和供奉的殿堂式建筑。

到亚述文明时期，世俗的城市和宫殿已经取代宗教性的神庙，成为被大规模兴建的建筑形式。亚述城市和宫殿中的重要建筑都大面积地采用生动的浮雕装饰，这种装饰既是高超工艺水平的标志，也是人们逐渐重视建筑观赏性的表现。在诸多种雕刻装饰中，以一种设置在宫殿入口两侧的、人首、带有翅膀的公牛形象最具代表性。这种公牛的头部采用圆雕的形式，身体和侧立面则采用高浮雕的形式，而且在正面和侧面共雕刻了五条腿，以保证分别从正面和从侧面看公牛时的形象都是完整的。有趣的是正面看公牛是昂首站立的姿态，而从侧面看它却正处于行进状态。它象征着亚述人无比的活力与不可战胜的力量。

在亚述帝国之后是经历短暂兴盛的新巴比伦时期。新巴比伦王国几乎占据了亚述帝国在美索不达米亚的全部领域，而且在建筑领域新巴比伦人也继承了亚述帝国以城市为中心的发展模式，以空中花园（Hanging Gardens）和伊什塔尔门（Ishtar Gate）而闻名世界。空中花园和伊什塔尔门这两项古代文明的建筑杰作都位于尼布甲尼撒二世（Nebuchadnezzar Ⅱ）统治下兴建的新巴比伦城中。尼布甲尼撒二世在位的公元前 604 年到公元前 562 年也是新巴比伦帝国的盛期。

巴比伦王国虽然只经历了 70 多年的发

展，但在这70年中以神庙和城市为主的大规模建筑活动一直在延续，因而在建筑设计与布局、建筑结构和装饰等方面都取得了显著的成果。新巴比伦城是在古巴比伦城的基础上建造的，可以说是世界上第一座经过严格规划了的城市。新城位于幼发拉底河流域，河水从中穿城而过，这可能是从城市居民用水方面来考虑的。整个城市由长方形平面的内城与河东岸三角形平面城墙围合的外城两部分构成。王室的宫殿区和主祭祀区位于幼发拉底河东岸，又另外由城墙围合，城墙上每隔一段距离设置一座观望塔楼，总数约有360座。整个内城中的主要道路以9座城门为起点，在城内形成类似网格形的主道路网，著名的伊什塔尔门就是内城城门中的一座。

伊什塔尔门实际上是新巴比伦城东岸城市的北门，它通过城市中连通南北的一条被称为游行大道的通道与城市南部的大门相通。伊什塔尔门经过漫长岁月的洗礼至今依然矗立于当时城市北入口的地方。在这座经历过岁月洗礼的城门上镶嵌着一种十分漂亮的蓝色彩釉砖，在蓝色的背景之上是由白色彩釉砖和黄色彩釉砖所组成的狮熊图案。

除了伊什塔尔门之外，新巴比伦城最著名的建筑就是传说中的空中花园。据有

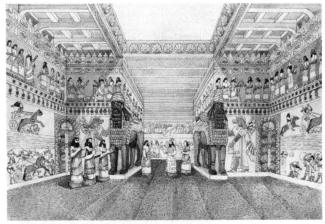

关史料显示，空中花园是建在高台基上的一处自然花园，不仅有高大的树木和各种植被覆盖，还有发达的灌溉系统以保证这个花园总是繁茂。关于空中花园的传闻是使美索不达米亚文明如此著名的重要原因，但这座花园究竟是宫殿中真正的花园，还是像早期苏美尔人那样的高台祭祀建筑，以及这座花园的具体位置在哪，至今都在学界存在争议。除了空中花园以外，美索不达米亚地区还是《圣经》（Bible）中传说的，人们最早建造巴别塔（Tower of Babel）的地区（因为巴比伦和巴别塔在拼写和读音上显然具有很强联系性），最早人们认为关于巴别塔的说法只是传说，但从此地在宫殿旁边有建造带螺旋梯道的高台这一传统，以及真的在巴比伦城北部夏宫附近发现有被称为"The Babil"的地区存在这一情况来看，人们又不禁怀疑，是否真的有过巴别塔。包括空中花园、巴别塔等的一系列问题，到现在还未被人们所真正了解，因此这也为空中花园和整个西亚古代文化蒙上了一层神秘的面纱。

空中花园想象图

在几大古代建筑奇迹中，空中花园可算得上是最富传奇性的一座，千百年来人们为空中花园绘制出各种各样的想象图，但直到现在，对这座建筑确切位置的确定在学界仍存在争议。

波斯波利斯宫殿平面

这座宫殿是在几代波斯王的统治下经长时间修建而成的，虽然宫殿建筑群总体上并无轴线对称关系，但各个时期的建筑以及各座单体建筑却都有比较规整的布局。

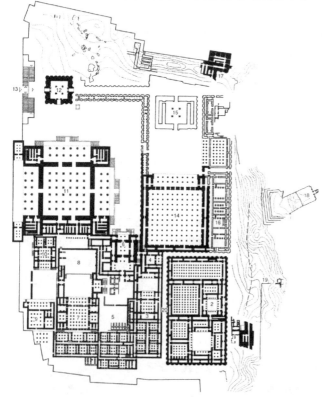

创造了庞大城市和辉煌文明成就的新巴比伦王朝实际上在历史上存在的时间很短，只经历了 70 多年的发展期就被强大的波斯帝国（Persian）征服。波斯人在公元前 539 年攻克巴比伦王朝之前，就已经是占据伊朗高原（Iranian Plateau）的国力雄厚的国家了，而且在公元前 546 年还攻克了希腊城邦，此后波斯帝国在居鲁士（Cyrus of Persia）和大流士一世（Darius I）的统治之下，逐渐发展成为拥有地跨亚、欧、非三大洲领土的大帝国。

波斯建筑主要建造于公元前 6～前 4 世纪，在这一时期的建筑中不但借鉴了埃及帝国、亚述帝国和巴比伦帝国所有的城市和文明风格，还具有着鲜明的波斯建筑特色，创造了形式更为自由、装饰更为精美的新建筑类型。强大的波斯帝国也是以庞大的宫殿建筑为主要特色，帝国先后在帕萨加德（Pasargadae）、苏萨（Susa）和波斯波利斯（Persepolis）等地建立了宫殿建筑群，这其中以大流士一世和其继任者薛西斯一世（Xerxes I）延续修建的波斯波利斯宫为代表。

位于波斯波利斯的宫殿一直处于不断的维护与扩建中，其主体建筑约于公元前518～前463年之间建成。宫殿群建筑位于一个比地面高出很多的人造平台之上，这个平台是由石块和天然岩石共同构筑而成的，但在各部分的标高略有不同。平台地下部分有预先建造的供水与排水系统，西北面设置宫殿的主入口，这个入口采用顺平台挡土墙面相对设置一对楼梯的形式。从这种顺墙面相对设置楼梯的做法中，很容易看到来自苏美尔人山岳台模式对其的影响，只是波斯宫殿中的这种楼梯坡度较

缓，而且具有宽度加大的特点，呈现出了阶梯坡道的形式。在平台边缘处的挡土墙面处，连同楼梯坡道的挡土墙面上，都密布着浮雕装饰，其内容主要是进贡中的武士和臣民形象。

在平台之上建有波斯帝国伟大的建筑——壮观而气势宏伟的宫殿。宫殿建筑的内部由各种功能的空间组成，其中最主要的是两座由柱子支撑的方形平面大型厅堂建筑，它们分别是大流士一世的觐见厅（The Royal Audience Hall）和薛西斯百柱大厅（Hundred-Column Hall）。觐见厅是一座边长约75米的大殿，其内层边长大约60米的主要空间除服务用房外，由36根细高的圆柱支撑。在方形觐见厅的四角各设有一座小的四边形建筑体，而且在方形的三条边上都建有双层柱的柱廊。

宫殿中另一座最为著名的殿堂是百柱大厅。这座大厅由10×10的列柱矩阵而得

名。但这座大厅相对独立，没有在外设辅助建筑，而且也只在一面设置了双排柱廊。这座殿堂内的每一根柱子的高度均为12.2米，大殿的柱廊是由深灰色的大理石所构建的，柱廊外的围墙处满饰浮雕装饰，并且这些浮雕上还曾经涂着鲜艳的色彩。在这些宫殿的外墙上还可能开设有窗户，因此可以想象，当光线通过这些墙壁上的窗户照射进来的时候，大殿内必定是多彩绚烂的。

除了这两座方形大厅之外，宫殿中的其他建筑主要位于这两座大厅的南侧。各种建筑以方形平面加列柱支撑的结构形式建立，建筑组群在总体上并没有体现出统一和严谨的对称关系，但在各单体建筑中，无论建筑还是装饰，却往往显示出很强的对称性与轴线性。

以波斯波利斯宫殿为代表的波斯建筑，除了上述的建筑总体造型和布局的这些特点之外，这一时期的建筑构件也呈现出了以下几种特色：首先是柱子大都采用的是一种受古埃及风格影响的样式，柱身上带有凹槽，柱础有时做成覆钟形，有时则采用高柱础的形式，柱头上设置带有牛头、棕榈叶和涡卷形状的雕刻装饰。建筑入口处设置如亚述宫殿中那样的人头牛身兽装饰。墙面也都采用以彩色釉面砖作为装饰的做法，而且在一些建筑的墙

波斯波利斯宫殿入口台阶坡道上的浮雕

宫殿所在的台基和入口阶梯坡道上，都布满了进贡队伍的浮雕，可以根据这些人物的衣着和所持的进贡物，分辨出他们所来自的国家和地区。

波斯柱式

波斯的柱式虽然受古埃及与古希腊柱式的影响，但由于波斯柱子所支撑的屋顶是木结构，因此不仅比上述两个地区的柱身更高细，柱头部分的装饰也更华丽。

百柱大厅想象复原图

为了方便使用，百柱大厅外部的墙面上可能开设有多个大尺度的窗口为室内照明，而且在屋顶上可能还开设有天窗。

波斯波利斯宫遗址

遗址中遗存的这组建筑，明显是来自古埃及塔门的形象，表现出波斯建筑文化的多元风格特色。

面上，甚至还出现了古罗马式的拱券形式。

可以说，波斯文化是从美索不达米亚、古埃及、古希腊、古罗马等各种建筑文明中派生出来的。但在波斯人的建筑中，感受最强的还是巴比伦建筑风格和亚述建筑风格的影响。例如在建筑中使用的釉面砖、修建的台阶、隆起的平台以及带着翅膀的人首公牛（Lamassu）形象等，这些都是典型的巴比伦建筑特色。

除了宫殿之外，波斯人还早于古罗马人修建了连接帝国重要城市的公共道路，并且在岩壁上修建帝国的岩石墓穴。由于波斯人是从半游牧民族发展而来，因此不像早期的苏美尔人那样热衷于修建大型的祭祀建筑。虽然波斯人信仰一种拜火宗教，但为此而修建的拜火神庙不仅只是简单砌筑的塔楼式建筑，而且建筑规模一般也不是很大。相比于简朴的宗教祭祀建筑，波斯建筑是以现实的世俗建筑为主进行发展的。

美索不达米亚文明是世界人类文明进程中最重要的起源之一，由于其所在的特殊地理位置，使其从很早就已经同欧洲和非洲的早期文明有所接触。也正是由于这种接触，使得美索不达米亚建筑文明与古埃及、古希腊和古罗马等地的建筑在有些方面呈现出相近或一致性。反观美索不达米亚地区的建筑发展，其本身也遵循着既有变化性又有联系性的文明进程规律。从美索不达米亚早期苏美尔人的高台基式山岳台，到波斯人同样建在高台基上的宫殿，建筑的发展经历了一种从宗教性向世俗性的转向之路。各个地区和各个时期的建筑在结构、砌筑技艺、装饰方法与样式等方面的联系性都很强，具有很突出的地区特性。

第三节
印度建筑

印度文明以其独特的发展状态和所取得的丰硕成果，在世界文明中占据着一席之地。古印度所占据的南亚大陆有着非常复杂的文明发展关系，这是因为印度历来是一个由诸多民族构成的民族与文化关系复杂的国家。总的来说，印度主要以南部的土著民族达罗毗荼人（Dravidian）和北部的雅利安人（Aryans）为主，这两大民族和许多其他少数民族的内部又分成诸多分支，而且随着各民族长时间的混居，又在此基

拉克斯玛纳（Lak-shmana）神庙

这座神庙是中心主庙和四角上的辅助小庙，共5部分组成，而且每座建筑上都建有高塔，高塔顶上还雕刻各种神话人物和蜂窝状的装饰。

础上形成了更为复杂的民族关系。再加上印度各民族和部落之间又都有着各自不同的语言，这些语言大概包括印欧语系、达罗毗荼语系、印度伊朗语系、汉藏语系等几种大的类型，但在不同部落和不同种族之间，这些语系往往又衍生出更多的变化，形成约 500 种左右的不同的语言分支。

在这种多民族与多语系的环境之下自然产生出许多宗教分支。印度本土的宗教以佛教（Buddhism）、印度教（Hinduism）、耆那教（Jainism）和锡克教（Sikhism）为主，而且即使是同一种宗教在不同地区的分支教派也不尽相同，此后随着外族的入侵又增加了伊斯兰教（Islam）和基督教（Christianity），使印度文化产生了极为复杂的多元化发展特征。但总的来说，占据建筑发展历史主流的建筑类型也同主要的宗教类型一样，以佛教建筑、印度教与耆那教建筑、伊斯兰教建筑为主。

但古印度的建筑并不是从这四种宗教诞生之后才开始发展的，而是从很早就已经取得了较高的建筑成就，其早期被称之为印度河文明（Indus Valley Civilization）时期的建筑成就突出表现在哈拉帕（Harappa）和摩亨佐达罗（Mohenjodaro）两座城市之中。这两座城市大约兴盛于公元前 2500～前 1700 年之间，此后被废弃，但原因至今不明。

在这两座早期的城市建设之中，人们发现了与西亚美索不达米亚和非洲古埃及

早期文明所不同的建筑发展之路，即在哈拉帕城和摩亨佐达罗城中，用于祭祀的神庙并不是城市建筑的中心和主体，整个城市建筑的世俗生活气息浓郁。

在哈拉帕和摩亨佐达罗城中已经有了严谨的统一布局与规划。这些城市的营造显然事先就经过统一的设计，因为考古人员所发现的包括哈拉帕和摩亨佐达罗在内的此时期的其他几座城市，其城市周长都为 5 公里左右，而且城市中明显分为地势不等的两个城区部分。城区和市区的基础设施建筑十分完备，如建有发达的地下排水管网（Network of Underground Drainage Pipes），市区道路以南北和东西方向的棋盘式网格（Grid）大道为主，建筑和小巷都设置在这个棋盘的网格内。位于地势较高处的内城区面积较小，由单独的城堡围合，而且内城与外部市区之间还挖有壕沟（Trench）分隔开来。内城中建有谷仓、公共浴室、作坊和大会议厅等多种功能的建筑，是城市的经济和权力中心。外城区的民居建筑显然是经过统一规划与建造而形成的，这些建筑和城墙一样，由统一规格的烧制砖砌筑而成，显示出很高的砖工水平。城市中的住宅建筑在体量和占地的规模上显示出贫富的差别，富裕的大宅有多

摩亨佐达罗城

大约存在于公元前 2300 年的摩亨佐达罗古城，已经是一座分区明确和功能完善的城市，而且以砖砌结构为主的建筑显示出与两河文明建筑较强的联系性。

摩亨佐达罗城市平面

通过城市遗址的平面可以看到，古印度从很早就已经形成了规则的城市布局，不同功能的城市部分通过平面高度的变化和宽窄不同的道路分割。

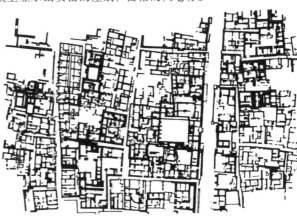

大菩提寺

大菩提寺最早在公元前3世纪的孔雀王朝阿育王时期就已经存在，现在人们看到的主体建筑大约兴建于7～8世纪，但在12世纪时又进行了改建，因此现存建筑显示出一种印度教神庙的建筑形象。

阿育王石柱柱头

这是现今保存最好的阿育王时期的石柱柱头，其中吼叫的狮子代表佛教精神，狮子底部四个方向上雕刻的四种动物，代表着四个方位，因此整个柱头代表着佛教精神广泛地传播到四方。

层而且院落相套，贫穷的小宅用泥坯砌筑，最小的只有两间。

到公元前1700年之后，高度发达的印度河文明突然衰落了。人们推测这可能与来自北方的雅利安人的入侵有关，但真正原因至今仍无人能够破解。在此之后直到孔雀帝国（Maurya Dynasty）时期，古印度处于所谓的吠陀（Vedic）时代，这是雅利安人与印度本土的达罗毗荼人在人种和宗教、文化上不断融合的时期，在历史上表现为列国纷争时期，因此在建筑上并没有取得太大的成就。此后，在大约公元前6世纪左右产生了佛教和耆那教，成为影响印度人精神世界和建筑发展的重要因素。

印度建筑文明在早期印度河文明时期之后的很长时间都没有太大的进展，直到约公元前325年孔雀帝国的建立，才又使印度建筑文明在转移到恒河流域（Ganges River Basin）后得以继续发展下去。孔雀帝

国最著名的国王是公元前272～前231年左右在位的阿育王（Ashoka），他统治下的孔雀帝国也是发展最强盛的时期。

孔雀帝国时期，人们兴建了规模庞大的城市，如帝国的都城华氏城（Pataliputra），据说华氏城的城墙上有64座城门和570座望敌塔楼。因为损毁严重，虽然人们已经不能再现华氏城的原来面貌，但从当地的一些建筑遗迹和出土的一些建筑构件来看，当时的古印度文明显然受到了波斯和古希腊文明的影响。

除了城市之外，因为阿育王对宗教的尊崇，而使得此时期宗教建筑获得了极大发展，这其中以佛教建筑的发展成就最高，因为阿育王本人就皈依了佛教（Buddhism），成为一位佛教徒。此外在阿育王的鼓励之下，诸如阿耆毗伽教（Ajivikas）等其他门类的宗教建筑也得到了不同程度的兴建。

在印度早期文明之中，由于长期的动乱与征战等原因，以华氏城为代表的许多曾经辉煌的宫殿、城堡等世俗建筑都已经损毁殆尽，而与之相反的是不同时期兴建的各种宗教建筑却在很大程度上得以留存了下来，其中尤其以佛教、印度教和耆那教的各种建筑为主，在这三种宗教建筑中又以前两种的建筑遗存数量最多。

佛教建筑是在印度兴起较早并取得较

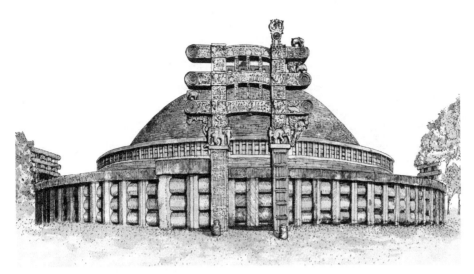

桑奇大塔

初建于阿育王时期的桑奇大塔，是印度早期富有本土建筑特色的佛教建筑的代表，尤其以四座大门上出现的妖娆的药叉女形象最为突出，显示出佛教与印度本地宗教的联系性。

大成就的宗教建筑类型。印度的佛教建筑在阿育王时期得到极大发展，作为弘扬佛教理念和供人瞻仰的标志，孔雀王朝时期的佛教建筑类型主要有窣堵坡（也称舍利塔、塔婆）和石窟，此外还有一种单体耸立的石柱形式。

石柱严格意义上说不是一种建筑，而更像是一种雕塑形式的纪念碑，但这种镌刻着官方诰文的独立石柱在帝国各处树立，却达到了有效推广佛教的作用。这种石柱通身由石材雕刻而成，光滑的柱身雕刻有铭文，柱顶部则以圆雕的雄狮结束。有些石柱上还刻有涡卷、马、公牛和象的图案，呈现出受波斯文化影响的现象。

除了柱子之外，最具纪念性的佛教建筑形式是窣堵坡（Stupa）。这种建筑可能来自于古印度早期带半球形顶的民居或坟包的形象，它是作为佛陀及佛教徒们圆寂后埋葬的坟墓而出现的一种建筑形式，可能也是我国佛教建筑塔的原形。在早期还没有出现雕刻佛像的石窟，窣堵坡自然成为佛教徒们祭拜的主要对象，而窣堵坡的所在地也成为圣地，并逐渐演化出一种以窣堵坡为中心，还带有诸多供奉圣物、供僧侣使用的附属建筑的大型宗教建筑群。

窣堵坡在阿育王统治时期被官方鼓励而大加兴建。有关记载显示，仅阿育王组织兴建的窣堵坡就有 8 万多座。但是印度古文明时期兴建的诸多窣堵坡至今绝大多数都已经无踪可寻，而留存下来且保存较好的就只有位于印度博帕尔（Bhopal）地区的桑奇大塔（Great Stupa of Sanchi）。

桑奇大塔最早在阿育王时代就已经开始兴建，此后在贵霜王朝（Kushan Dynasty）和笈多王朝（Gupta Dynasty）都被修复和扩建，因此成为庞大的佛教建筑圣地。在这个圣地中，兴建了大量的佛塔、神庙建筑，桑奇大塔的主体地位已经不再那么突出了。

整个桑奇圣地建筑群在 13 世纪之后被丛林所覆盖，但也因此被较为完整地保存了下来。桑奇大塔的主体建筑是一座直径为 33 米的巨大实心半球体，球体上部有木构的方形石栏围合的一个具有三层伞状顶（Chhattras）的顶端，它们都具有丰富而复杂的宗教内涵。半球体整个坐落在一个高不到 5 米的圆形基台之上，这个基台在南部有顺墙相对设置的两组阶梯通到上层

桑奇大塔建筑群平面图

桑奇大塔建筑群是在相当长的历史时期逐渐形成的，不同时期的建筑群被兴建在不同的平台之上，相互之间没有统一的位置规划，因此整个建筑群显得较为混乱。

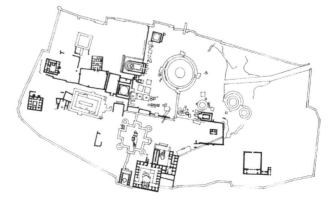

桑奇大塔北门细部

四个方向上的四座大门兴建于公元前后,而且都是仿木构的格栅造型,北门是雕刻较为精细且保存较为完好的一座大门。

除了以佛本生故事为题材的雕刻之外,还布满了蕴意深刻而且精细的植物、动物形象和象征符号的雕刻装饰。

但令人不解的是,在一些塔的楣梁边缘上,还雕刻着一些几近赤裸的、体态丰满的药叉女(Yakshi)形象。这种在今天看来仍然极具挑逗性的女性形象的加入,可能是佛教与印度本土宗教相融合的产物。因为在追求清修、苦行的佛教体系中,在此前和之后以及其他地区的佛教建筑中都没有发现过这种极具异教因素的雕塑的加入,而在以自然和生殖崇拜的原始宗教基础上发展起来的几种印度本土宗教中,这种女性形象的雕塑却是十分常见的。

这种窣堵坡建筑的形态并不是固定的,在贵霜王朝(Kushan Dynasty)时期流行的以希腊罗马建筑风格为基调的犍陀罗(Gandhara)艺术的影响下,人们还兴建过带有希腊罗马壁柱形象的窣堵坡。而且窣堵坡也不只在印度被大量地建造,随着佛教的广泛传播,窣堵坡还流传到了东南亚各国以及中国。其中建造于13~18世纪的缅甸仰光的大金塔(Mahamuni Pagoda of Rangoon)就是依照窣堵坡的建造形式而建造的,中国的喇嘛塔也是从窣堵坡的造型中发展变化而成的一种佛塔形式。

的缓坡阶梯,基台外则有一圈带有雕刻的栅栏围合。而且在栅栏与基台之间和第二层基台上都设置有环绕半球体的走道,这是供某种祭祀仪式所使用的通道。巨大的栅栏最早可能是木结构的,因为在此后修建的石栅栏明显是模仿木栅栏的结构形式进行雕刻的。

在外围一圈石栅栏的四个方向都建有石门,这种被称为陀兰那(Torana)的石门,也明显是仿照最初的木结构大门的形象制作的,它由纵横交叉的梁所构成。四座石门上

仰光大金塔

各地的佛教建筑形制虽然最早都源于印度,但逐渐发展出各具特色的地方风格,仰光大金塔以众多小尖塔和用金箔、宝石装饰的塔身而著名。

在古老的佛教法规中,为了使僧侣们避免受世俗世界的影响,所以提倡他们遁世隐修,因此僧侣们开始大量地聚集于窣堵坡的周围,并建造经堂、住所等建筑以宣讲教义,这样便形成了以窣堵坡为中心的佛寺布局模式。除了这种专门的寺庙建筑之外,阿育王时期还产生了最早的石窟寺建筑。这种最早的石窟建筑是阿育王恩准为阿耆毗伽教(Ajivikas)徒在一些人迹稀少的火山岩地带凿窟而居,这也就形成了早期古印度纪念性建筑的另一种重要形式——石窟寺建筑。

简单，它的一面设置有入口，通过立面开凿的一排柱廊与内部的一个较大的方厅相连接。建筑内部在方厅周围再凿建尺度规格相等的小方室，作为僧侣的居住地。有些比较大型的毗诃罗，在方厅中有成排的列柱，还专门留有供奉佛像的小室。毗诃罗窟的窟顶是平的，其内部可依据自身的特点进行一些雕刻和彩绘的装饰。

支提窟是大型和装饰华丽的洞窟，其立面多为两层仿木结构建筑的形象，但在上层多设有马蹄形的大开窗。窟的底部平面呈马蹄形，可以是幽深的单窟形式，也可以由多个窟室组成。在多室的支提窟中，通常建造有列柱、前室和后室。主厅为简形拱的结构形式，侧廊则为半个筒形拱依附于主厅，这种形式是支提窟建筑的一种典型的特征。这些拱的建筑材料有时采用木质的，有时是石制的。虽然所选的材料不同，但在形制上则均呈现出木质结构的形态。后室多是穹顶，常常为一个独立的带穹顶的小型　堵坡的空间形式，顶部做藻井的装饰。僧侣们在举行仪式时可以绕着这个窣堵坡进行象征性的朝拜，因为窣堵坡是佛教中最为神圣的建筑物。

位于孟买（Mumbai）东北文迪亚山麓的阿旃陀（Ajanta）石窟是印度石窟的代表。唐朝的玄奘对此曾进行了详细的记录：它

石窟寺最初的规模很小，它只是一个带有仿木立面的，供僧侣在雨季暂时修道的场所。后来，因为这种在石窟中进行雕刻和绘制的各种形象能够被长久保留，因此石窟寺获得了佛教、印度教等多种宗教团体的青睐，石窟的规模也越来越大。古印度时期的石窟大体上可以分为两大类：一种是僧侣们居住修行之用的毗诃罗（Vihara）窟；另一种是举行宗教仪式的支提（Chaitya）窟。

毗诃罗窟是僧徒们居住、集会和求学修佛的地方。毗诃罗的石窟立面形象较为

仿木构石窟（上、中图）

印度石窟的立面和内部大都仿照木结构建筑凿制，早期的仿木构石窟立面较为简单（上图），到了后期无论是立面的总体规模还是雕刻面积都变大，连建筑的屋檐都被真实地表现了出来。

支提窟平面、剖面图

受石窟建筑的特性限制，支提窟内部空间的宽度不能太大，因此只能向纵深方向发展，因此形成狭长内室的空间特色。

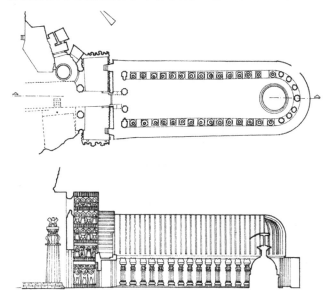

支提窟内部

支提窟内部也按照木构拱架建筑的结构，雕刻拱肋和柱子的形象，在柱子和拱顶上还可以满饰各种佛教图案的雕刻装饰。

摩德赫拉 (Modhela) 神庙

古印度神庙有时是经过精密的计算而建成的，比如这座摩德赫拉神庙在每年的春分和秋分时，阳光都会在逐一照亮轴线上的各座建筑之后，照射到最内部神殿中的神像身上。

马哈巴利普的姆神庙

这组由多座造型迥然不同的石雕建筑构成的神庙群，是多样化的印度神庙建筑的生动缩影，而且在神庙建筑两边还雕刻着护卫不同神灵的动物形象。

的开凿时间是公元前1世纪到2世纪左右，但下限可能持续到了7世纪，整座石窟可分为毗诃罗窟和支提窟两大类。在这座阿旃陀石窟中共有石窟26个，其中有22个毗诃罗窟，4个支提窟。这26个石窟的建造规模依其建造的时间而各不相同，建造时间越晚的建造规模也就越大。其中最后一个建造的石窟，它的规模之大甚至可以同时容纳600～700位僧侣在此修行。

从公元前2世纪以后500年左右的时间里，各种形式的支提窟不断地被开凿和重建。到9世纪为止，开凿于印度北部的石窟大约已经达到了1200个左右。在这些各个时期开凿的石窟中，不仅包括佛教石窟，还包括印度教和耆那教的一些石窟。

大约在7世纪之后，佛教从发展的盛期逐渐走向衰落，与此相反的是以印度原始宗教婆罗门教（Brahmanism）为基础的印度教却逐渐发展壮大起来。印度各地开始兴起各种印度教建筑，由于此前佛教的强烈影响，因此早期的印度教建筑也和佛教建筑区别不大。这一时期印度教建筑尤以帕拉瓦王朝（Pallava Dynasty）在印度南部马哈巴利普的姆（Mahabalipuram）开凿的神庙最具代表性。

马哈巴利普的姆神庙在当地被称为"Ratha"，是战车（Chariot）之意。这个建筑群的5座神庙都是由整块的岩石仿照砌筑神庙建筑的样式雕琢出来的，但建筑的外部造型各不相同，既有层叠屋顶的塔状样式，也有按照茅草屋和石窟拱顶形式雕刻的建筑形象，不知道建造者是在诸多样

式的雕琢中寻求一种独立的全新建筑样式，还是单纯地想展示不同的神庙样式。

在马哈巴利普的姆神庙中所呈现出来的多样化的神庙建筑样式，是不同地区的印度教神庙在外观样式上呈现不同面貌的一个缩影。因为各地建筑传统的不同，使印度教神庙的风格大致分为了南北两派。总体上来看，南北两派神庙建筑大都将正门朝向东方或北方，但也有例外。两地神庙都有围墙闭合的院落式组群的布局方式，北方也有一种建筑按照轴线前后依次排列，但不设庭院的建筑形式。尽管南北方神庙建筑的平面组合方式上略有不同，但大都在主殿之前设置独立的前厅式建筑，而且这两座建筑与前方的主入口一起，构成神庙布局的主轴线。在建筑上，南北方神庙都以带塔式屋顶的主殿为中心，而且全部建筑都是采用石结构并附以密集的雕刻装饰。

北方庙宇的典型布局是以门厅和神堂两座建筑为主，并可以搭配一些附属建筑，整个建筑群以神堂建筑上方的高塔顶为主。门厅、神堂和塔按照前后轴线的布局形式被设置在一个整体的高高的台基之上，因

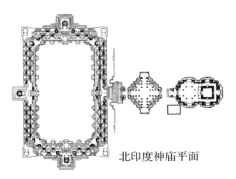

北印度神庙平面

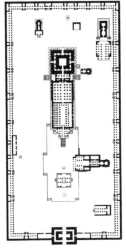

南印度神庙平面

此庭院的形象并不突出。而南方神庙中的建筑则是被分别设置在独立的台基上，这样，院落的形象就较为突出。除了这种布局上的变化之外，南北两派神庙建筑最大的不同主要体现在建筑的塔式造型上。

北方神庙的尖顶主要集中在殿堂建筑本身，前面门厅的屋顶虽然是尖顶，但是低矮的尖锥形。神庙建筑组群以后部神堂的尖塔为视觉中心，神堂的尖塔是一种如竹笋的尖拱顶形式，这个尖拱顶从底部到顶部的一周都刻有密集的横向线条将其立面构图分割，但在纵向也有深刻的凹槽将外形分成若干瓣。在这个尖拱顶的最上部，覆有一个圆盘式的盖石，在盖石之上还插有象征不同神灵的标志物，这个标志物也是人们分辨庙中所供之神的地方。

北方印度教神庙以卡久拉霍（Khajuraho）神庙群最为著名，而在这个包括印度教和耆那教的 20 多座建筑的组群中，又以维斯

瓦纳特神庙（Visvanatha Temple）最为著名。这座神庙也是印度教建筑中突出的代表性作品，因为在这座神庙中不仅有着层叠向上的多座尖拱顶，在塔身上还布满了各种神化爱侣的雕像，而且许多雕像都直接表现了爱侣间的性行为，这让所有看到这些雕像的人都惊愕不已。

南方以庭院为主的神庙建筑多采用直线轮廓的锥形顶，而且锥形顶的建筑一般都位于围合庭院的大门或神庙平面端头处。这种锥形顶建筑的外部通过凹凸的线脚变化分成向上退缩的多层，每层都有雕刻装饰。真正的人可进入的神庙空间是位于一种柱列支撑的平顶石构建筑中，在这些建筑的内外也都布满了雕刻。建筑辟有供奉不同

卡久拉霍神庙群中的一座神庙

这座神庙因顶部设置了 80 多座小尖拱顶而闻名，细密的横向线脚与密集的雕刻装饰一起，突出了印度教神庙将雕刻与建筑融于一体的特色。

南北方神庙平面比较（左上图）

北方神庙的平面充满变化，而且还可能如图示的平面那样，在建筑前部设置池塘；而南方神庙的平面则较为规整，显示出很强的向心性。

林伽罗阇神庙

这是印度北方由多座建在同一轴线上的建筑构成一座神庙建筑的代表之一。

坦焦耳大寺

供奉湿婆的坦焦耳大寺最特别的建筑形象不是高耸的尖锥状大塔，而是入口上部梯形平面和带卷棚式屋顶的大塔。

阿布山耆那教神庙群建筑总平面图

这座神庙建筑群以三座神庙建筑为主，而且三座建筑围绕一个中心展开，平面布局很紧凑，建筑内部则以保存完好的、精细、华丽的雕刻著称。

桑奇建筑区的石构神庙

印度的宗教建筑历来呈现出吸收多种形象的混合风格，这座晚期兴建的小型祠堂明显引入了古希腊－罗马神庙风格，极具异域特色。

神像和圣物的小室。南方式神庙以坦焦耳（Thanjavur）的拉加杰斯瓦（Rajarajeswar）神庙为代表，这座神庙中的几座建筑都位于一条前后方向的轴线上，其中最突出的是坐落在主轴线上的几个带卷棚顶门塔式的建筑。

除了印度教之外，位于西北地区阿布山上的印度耆那教的神庙群也十分著名。这个耆那教神庙群主要由四个神庙区构成，其中三个形成了规整的方形庭院形式，第四座可能并未最终完成，由于受基址的影响，其总平面呈不规整的长方形。这个神庙群全部由岩石建造而成，以其内部大量精细的雕刻而著称，堪称古印度的"洛可可"式神庙。阿布山神庙群建筑所呈现的这种密集雕饰与建筑体块的有机结合，也是古印度各种宗教建筑最突出的特色。与其他神庙中的雕刻形式一样，阿布山神庙的雕饰也以花边、动植物和动作优美的人物形象为主，尤其以裸露的丰满女性形象最突出。

印度古文明时期传统建筑的特色，在于建筑艺术与宗教艺术的紧密结合。没有宗教艺术的雕刻，也就没有建筑艺术；而没有建筑的实体，宗教雕刻也无处呈现。多样化的地区文化差异还导致了建筑单体和

组合等方面的地区特点。以宗教为主导的古印度建筑最大的特色，除了雕刻与建筑密不可分的联系性之外，还在于建筑雕刻的处理手法。印度建筑中的雕刻以高浮雕甚至圆雕的手法为主，雕刻的题材从程式化的花边到各种形象的动植物图案，再到各种人物以及抽象的神怪，形象无所不包。这些雕刻往往以密集繁多的数量堆积在建筑之上，其中不乏像卡久拉霍（Khajuraho）神庙那样直白地表现爱侣形象的令人不解的雕刻题材。可以说，题材和装饰的多样是古印度各式神庙建筑的典型特色，也是古印度所孕育的这种复杂而统一、充满差异又紧密联系的文化特征的一种物质表现形式。

到13世纪以后，随着印度本土政权被外来的穆斯林政权所取代，古印度建筑的发展开始转向伊斯兰教风格。这种新的伊斯兰教建筑风格与叙利亚等西亚、北非的建筑传统联系紧密，但与印度本土的建筑传统却呈现出较大的差异，古印度本土化的建筑文明传统从此时开始被新的伊斯兰教建筑传统所取代了。

第四节
日本建筑

世界各国的民间建筑都十分重视对于自然材料与地方材料的利用，古代日本的

传统建筑也突出地显示出了这种特点。

在佛教传入日本之前，日本已经发展起了一种本土的宗教——神道教（Shinto）。神道教是以天照大神（Amaterasu）为崇拜对象的一种日本的本土宗教。这种以原始的自然崇拜为基础发展起来的宗教长久以来一直存在于日本社会之中，即使是在佛教传入日本之后的日子，甚至到了今天，神道教也依然是日本传统文化的一个重要的组成部分。

作为天照大神降临人间的临时居所，以及人们用以纪念和朝拜天照大神的标志物，一种被称为神社（Shrines）的建筑被兴建起来。这种神社一般都位于单独划定的一块圣地之内，由主要神殿和几座附属建筑构成，而且大多不对外开放，只有神职人员、皇室成员和高级官员才能定期在其中进行祭祀活动。神社的建筑形象可能是由早期的一种居住或谷仓建筑为原型兴建的，而且每隔20年都要在原址上重建一次。后期所造的神社建筑样式是随着历史的发展而不断变化的，但大部分的构件都是保留原有的尺寸和式样，比如有的神社中至今还保留着来自中国宋代的斗栱结构样式。这种复制式的翻修在日本是一种被称为"式年"（Shikinen—Sengu）的风俗，这样也就可以使传统建筑样式得以很好的继承。

这种定期的翻新总是在严格保证与原建筑相同的原则下进行的，为此专门有一支世代相传的工匠组织负责神社的翻建工作，小到每个组成构件，大到整个建筑，都保证是原建筑的原样重组。

这种相隔固定时间然后严格按照原样重建的建筑传统，不仅使古老的木结构建筑得以保存下来，而且也使古老的建筑手法得以保存下来。以神社建筑为代表的这种通过翻新使古老的建筑得以保存下来的做法，与西方建筑传统中通过坚固的石材使建筑得以永久保存的观念截然不同，体现出东方建筑所独有的特色。

日本主要建筑风格和建筑规则体系的形成，受中国建筑传统，尤其是唐代建筑传统的影响很大。在我国的历史记载中，最早在南朝（约5世纪）时，日本就已经开始向中国派遣使者了。而大规模的文化交流，则可能始于6世纪，通过朝鲜半岛（Korean Peninsula）的使者往来和通过中国

春日大社

建于奈良的春日大社，是较早受中国建筑影响兴建的日本神社，因此明显呈现出将中国建筑做法与神社建筑传统相融合的特色。

伊势神宫

伊势神宫可称得上是日本最著名的神社建筑，它是日本王室专享的神社，因为按照原样重建的建筑传统，因此还保持着古老而传统的建筑样式。

源氏神社中的八幡宫

从奈良时代起，受日益兴起的佛教文化影响，许多神社开始引入佛教寺院建筑形式，这座位于源氏神社中的八幡宫，就是极具汉地风格的建筑。

法隆寺俯瞰

法隆寺虽然仍旧遵守着中轴对称的建筑布局规则，但院落中的主体建筑已经由双塔改为塔和金堂的形式，显示出本地建筑布局特色。

三重塔

日本佛塔与中国佛塔的建造呈现出很大的不同，日本佛塔多是方形平面的四角起翘的屋檐形式。塔的层数也是以奇数为吉，三层和五层的佛塔最为常见。

清水寺正堂

清水寺正堂与两侧建筑紧密结合而建，而且由于毗临悬崖，因此在底部采用木构架搭建出悬空的广阔平台，富含高超的结构技术并极具观赏性。

传入日本的佛教。6世纪时中国正处于隋唐强盛的文明阶段，因此中原地区的建筑文化也随佛教一道传入了日本。

大约从6世纪起，日本开始大量吸取中国的封建（Feudal）文化，除了佛教这种宗教文化之外，在其他各个领域日本也都呈开放学习之势，而建筑也是日本深度学习的项目之一。随着佛教的流入，陆续有朝鲜和中国的工匠被派驻到日本帮助当地兴建佛教建筑。7世纪时日本人在奈良建造起了第一座佛教建筑：法隆寺（Horyuji）。这座世界上现存最古老的木结构建筑的建成，也标志着佛教在日本宗教地位的确立。

包括法隆寺在内的日本佛寺，继承了我国早期府邸式佛寺建筑的特色，基本上都以院落为单元。小的佛寺可能只有一个庭院，而大的佛寺如兴隆寺，则是由几个不同时期修建的院落共同构成的。各个院落大都以入口建筑和主殿为轴，并采用在主轴线两侧对称设置附属建筑的形式。只是到后来，随着日本建筑的发展，院落中的主轴还在，但主轴两侧不再对称地设置同样式的建筑，而是可以分别设置塔和金堂。

后来，还出现了一种以塔（Pagoda）为中心，在塔周围设置其他建筑的寺庙形式，这是仿中国伽蓝寺的建筑样式兴建的寺院。可以说，日本早期的佛寺建筑，在总体上遵循中国内地建筑传统的基础之上，又加入了本地文化的诠释。这种与中国建筑既有联系又相区别的特点，也是日本建筑发展的特征

之一。例如在法隆寺中，总体的轴对称式布局以及带深远出檐的建筑样式，都具有浓郁的中国特色，但在建筑的细部设计上，比如塔的样式上，就可以看出一些日本本地的创新来。因为当时在中国除了比较流行的平面为正方形的木塔外，也还有平面为六角或八角的砖塔或石塔的形式，而日本营造的仅有一种平面为方形的木塔。

随着日本政治环境的改变、木构建筑技术的成熟以及佛教的发展，日本开始兴建不同佛教宗派的寺院建筑。日本从飞鸟（Asuka）时期到奈良时期（Nara Period）的早期建筑历史发展中，以隆兴寺、药师寺、东大寺、西大寺和招提寺为代表的几大寺院，都很大程度上保持着中国中原佛寺的风格。早期的寺院无论在整个建筑的设置与布局，还是在建筑的造型样式上，都显示出受中国建筑风格的影响，建筑一般规模较大，带有大出檐和深沉的基调。

但此时的建筑也还是有很多日本人的创新，比如位于京都（Kyoto）的清水寺（Kiyomizu-Dera）。这座始建于平安时期（Heian Period）的建筑虽经多次大火焚毁，但每一次重建几乎都遵循着最初的设计，虽然现存寺院建筑重建于1633年，但仍在很大程度上保留着最初的建筑样式。这座建筑最突出的特色在于正殿与侧翼建筑屋顶的山墙面相接，呈现出鲜明的日本风格，而且整个建筑临悬崖而建，建筑底部由支撑在悬崖上的复杂木结构形成一片半悬空的基座作为舞台，显示出极高的技术性。

除了佛教的寺院建筑之外，日本早期的宫殿建筑也是中国风浓郁的建筑样式，平安时代早期的宫殿尤其是这种中国风格。整个宫殿建筑群以中轴线上的议政、

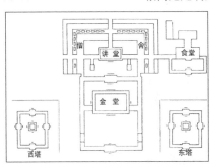

寝宫等承担各种主要功能的殿堂为主，次要功能的建筑设置在主要建筑的两侧并各自形成院落。整个宫殿建筑群包括带水池的庭园在内，都遵循这种对称的布局关系。

但这种规模庞大和颇具气势的豪华宫殿在平安时代晚期就逐渐不再流行了，因为武士阶层（Samurai Class）的兴起，使这种大规模的豪华宫殿建筑被更简单组合的庭院式建筑所代替。由于此时日本在文化上主要受佛教禅宗教义的影响，追求清雅的格调，在建筑上则受到宋式营造的影响，因此武士阶层风格的简单布局的宫殿建筑形式被保留下来。后期的日本建筑无论在规模上还是样式、装饰上，在保持皇家建筑肃穆、威仪的内涵的同时，大都以简朴、雅致的外观风格呈现。

但也并不是后期所有建筑都遵循着这种尚简的建筑风格。在进入14世纪的幕府（Shounate）封建统治时期之后，在足利（Ashikaga）家族的统治之下出现了两座奢华的建筑特例，这就是金阁寺（Kinkkakuji）

和银阁寺（Ginkakuji）。金阁寺修建于14世纪末期，最早是足利义满在京都修建的一座私人庭院中的主体建筑。方形的亭台式建筑面水而建，有三层，建筑同时是供奉佛祖的庙堂和将军本人的寝宫。这座亭台式建筑外部以油漆粉刷另加金箔贴饰，而且屋顶还有一只展翅的凤凰。虽然金阁以及建筑所在的庭院后来被将军全部捐献给寺院，但整个建筑金碧辉煌的奢华形象始终没有改变过，显示出与以往简朴、内敛的日本建筑完全不同的风格特征。

银阁是足利义满的孙子在京都主持建造的。这座建筑也建在水边，建筑内外采用银箔装饰，并因此而得名。但银阁并没有金阁那般张扬，它的建筑只有两层，规模也没有金阁那么大，因此整个建筑的形象更加沉稳，流露出一种禅宗建筑的深刻哲学意蕴，更贴近日本传统的朴素建筑风格。

在幕府将军统治的封建时期，由于各地征战不断，因此还产生了一种独特的堡垒式建筑。这种堡垒式建筑位于各统治区域的政治和经济中心，类似中世纪欧洲出现的堡垒式城镇。但日本的堡垒式建筑同中国"城"的构造类似，它通常是由几道围墙围合而成的坚固防御体。譬如大坂，在城堡式建筑的中心还要建造一座高大的天守阁（Osaka Castle）。

奈良东大寺平面

东大寺约建于701～756年，是奈良时期最具代表性的一座由国家出资兴建的大型佛教寺院，院中除东西双塔之外的建筑都被回廊建筑相连接，是这座建筑最突出的特色。

金阁寺

金阁寺又名鹿苑寺，寺院的主体建筑金阁自建成以来屡遭破坏，因此三层建筑在每一层都呈现出不同的建筑时代风貌。

姬路城三丸

以天守建筑为中心，在它周围还要兴建多层带壕沟的城墙，并由此形成环状的城郭建筑，这些城郭建筑由内向外以"丸"为单位，以数字排序，而且面积越来越大，一般前三丸是官僚和武士居所。

枯山水庭院

虽然枯山水庭院一般由石块、草地、砂石地和各式植物构成，但仍能营造出意境深远的庭院氛围。

姬路城天守阁

姬路城天守阁是日本较为完好地保存至今的大型堡垒建筑之一，以白色墙壁和层叠起翘的屋檐为主要特色。

建造于1601～1614年的姬路城堡（Himeji Castle）是一座宁静且异常华丽的城堡建筑，也是日本同类建筑的代表。这座城堡墙壁的颜色完全是纯白的，这也成为了城堡最为独到的特色之一。姬路城堡的天守（Castle）建筑位于庭院的中心位置，是一座六层的塔楼，每一层的上面还都设

置着曲线形的屋檐与披屋，从外部看十分宏伟壮观。在日本，这座姬路城堡素有"白鹤"之称，这也许是从远处看这座城堡的造型就犹如一只振翅飞翔的白鹤的缘故。

在日本，除了寺院和官方建筑之外，还有一种多建在深山水边或附属于其他建筑而建造的茶室（Teahouse）建筑也十分富有民族特色。这种建筑除了在结构上不追求新奇之外，内部风格也简约到了几乎没有装饰的地步。这种茶室的面积一般不大，主要作为人们饮茶冥想的空间。茶室以自然作为建筑的装饰，因此，内部朴拙原始的氛围需要与外部自然的景观完美融合，是崇尚与自然合一的简朴日本建筑风格的典型体现。

从总体上说，日本建筑在结构和造型上受中国建筑，尤其是隋唐时期的中国建筑的影响很大，以木梁架结构为主，并形成独特的建筑体系。在长时期的发展过程中，日本建筑逐渐形成了一种亲近自然、于简约中追求深刻哲学思想性的艺术特色。无论是组群还是单体，人们十分注重建筑实体与外部环境之间的协调关系，由此形成和谐、宁静的日本建筑及园林形象，也成为日本建筑中最有其民族意蕴的特点。

第五节
伊斯兰教建筑

从7世纪起，生活在中东的信奉伊斯兰教（Islam）的阿拉伯人（Arabs）逐渐强大起来，他们在以后的几个世纪中不断向外扩张，不仅占领了巴勒斯坦、叙利亚、伊朗、埃及以及两河流域和印度，还将征服的触角伸到了欧洲南部的西班牙地区。阿拉伯人在他们所占领的这些地区大力普及伊斯兰教的信仰，使上述大部分地区民众都成为了穆斯林（Musilm）。

伊斯兰教发源于麦加（Mecca），伊斯

兰教的创始人穆罕默德（Muhammad）570年生于沙特阿拉伯的麦加，于632年去世。由于最初信奉伊斯兰教的阿拉伯人是游牧民族，所以并没有形成固定的宗教建筑形式。到大约7世纪穆罕默德逝世后，由他的弟子及后人形成了"哈里发"（Caliph）为最高领导的政权。这个阿拉伯人的政权乘波斯和拜占庭两大帝国处于政权混乱时期，先后征服了叙利亚、巴勒斯坦、伊拉克、波斯、埃及等地，并采取凡归信伊斯兰教者免交人丁税的鼓励政策，吸引被征服地的居民多改奉伊斯兰教，使伊斯兰教发展成为一种世界上多民族信仰的主要宗教。

到8世纪时，这个阿拉伯人的政权占领了阿富汗和印度西北部，继而征服了外高加索（South Caucasus，也叫 Transcaucasia），控制了中亚大部分地区，形成了东起印度河流域，西临大西洋，北界咸海（Aral Sea），南至尼罗河（Nile）的，地跨亚、非、欧三洲的大帝国。9世纪后，伊斯兰国家分裂，其发展走向下坡，直到13世纪，伊斯兰国家势力渐强，又建立起了一个大帝国。随着来自土耳其的苏丹穆罕默德二世（Muhammad II）于1453年攻陷君士坦丁堡，消灭了拜占庭帝国以后，这个伊斯兰帝国迁都于此，君士坦丁堡（Constantinople）被更名为伊斯坦布尔（Istanbul），伊斯兰政权也再次成为占领整个小亚细亚及巴尔干半岛的大帝国，其影响势力又将伊斯兰教传入西南欧地区。

从信奉伊斯兰教的穆斯林所经历的发展历程可以看出，伊斯兰教作为世界三大宗教之一，从7世纪在中东形成以后，就陆续随着帝国的扩张向中亚、西亚、南亚以及南欧和北非等地的国家迅速地传播。早期各地的伊斯兰教建筑并没有统一的样式与风格，但是后来通过人们对其教理与教义的遵从，逐渐丰富和发展了伊斯兰文化和艺术，也形成了一些共同的伊斯兰教建筑的特色。比如伊斯兰教义规定不能用人物、动物的形象作为装饰纹样，因此伊斯兰教建筑中主要以几何纹、植物纹和《古兰经》的经文为主进行装饰，而且整个装饰以淡雅的蓝、绿等色调为主。各种建筑中都使用拱券，这其中有半圆拱、二圆心尖拱、桃心拱等多种形式，都极富装饰性。建筑以封闭的外部形象为主，建筑的外墙上多采用一种被称为"佳利"（Jali）的有细密镂空雕刻的尖拱窗作为立面构图要素。建筑主殿中心大厅内部的穹顶多被做成由诸多小穹顶分割的形式，而且满布精美繁密的雕刻装饰。

伊斯法罕皇家清真寺

位于伊朗伊斯法罕的皇家清真寺，以装饰精美的后殿穹顶著称。清真寺除了供人们祭拜之外，还兼有行政与法律等多种功能，因此在主体礼拜建筑之外还建有诸多功能的附属建筑，形成庞大的清真寺建筑群。

伊斯兰建筑中的窗户

伊斯兰建筑中的窗户多采用饱满的尖拱形式，透雕手法装饰的精美窗棂是这种窗的突出特色部分。

伊斯法罕皇家清真寺穹顶内部

穹顶内部采用壁砖贴饰，形成以蓝色为底的繁密花纹装饰。

岩石清真寺

耶路撒冷的岩石清真寺虽然结构和造型都很简单，但却以精细和复杂的雕刻装饰而闻名，尤其是建筑带柱廊和拱券的入口，还流露出西方建筑传统的影响。

埃及开罗苏兰哈森清真寺剖面图

开罗旧城内的清真寺建筑众多而闻名，这里的清真寺建筑历史悠久且建筑造型多样。

此后，伊斯兰教与各种地方建筑相互融合，使各地的伊斯兰教建筑形成既遵守一种统一的建筑大造型原则，又在不同地区有不同建筑面貌的发展状态，其独特的建筑文化形式在世界建筑中占据了重要的地位。

伊斯兰教建筑在几个地区形成发展高潮，并创造了几种主要的建筑风格，以地区为标准可以划分为早期发源地式、拜占庭式、印度式和西班牙式等几种。

早期发源地式是伊斯兰教建筑发展的第一阶段。这时期的建筑受穆斯林最早占领的叙利亚当地集中式教堂的影响，并形成最初固定的清真寺的建筑形式，其突出代表性实例就是7世纪时在耶路撒冷修建的岩石清真寺（Dome of the Rock）。

岩石清真寺的平面为八边形，其内部有24根柱子围成一圈同样呈八边形的列柱，列柱与墙体之间保持了一定距离，因此形成了一个环绕建筑的步道。在八边形列柱之内，另外由16根圆柱围合一个圆形平面的中心空间以支撑上部木结构的屋顶。中央直径达18米的半球形屋顶采用双层木结构外覆金箔，其他周边的屋顶则采用斜屋面的形式，但建筑外圈加高的女儿墙将穹顶周围的斜顶遮盖住，以获得更为理想的建筑造型效果。为了突出中央穹顶，还在穹顶底部加设了一圈鼓座，使穹顶大大高出周边的屋顶，形成完整的视觉效果。

这座清真寺虽然采用集中式的建筑样式，而且入口也是柱廊与拱券相组合的形式，但并没有像古罗马和拜占庭建筑那样具有集中式的教堂空间模式。这座清真寺原本是被简易的马赛克镶嵌装饰的，但此后经过多次修复，到16世纪的时候，这座建筑的内外均被几何图案的大理石和彩色陶瓷的马赛克镶嵌，变成了几何纹样和《古兰经》经文构成的艺术殿堂，再加上透雕精细的窗口，使这座清真寺成为华丽、精巧的珠宝盒一般的建筑。

但这座精美的珠宝盒式的建筑规模很小，如果营造大规模的建筑，会对穹顶构造技术提出较高要求，因此这种珠宝盒式的清真寺建筑模式并不实用。在此基础之上，人们又受到罗马－拜占庭地区的巴西利卡式建筑的启发，逐渐发展出了比较成熟的清真寺建筑形式。

罗马－拜占庭的巴西利卡式的建筑平面是以东西向为长边的长方形，内部有柱廊和拱券的结构支撑。这种建筑形式的优点被伊斯兰教清真寺建筑所继承。但由于穆斯林们朝拜时必须面向南面的麦加城，因此巴西利卡（Basilica）的大厅平面方位都被横向布置，这也形成了此后清真寺建筑面宽长、进深短的建筑特色。这种早期风格的清真寺中比较著名的建筑实例有大马士革（Damascus）的倭马亚清真寺（Umayyad Mosque）、耶路撒冷的阿格萨清真寺（Al-Aqsa Mosque）以及突尼斯（Tunisia）凯鲁万的大清真寺（Great Mosque in Kairouan）。

在此基础之上形成的成熟的清真寺建筑是以巨大庭院的形式出现的。巨大的长方形或正方形平面的庭院可以向不同的方位随意展开，只要保证主殿的穆罕默德宝

座以及教众们举行仪式时能够面向麦加的方向即可。庭院内部除中央露天广场之外，四面都以柱廊围合，其中主要的殿堂和宣礼塔分别位于庭院的两个不同方位。

通常位于朝向麦加方向的清真寺大厅是一个长方形平面（Rectangular Plans）的建筑，其内部由按照统一规模尺度设置的网格形柱子支撑拱券结构形成屋顶。在这个长方形平面与宣礼塔连成的中轴部分，要强调并划分出一道狭长的中厅作为内殿的主厅（Prayer Halls）。这个主厅面向庭院的一端设置一道高敞的长方形屏门，屏门内通常开设通高的拱券并满铺以植物和经文（Arabic Calligraphy and Qur`anic Verses）为主要内容的雕刻或镶嵌装饰，并形成高大精美的立面，在主厅的另一端则设置一个带穹顶的空间（Central Dome）。作为整个内殿的核心部分，穹顶下通常设置一个高高的讲坛，讲坛位于楼梯最上部的圣台（A Raised Minbar or Pulpit）上，讲坛的最高处为宝座，以象征伊斯兰教的创始人穆罕默德。在阿訇举行仪式时，他就坐在楼梯的最后一级，也就是宝座下的台阶上，而所有教众则对着阿訇，也就是麦加的方向。

主内殿除了中央主厅之外，都是连续的网格式柱廊结构，形成庞大的室内使用空间，可以满足伊斯兰教聚众举行仪式的使用要求。但同时，密集的柱子也在很大程度上破坏了空间的完整性。

整个建筑群中除了主殿之外，另一座重要的建筑就是与主殿隔广场相对的宣礼塔（Minarets）。宣礼塔原本是阿訇（Ulema）登高以昭告信徒和提示时间（Calling the Faith-ful to Prayer）的一种建筑，它最普遍的形象是一种高耸的塔状形式，比如在凯鲁万（Kairouan）清真寺中那种平面为方形，向上层逐级退缩，并在顶部设置小穹顶的造型模式。但在其他地区，比如西亚，可能是受两河流域地区古文明城市中所建的那种带螺旋坡道的基台建筑的影响，伊斯兰教建筑中也出现了诸如伊拉克地区那样的巨大螺旋塔

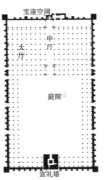

宝座空间
中厅
大厅
庭院
宣礼塔

模样的宣礼塔的形式。而在印度，则出现了受波斯或西方建筑影响的一种塔身带凹槽的巨塔形式。

拜占庭式清真寺也可以说成是圣索菲亚式。15世纪穆斯林攻陷君士坦丁堡并将其改名为伊斯坦布尔后，穆斯林摧毁了城内的大部分建筑，但留下了气势宏大的圣索菲亚大教堂，并将其改造成了清真寺。此后人们按照圣索菲亚大教堂的样式又在城内和其他地区修建了多座集中式带穹顶的清真寺。

倭马亚清真寺（上图）

作为早期清真寺建筑的代表，建于大马士革的倭马亚清真寺显出很强的西方巴西利卡式教堂建筑的影响。

凯鲁万大清真寺平面图（中图）

这座清真寺的平面向人们展示了一座标准的伊斯兰清真寺的建筑形式，但在实际的清真寺建筑中，往往还要在这个主体建筑平面之外加入许多不同功能的附属建筑。

库特卜·米纳尔

这座位于印度德里的宣礼塔约建于1199年，不仅塔身受波斯建筑的影响呈折线轮廓形式，而且塔身上还布满了具有印度当地特色的雕刻装饰。

君士坦丁堡苏莱曼清真寺剖面图

苏莱曼清真寺是按照集中式的圣索菲亚大教堂的样式兴建的，同时为了满足聚集大量信众的要求，在主穹顶建筑空间之外又加入了连续拱券的礼拜空间。

这种集中式的清真寺除了在伊斯坦布尔的圣索菲亚大教堂之外，还有苏莱曼（Suleyman）皇帝指派当时伟大的建筑师希南（Mimar Sinan）在伊斯坦布尔设计的苏莱曼清真寺（Suleiman Mosque）。这座清真寺是拜占庭式的带穹顶大殿与中亚那种庭院式清真寺风格相结合的混合性的建筑，其主体的建筑形式直接模仿圣索菲亚大教堂。

此后，到了塞利姆二世（Selim II）时期，由希南在今土耳其埃迪尔内（Edirne）设计的塞利姆二世清真寺（Selimiye Mosque），则是这种将拜占庭建筑特色与传统清真寺庭院式建筑形式相组合的成熟范例。这个16世纪后期建造的巨大建筑群平面呈长方形，并有墙体围合，通过两条贯穿基址中心垂直相交叉的道路分划出明确的纵横轴线关系。主要建筑群都顺着纵向轴线展开，经过一个无柱廊的广场后集中在院落的另一端。

信众在进入清真寺亭院之后要先经过开敞的无柱广场，此后进入一个四面环有小穹顶的小广场内。小广场的平面与后部清真寺的平面几乎是相同的，这种半闭合的形式，是从广场到清真寺内殿的空间过渡。后部清真寺的平面虽然是长方形，但主体以穹顶为中心的建筑部分的平面是正方形的，它在底部由八根墩柱划定了内接于正方形中的八边形（An Octagonal Supporting System，That is Created Through Eight Pillars Incised in a Square Shell of Walls）以及其上穹顶和主殿的范围。

塞利姆二世清真寺的主穹顶建在八边

形基座之上，在主穹顶四周也依照拜占庭的传统设置层叠支撑的半穹顶建筑支撑，并由此在内部形成以穹顶所在的主殿为中心，附带小穹顶空间的主次分明的空间形式。

在主殿建筑的外部四角各设有一座细高的宣礼塔（Surrounded by Four Tall Minarets），塔高在60米以上。主殿建筑后部，也是庭院的最后侧被大略平均分成四个正方形空间，其中两端头的方形平面建造建筑，被辟为穆斯林学院和诵经室，中间的两个方形平面是公墓。

塞利姆二世清真寺建筑群，也是拜占庭式集中穹顶建筑与亚洲中西部清真寺建筑传统相组合后的产物，它体现出一种轴线与空间的对应关系，其集中式穹顶建筑的形式，

塞利姆二世清真寺穹顶内部

塞利姆二世清真寺打破了传统的长方形大厅式的清真寺内部空间形式，而是形成以穹顶为中心的完整大厅形式。

也是伊斯兰风格建筑中最动人的形象，并在此后影响到北非等地清真寺形制的确定，其中印度的伊斯兰教建筑就体现出了这种影响。

阿拉伯人最早在 8 世纪开始进入印度地区，此后来自今阿富汗、土耳其等地的穆斯林都来到印度，建立起各种伊斯兰统治区。但伊斯兰教势力得以发展壮大并取得卓越建筑成就的，是在 16 世纪的莫卧儿王朝（Moghul Dynasty）时期。

莫卧儿王朝的发展高潮是在胡马雍（Humayan）、阿克巴（Akbar）和沙贾汉（Shah Jahan）三位皇帝执政期间。从开创者阿克巴大帝时期起，就采用一种开放的文化政策，因此也使得莫卧儿时期的伊斯兰教建筑风格糅合了伊斯兰教、印度教和耆那教的多种民族与宗教建筑特色。

在德里（Delhi）较早建立起来的胡马雍陵（Humayun's Tomb），虽然主体建筑采用伊斯兰风格明确的穹顶形式，而且建筑立面也是按照清真寺主殿的立面传统所做，但从建筑建在高台基之上和设置多个小穹顶等做法中，仍明确可以看出其与印度教将建筑建在高台基上传统的对应关系。而在另一座阿克巴大帝未能完全建成的法特普尔西克里新城，那种多层、带穹顶式的平台，和贯通的柱廊形式与印度神庙建筑形象更为相像。

莫卧儿王朝时期建成的最著名，也是最动人的伊斯兰风格建筑，是沙贾汉皇帝为其皇后建造的泰姬陵（Taj Mahal）。泰姬陵是一座以陵墓建筑为主，包括建筑与园林的组群建筑，整个陵墓建筑群平面呈长方形，统

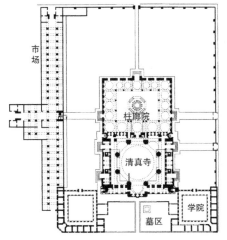

塞利姆二世清真平面图

伊斯兰教的清真寺除了具有聚众施行礼拜的功能之外，往往还设有伊斯兰学院和重要人物的墓葬区。将市场也建在清真寺建筑群附近的做法，则使清真寺成为人们生活的中心。

法特普尔西克里宫

始建于 1571 年的法特普尔西克里新城中，将传统伊斯兰教建筑的连续拱廊形式与印度本土的高台基相组合，因此形成高敞、通透的建筑形象。

一于闭合的围墙之内。从正门进入陵墓内部先经过一个小院落，此后过第二道门进入主院落后人们眼前会豁然开朗，展现在人们眼前的是一片被十字形水道分隔的绿色园林区，而在绿色的草坪和标示着建筑中轴的水道的尽头，就是立于高台上的泰姬陵。

陵墓建筑由位于中轴上的白色泰姬陵和它两边的两座红色辅助建筑构成，所有这些设置，绿色的草坪、红色的附属建筑和广阔的蓝天背景，都是为突出位于院落的最后部由白色大理石建造的泰姬陵建筑部分。

泰姬陵是一座平面呈方形的建筑体，

阿克巴陵墓复原想象图

5 层高的阿克巴陵墓采用的是一种创新形式的建筑形象，陵墓建筑最初由红色粗陶建成，但后来被白色的大理石取代。

泰姬陵入口大门

泰姬陵所在庭园的入口大门，采用了伊斯兰清真寺的建筑立面形象，建筑主体采用红砂岩，但在立面加入了白色大理石的雕刻装饰。

科尔多瓦清真寺内部拱券

科尔多瓦清真寺除了主礼拜大厅统一采用马蹄形拱的形式之外，在其他空间还采用了这种三叶尖拱的形式，独特的拱券形状再加上条纹装饰的雕刻，使建筑内部显得格外华丽。

泰姬陵

位于中轴线上的水道和植物与泰姬陵墓主体建筑两边红砂岩的附属建筑形成对比，同时也更加衬托出了白色泰姬陵建筑的高雅。

但在四角抹角，因此形成八边形平面形式。整个陵墓位于一个高出地面约5.5米的大理石台基上，这个台基的四角还各设有一座40多米高的塔楼。泰姬陵本身的形象很容易看出是来自于早期的胡马雍陵，只是在形制上更加成熟。整个建筑的部分与整体之间有着严密的比例关系，如建筑从台基到穹顶的高度是其所在台基高度的一半，而入口立面的宽度则与顶部穹顶的直径相同等。通过这些简单比例的设定，使整个建筑呈现出稳重、优雅的气质。

建筑全部采用白色大理石建造而成，整个外立面主要由大小不等的尖券装饰，但在立面上还布满了植物和经文的装饰图案，这些图案从远处看并不影响陵墓纯净、简单的总体形象效果，但近看则给建筑增添了华丽之气。

同印度的伊斯兰教建筑相比，伊斯兰教深入欧洲大陆的建筑风格就显得混杂多了。在8世纪早期阿拉伯人打败了西哥特人（Visigoth）成为西班牙地区的统治者开始，在此后的3个世纪时间里，人们开始大量兴建伊斯兰风格的建筑，这些建筑因此后基督徒对西班牙的征服而大部分遭到了损坏，遗留下来的建筑主要以科尔多瓦清真寺（The Great Mosque of Cordoba）和格拉纳达（Granada）的阿尔罕布拉宫（Palace of Alhambra）为代表。

科尔多瓦清真寺大约在8～10世纪之间建造起来，这座建筑虽然是按照源自西亚的清真寺样式建造的，但内部却显示出很强的西方建筑特质。除了大殿里的马蹄形拱券之外，建筑内部的拱券还有尖拱的形式，而且明显带有多层叶饰的柱头形象，也显示出西方建筑风格的影响。

阿尔罕布拉宫，是在西班牙的穆斯林政权进入衰落前最后辉煌时期的产物。由于此时西班牙的大部分已经被基督徒征服，而偏安一隅的穆斯林宫廷也正处于帝国最后的落日余晖之中，因此阿尔罕布拉宫作为王室的避世之所，其宫殿建筑极尽豪华享乐之能事。

阿尔罕布拉宫是一座建在半山腰上的宫堡式建筑，虽然外部宫堡的平面并不规整，而且有高大封闭的城墙围合起来，但在内部的宫殿区却是开敞和华丽的。宫殿区内各院落都有水池，且院落之间有或明或暗的水道相连接，以便为院落内部提供更舒适的生活环境。

阿尔罕布拉宫中最具特色的是精细的雕刻装饰。这些雕刻装饰无处不在，从院落外连券的拱廊到门楣、窗楣，再到建筑内部的穹顶，都如同织锦刺绣般地布满了以植物和经文为题材的雕刻装饰。这种雕刻装饰的做法具有统一性，且事先在需要雕刻的柱子、拱券和建筑的楣檐处塑上灰泥，然后再在其上进行雕刻的，因此可以进行十分精细的雕刻。除了雕刻之外，宫中还遍饰彩色瓷砖和木雕，这些雕刻画面与静静的水池、绿色的植物相配合，营造出一种奢华而不浮躁，雅致而不失尊贵的宫室氛围。

作为世界建筑史重要组成部分的伊斯兰风格建筑，不像基督教、佛教等其他宗教建筑那样，都集中于一地发展成较为统一的风格，而是随着穆斯林政权的转移散布于欧、亚、非三大洲的多个地区。由于伊斯兰教义有着严格的教理规定，因此也使各地的伊斯兰教建筑在建筑的一些形态和装饰方面具有一些明显的共性，比如都设置宣礼塔（Minaret），建筑中出现各种尖拱和以植物和经文为主的装饰图案、

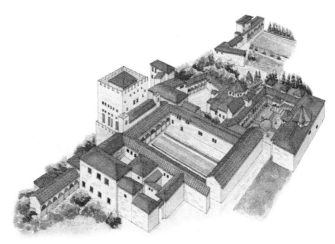

素雅的色彩等。在建筑的内部空间营造上，各地的清真寺虽然造型和布局各不相同，但都以营造一种闭合式的内敛空间氛围为主要设计目标，而且礼仪大厅中的方向性很强，都以朝向麦加圣地为主导方位。但与这些共同的特征相比，各地建筑的差异性更为突出。这种既统一又有差异的建筑形态，也是伊斯兰教建筑最突出的特色。

阿尔罕布拉宫

阿尔罕布拉宫是深入欧洲地区的伊斯兰风格的建筑代表，由于整个宫殿依山势而建，因此建筑群在总体布局上并不讲究对称，但各院落内部的轴线关系较为明确。

第六节
美洲古典建筑

和世界上其他地区相比，美洲的古建筑在世界古建筑之中，尤其具有独特性，因为美洲古典建筑是惟一没有受到其他地区建筑风格影响而发展起来的，其建筑的发展受宗教思想影响深入，现存的大部分

马丘比丘城中的拴日石

这座拴日石基座是多角形的，而且其中的一角指向正北，基座上竖立石柱的平台据说是一座原始的观象台。

科潘城想象复原图

科潘城是玛雅文明最具代表性的城市之一，科潘城的这种以金字塔式神庙所构成的广场为中心，在广场周围按照社会等级设置各种建筑的城市布局方式，也是美洲各古代文明城市所共有的布局特点。

阿兹特克历石

石盘上以不同图形由内向外雕刻着多圈同心圆，人们通过内外圈同心圆上的图案相对应的方式来确定年份和月份，同时这块石头上还预示了阿兹特克"世界末日"到来的日期。

建筑也以美洲各文明时期的宗教性建筑为主。此外，从时间上说，虽然美洲古典文明也早在大约公元前3000～前2000年左右就已经开始出现大型纪念性建筑，但美洲古典文明的发展进程缓慢，直到16世纪初外来的西班牙统治者将其文明灭绝之时，其社会构成还是奴隶制的，而文化发展则基本上还停留在非常原始的自然状态下。

但同时，也就是在这种较为原始的宗教与生产水平的发展状态之下，美洲各地却也创造出了先进的城市、大规模的神庙和堡垒建筑。这些建筑的功能与早期美洲发展起来的社会文化一样，都是以宗教生活为中心，但与人们相对原始的生活状态不同的是，在美洲各地兴建的以宗教建筑为主的城市中，不仅有着宏伟的各种神庙和祭祀建筑，还有着规划整齐的城市和明确清晰的生活分区。从这些城市和城市中的建筑所反映出来的规划思想、建造特色等方面来看，甚至与现代城市建筑还有许多相似之处。

美洲的古典建筑文明发展主要集中在

中美洲和南美洲，这其中又以中美洲地区的文明发展最为兴盛，可以说是美洲土著文明发展的中心地区。中美洲地区的地形复杂，既包括尤卡坦（Yucatan）半岛和墨西哥谷地，又包括墨西哥高原连绵的山脉、平原和热带雨林，这里最早的文明高潮是由奥尔梅克（Olmec）人创造的。

大约在公元前1500～前400年是奥尔梅克文明的主要发展时期，此时已经形成了最初的等级社会和比较完善的神学崇拜体系。这个基本的社会生活体系不仅在此后被中美洲地区的许多文明区所沿用，

而且也成为中美洲各地建筑发展的特色所在。在各文明区的建筑体系发展中，都是以神庙和祭祀建筑为主，以政治和神学统治人员使用的议事厅和住宅为主，形成中心的城市区，而其他的普通居住区则位于这个中心区的外围。

奥尔梅克文明时期的建筑并没有很好地遗存下来，人们通过对此时期文明聚居地

特诺奇蒂特兰城市中心广场想象复原图

布满各种神庙和祭祀建筑的城市中心，显示出很强的规划性与条理性。

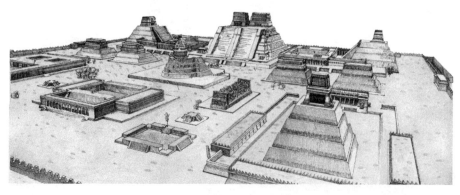

整个城市的方格形布局显示出很强的规划性，这种布局即使在阿兹特克人对该城重建时仍被遵守着。阿兹特克人的设计，是使整个城市被东西向和南北向的两条长约6公里的轴线大道垂直分割，其中以南北向的死亡大道（Avenue of the Dead）为主轴，城市中的两座主要的金字塔建筑，月亮金字塔（Pyramid of the Moon）和太阳金字塔（Pyramid of the Sun）就分别位于这条大道的尽头和一侧。太阳金字塔是美洲早期文明时期兴建的最大型金字塔建筑，其底部的主体建筑平面边长达210多米。

美洲文明城市中出现的这种阶梯形的金字塔与古埃及文明早期的阶梯形金字塔类似，但美洲金字塔的端头并不是尖的，而是一个平台，祭祀的神庙建筑就建在这

遗址的研究发现，这一时期已经形成了一种以祭祀建筑和广场为主，所有建筑沿一条轴线进行设置的传统。从此时期所特有的一种艺术遗迹——奥尔梅克巨大的岩石头像也表明，人们已经具有了搬运、雕刻等处理巨大石材的能力以及轴线明确的艺术规则思想。

奥尔梅克文明发展高峰期的城市设计作品，也是中美洲早期文明突出代表的象征，是位于墨西哥城附近的古代城市特奥蒂瓦坎（Teotihuacan）的建成。这座城市显然经过特奥蒂瓦坎人严谨的事先规划才开始建造的，

特奥蒂瓦坎遗址俯瞰图

除了城市祭祀建筑聚集的中心区以死亡大道为轴线建设之外，特奥蒂瓦坎的世俗建筑区也按照一种规则的方格式布局建筑，因此呈现出极强的秩序性。

太阳金字塔遗址

太阳金字塔是特奥蒂瓦坎城中死亡大道上的主体建筑，它是在基址原有的金字塔式神庙建筑基础上兴建的，也是特奥蒂瓦坎现存规模最大的一座建筑。

羽蛇神金字塔局部

位于特奥蒂瓦坎的羽蛇神庙虽然已经被毁，但通过建筑基础上残存的雕刻，人们仍可以看到一些雕刻技术高超，形象怪异的蛇神形象。

铭文神庙

位于帕伦克古城中的铭文神庙，是一座整体建筑保存较为完好的金字塔式神庙。在这座建筑顶端的神庙中，还开设有通塔底石室的台阶，塔底石室为停放国王石棺的墓室，人们由此出土了许多珍贵和富有研究价值的玛雅文化手工艺品。

个平台上，除了巨大的阶梯之外，金字塔外往往还设有一条拥有细密台阶的坡道从塔底通向顶部的神庙区。这种将建筑建在平台之上，通过阶梯通向平台顶端建筑区的做法，也成为一种建筑传统被后世所沿用。世俗建筑的分布区域位于南北向主轴道路的另一端，在道路两侧分别是市场和行政区域，在行政区域之中还建有一座羽蛇神神庙（Temple of Quetzalcoatl）。

特奥蒂瓦坎城大约从公元100年就已经开始兴建，到公元600年左右发展至鼎盛，但在公元700年之后就逐渐衰落了。此后先后登上中美洲文明发展历史舞台的是玛雅人和对特奥蒂瓦坎进行了重建的阿兹特克人。

玛雅人的历史是美洲古典文明发展中的真正高潮阶段。玛雅人创造出了文字，并在数学、天文历法等方面都取得了相当高的成就，更为重要的是，玛雅人在中美洲地区的丛林中创造了相当繁盛的文明。玛雅文明时期形成了多个城邦制的国家，这些国家以各自的城市为中心进行发展，这

引起城市的布局与规划在统一中也有诸多变化，而且各城市都取得了相当高的建筑成就。在玛雅城邦文明发展时期兴起的包括蒂卡尔（Tikal）、科潘（Copan）、帕伦克（Palenque）、乌斯马尔（Uxmall）和奇琴伊察（Chichen Itza）、玛雅潘（Mayapan）等诸多城市，其中在12世纪兴建的新城玛雅潘不再像以往的城市那样保持开放的状态，

蒂卡尔城遗址

蒂卡尔是玛雅文明早期兴建的规模最大的城市，仅神庙和其他祭祀建筑遗址就多达3000处以上。城市中最具特色的是一种满饰雕刻的石碑，因为在石碑上按照年份记录着城市中的重大事件。

而是在城市外围建造了坚固的城墙。在诸多玛雅城市中以蒂卡尔和奇琴伊察最具代表性。

蒂卡尔是玛雅文明中出现较早的一座城市，也是规模最大的一座城市，其发展与繁盛期大约在3～8世纪之间，到9世纪后则逐渐衰落，此后湮灭于热带雨林（Tropical Rainforest）之中，直到19世纪才重见天日。蒂卡尔城市面积大约在65平方公里左右，城市内有着明确的轴线和分区，作为主要建

筑的金字塔神庙、祭坛等都设置在南北向主轴的两边。蒂卡尔城的金字塔建筑具有坡度陡和高度大的特点，塔的角度和高度都在数值70左右。而且塔的底部通常被作为城邦统治者的陵墓。

除了金字塔神庙和祭坛建筑之外，蒂卡尔城内的中心广场周边还立有诸多写满文字的石碑。这些写有文字的石块是记载诸如胜仗、宗教、政权、自然现象等各方

螺旋塔观象台

螺旋塔因在内部建有螺旋形的楼梯而得名，这座塔位于奇琴伊察城边缘处的开阔基址内，在这座塔的正南和正北各有一口井，其中北面的井被玛雅－托尔特克人视为圣井。

面城邦重大事件的纪念碑，其记录的历史绵延近600年，也成为后人解读玛雅文化的重要参考资料。

　　奇琴伊察是后期玛雅文明的发展中心，虽然奇琴伊察早在10世纪之前已经形成城市，但其真正的大发展时期却是在10世纪托尔特克人（Toltec）统治时期。托尔特克人除了遵循以前城市的建造传统，修建了顶端带有库库尔坎神庙（Temple of Kukul-can）的金字塔建筑之外，还建造了螺旋塔（Caracol）观象台、有柱列支撑的武士神庙（Temple of Warriors）和球场（Ball Courts），几种新形式的建筑。

　　库库尔坎神庙是一座平顶的石构建筑，承托这座建筑的大金字塔是传统的阶梯形金字塔形式，但在四面都设有通向顶端的坡道。

武士神殿入口

　　武士神殿中呈纵横网格设置的柱子表面，都雕刻有精美的图案，而且在建筑的内部和入口都设有各种神化的动物和人物形象。

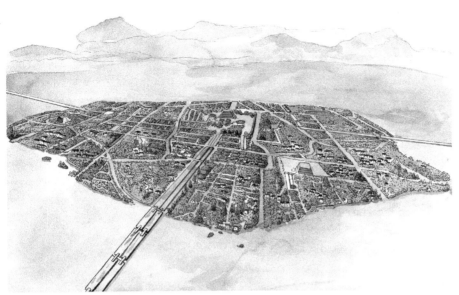

特诺奇蒂特兰城市
复原想象图

由于整座城市建
在湖心，因此特诺奇
蒂特兰城中不仅有通
向各处的道路，还有
四通八达的水路，是
一座经济、贸易和宗
教活动都十分繁盛的
大型城市。

四面坡道上的阶梯与顶层的一阶台基之和正好是 365 个，代表着一年中的 365 天。此外，这座神庙的方位设定很可能也与多种天文和气象有关系。比如人们发现在每年的春分（Vernal Equinox）与秋分（Autumnal Equinox）的当天，建筑栏杆上雕刻的巨大羽蛇形象都会投影在金字塔北立面，届时羽蛇形象的影子随着照射光线的移动而移动，人们相信那是真神眷顾人间的证明。

除了金字塔神庙所体现出的精确方位性之外，另一种螺旋塔更明确地向人们暗示了它的天文观测功能。这种螺旋塔多位于一片空旷的基址上，塔体建在四边形的基台之上，由圆柱式的塔身和一个圆锥形的尖顶构成。建筑的主入口正对着天上金星的方位，内部有螺旋形阶梯通向塔顶，塔体高度约 12.5 米。

除了具有精准方位性的建筑之外，奇琴伊察还出现了由列柱支撑屋顶构成的神殿建筑。在这座被称为武士神殿的建筑遗迹中，无论是台基下设置的列柱还是台基上有围墙围合的列柱，都有曾被覆盖过屋顶的迹象。可能屋面是采用木、草或其他易腐材料制成的，因此并未留存下来。这种由柱子支撑形成建筑空间的做法在西方古典建筑中十分常见，但在美洲古典建筑中的应用却是不多见的。在神殿入口处的柱子上，雕刻有人像和一些装饰性的花纹

装饰，使人们由此推测，这种平顶的神殿建筑在当时一定有着非常壮观的建筑形象。

另一种最为特别的形式是球场建筑，这是为玛雅人独特的一种宗教活动而建的仪式场地。由于玛雅人居住的热带雨林地区盛产橡胶，因此人们就利用橡胶制成的球发展出了一种以比赛为主要形式的宗教祭祀活动，球场也是为这种比赛而专门修建的。这种球场实际上是一片带有围墙的开阔之地，通常平面为长方形，长方形的长边带有围墙并设置球门圈，球场周围还要修建观众席和神庙。参赛的双方可能以进球数来决定胜负，但这种比赛和胜负并不是作为一种娱乐，而是作为一项严肃的宗教活动来举行，输球的一方很可能被当作祭品杀掉以谢神灵。

虽然这种球类比赛的结果听起来很血腥，但真正崇尚血腥祭祀的并不是玛雅人，而是在 14 世纪之后逐渐强大起来的阿兹特克人（Aztec）。阿兹特克文明大约在 14 世纪后期兴起，此后直到 16 世纪被西班牙人推翻之前，其文明发展中心都是它的首都特诺奇蒂特兰（Tenochtitlan），也就是今天墨西哥城的所在地。

通过早期人们绘制的一幅草图可以看到，特诺奇蒂特兰城原来是一片位于沼泽地和水面中央的城市，它通过堤道和浮桥与岸上相连通。特诺奇蒂特兰城市中的景象与早

马丘比丘城

由于马丘比丘城建在山顶上，因此城市建筑顺山势而建，轴线性和对称性较差。但古印加人在城市边缘修造了大面积的梯田，这些梯田与城市一起，形成非常壮观的建筑场面。

先玛雅的城市相似，都是以祭祀性的神庙和宫殿组成城市中心区。阿兹特克人的神庙同样是建立在阶梯金字塔顶部的平台上，并附有精美的雕刻装饰，不同的是这些神庙上往往还设置有成排的支架用以放置大量的人头祭品。在祭祀平台上还建有献祭平台，用来作为剖开献祭人心脏的工作平台。

总之，中美洲出现的各种人类文明遗迹的建筑中，都是以城市为中心发展的。城市的布局都以南北向轴线的道路为主轴，建筑在两侧设置，主轴旁边的建筑以位于金字塔上的神庙为代表。到现在，原来城市中的其他类型建筑早已经没有留存，得以保留下来的也只有这些高大的祭祀建筑，显示出中美洲地区浓厚的宗教性建筑文化特色。

在中美洲古典文明范围之外发展起来的印加（Inca）建筑，是南美洲建筑文明的突出代表。虽然印加文明同玛雅文明和阿兹特克文明并称美洲三大文明，但印加文明呈现出一种更加成熟的城市建筑特征。

印加人早在 1000 年左右就生活在南美洲安第斯山脉的库斯科（Cuzco）山谷地区，在 1000 年之后其势力不断扩张，并最终发

马丘比丘中心广场

中心广场可能是举行某种祭祀活动或集会时所使用的场地，在广场的四周有阶梯式升高的墙体，类似体育场的坐席，可供人们休息。

展成为大帝国。如今曾经作为印加人重镇的库斯科，早已被后来的西班牙人改造成为现代都市，惟一留存下来的印加人文明的遗迹，是位于海拔近3000米的两座山之间山脊上的城市马丘比丘（Machu Picchu）。

虽然马丘比丘与印加文明时期其他地区兴建的城市相比是一座小型城市，但它却是诸多印加城市中保存相对最好的一座。因为这座城市长期被密林所覆盖，所以没有受到很大程度的破坏。

马丘比丘按照山脊的走向分为上城和下城两部分，整个城市外部都被巨大的石块砌墙所围合，并设置有侦察敌情的望楼。城市内部也是由磨光的石砌墙体（Polished Dry-Stone Walls）与自然墙体相组合的形式构成错综复杂的城市道路网络。这座城市是在顺着山势变化的基础上先建造梯田形的平台，再在平台上进行建筑形成的。上城主要由神庙祭祀区、高级居住区、议政区构成，各区之间有广场分隔。下城则主要是农业区和平民居住区，建有大量顺山势而开辟的梯田。

马丘比丘是一座依照地势进行科学规划的美洲古代城市的代表。由于受地势影响，祭祀建筑不再设置在城市中心区，而被设置在地势最高也是壁垒最为森严的上城区。各种建筑，包括神庙、祭坛、住宅和广场等建筑在内，都采用石材为主的建筑结构，显示出很高的大型石材加工与砌

玛雅文明中期的祭
祀广场想象复原图

　　由建立在层级升
高的金字塔上的神庙
围合而成的城市广场，
能使身处其中的人们
深切地感受到神力的
伟大和自身的渺小。

筑技术。这种从城市规划到具体建筑细节
上的高品质，向人们展示了美洲古代文明
后期所达到的较高文化水平。

　　美洲古代建筑文明的发展呈现出很强
的地域性，这其中主要以中美洲和南美洲
两大地区的建筑发展为主。受此时美洲各
地文明的发展还处于较为初级阶段的影响，
美洲各地的建筑都呈现出以宗教建筑为主
的特色，而且这些宗教建筑多是被建在高
大的，布有雕刻装饰的台基之上。产生这
种高台基建筑特色的原因，可能与中南美
洲地区多雨水的气候条件有关。这种对宗
教祭祀建筑高度的追求，也是世界许多其

他地区古代宗教性建筑所呈现出的共同特
色，这也同时解释了美洲出现的金字塔式
高台建筑与毫无联系的古埃及金字塔及美
索不达米亚地区的山岳台建筑形象十分相
似的原因。

　　美洲建筑从16世纪起，即随着欧洲入
侵者脚步的深入而停滞和消逝于密林之中
了。此后美洲大陆的建筑转向以殖民建筑
（Colonial Architecture）为标准的新发展起点
上来，而与之前的本土土著建筑形成极大反
差。这种地区建筑发展的断裂，以及新旧时
期两种建筑形式之间所形成的巨大不同与反
差，构成了美洲建筑发展的最突出特色。

帕伦克城中的
宫殿区

　　美洲地区的许多
古代文明都有将建筑
建在高台上的传统，
这可能与当地雨水充
沛的气候条件有关。

第三章 古希腊建筑

第一节 综述

古希腊文明是在一个由散布在爱琴海（Aegean Sea）、爱奥尼亚海（Ionia Sea）和地中海（Mediterranean Sea）中的1000多个星罗棋布的岛屿、巴尔干半岛（Balkan Peninsula）南端、伯罗奔尼撒半岛（Peloponnese Peninsula）为主体组成的复杂地理环境下产生的。这个地区在陆地上有着陡峭山峰的狭窄谷地，在海上有散落的诸多岛屿，并位于亚、欧、非三大洲的交界处，因此这也使古希腊文明的发展从一开始就带有多元性的特色。

古希腊文明所处的地理环境多山而少耕地，但却拥有着舒适的海洋性气候和四通八达的海运条件，这一背景使古希腊建筑自然形成了石结构为主体的特色。发达的对外贸易在为古希腊人带来富裕生活的同时，也将周边亚、非文明区的建筑风格和经验带回了希腊。古希腊的崇山峻岭间盛产各种供建筑和雕刻的石材，为创造辉煌的石结构建筑成就提供了优越的天然条件。

古希腊的建筑发展按文明发展历史来看，大概可以分为三个主要阶段：第一阶段是大约从公元前3000～前1100年的爱琴文明时期（Aegean Civilization）；第二阶段是大约从公元前750～前323年的希腊时期（Greek Architecture）；第三阶段是希腊时期之后的希腊化时期（Hellenic Period）。

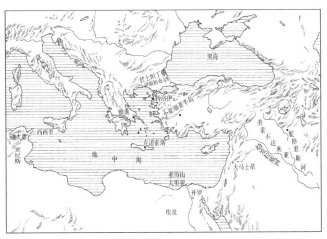

希腊地理位置示意图

古希腊是地中海沿岸著名的古代文明发源地之一，由于希腊享受优越的地中海气候，而且所在地区以高山深谷居多，因此形成了以石结构为主，注重外部观赏性的建筑特色。

帕提农神庙遗址

虽然古希腊时期的建筑都已经成为了废墟，但千百年来却一直吸引着人们前来参观和进行实地测量。

多立克柱式的顶部结构

通过多立克柱式及其石结构的顶部，可以明确地看到对木结构的模仿，这种模仿也是石构建筑逐渐成熟并形成独立建筑体系所必经的阶段。

爱琴文明时期是古希腊建筑发展史的开端。爱琴文明早期的米诺斯（Minos）文明发源于距希腊本土较远的克里特（Crete）岛上，由于克里特岛位于非洲与亚洲的海上交界地带，因此其建筑经验可能更多地来自小亚细亚（Asia Minor）和古埃及地区的建筑传统。此前也有很多学者对将克里特米诺斯文明归入古希腊前期文明的做法提出质疑，认为从克里特米诺斯文明的风格等方面来看，似乎更应该归入东方建筑传统。但这种做法最终被人们所否定，因为无论从地理关系还是文明发展序列上的联系，以及建筑中柱廊、柱式、雕刻等从总体到局部的建造形式的延续性上来看，克里特米诺斯建筑与古希腊本土建筑之间的联系都是非常紧密的。

而对于爱琴文明后期的迈锡尼（Mycenae）文明来说，这一点表现得更为突出。迈锡尼文明建筑的发展已经转移到希腊本土，而且此时期文明的缔造者——迈锡尼的居民也已经是说希腊语的、真正的希腊人了。迈锡尼建筑是从早期米诺斯建筑向正统古希腊建筑发展的重要过渡阶段。迈锡尼人是好战和善于航海的部族，他们攻占了米诺斯，并将贸易和战争扩展到更广泛的周边区域，因此广泛吸收了各地的建筑经验。迈锡尼人在砌石与建造拱券等方面颇为见长，他们修筑的坚固卫城和蜂巢般的石拱券墓室，都具有很高的工艺水平。然而也是从迈锡尼时期开始，虽然古希腊人已经掌握了石砌拱券和穹顶结构的制作方法，但除了在墓室和少部分建筑中应用之外，

却并没有将拱券和穹顶结构大规模地使用在各种功能的建筑中。

迈锡尼人在卫城上的建筑及住宅建筑中，更普遍地使用梁架结构，由此也奠定了古希腊建筑以梁柱结构为主的传统特色基础。除了大型宫殿之外，更多建筑内部采用木结构梁柱，这种木结构梁柱的结构做法和外观形象，也在很大程度上被后期成熟的石结构建筑所继承，成为古希腊建筑的先声。

总之，古希腊早期的建筑发展虽然在风格、结构和具体细部做法等方面呈现混杂的特点，但一种明晰的、以石质梁架结构为主要特征的建筑特色也正在形成，并逐渐发展出独具特色的石建筑结构体系。这一逐渐形成的以梁柱结构为主要特色的石结构建筑体系，在此后漫长的古希腊文明发展过程中不断得到完善并逐渐发展成熟，对后世甚至今天的影响仍然十分巨大。

爱琴文明高潮过后，古希腊地区经历了几百年的黑暗发展时期，建筑发展也陷入沉寂，直到公元前750年之后进入希腊时期才逐渐好转。希腊时期也是古希腊文明尤其是建筑文明发展的黄金时期，此时在奴隶主城邦（City-State）制的民主政治氛围之下，形成了城邦以卫城（Acropolis）为中心，卫城以神庙为中心的建筑格局特

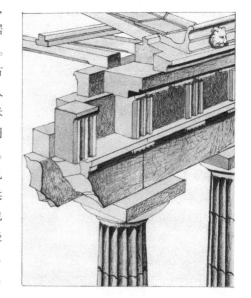

帕加马卫城是古希腊文明后期的代表性城市建筑，卫城中包括神庙、祭坛、剧场、图书馆和带柱廊的广场等各种建筑，但由于城市顺山势而建，因此总体不讲究布局的规整性。

色。古希腊以多立克（Doric）、爱奥尼（Ionic）和科林斯（Corinthian）三种柱式（Order）为主导的梁柱（Architrave and Column）建筑体系逐渐发展成熟，神庙作为最重要的建筑类型在各地都被大肆兴建，尤其是神话传说中各神的守护地，如雅典（Athens）、德尔斐（Delphi）等都被作为圣地而兴建各种大型神庙建筑。与此同时，以单体建筑为主构成的不规则建筑组群，以人性化的喻义基准形成的柱式使用规则，建筑中柱式与建筑、整体与细部之间复杂的比例关系等做法均已形成。

除了神庙建筑之外，作为古希腊民主政治下高度发达文明的衍生物，一些富于地区特色的公共建筑也已经出现。公共建筑主要以大型集会建筑和剧场为代表。大型集会建筑的平面为长方形，内部以设有阶梯形坐椅的会议厅为主。早期这种建筑为露天形式，晚期则演化为一种较为封闭的大型建筑形式。

剧场（Theater）建筑的出现与古希腊戏剧的发展密不可分。古希腊戏剧和临时演出舞台的结合，本来是酒神节（The Dionysia）的一项祭祀活动，之后这项可供全民参与的活动随着戏剧演出的成熟而逐渐分离，人们开始兴建专门的剧场。古希腊剧场多是露天形式，以依附山势开凿的逐渐升高的扇形阶梯式坐椅构成观众席，观众

席底部通过圆形或半圆形的广场与舞台相连接构成。

可以说，在古希腊文明时期，建筑的类型、功能与形制已经基本确立。因此，到了后期所谓的希腊化时期，即希腊被来自马其顿（Macedonia）的亚历山大大帝（Alexander the Great）征服之后，古希腊时期确立的建筑体系并未发生太大的变

位于雅典卫城南坡下的酒神剧场，是在古老的酒神圣地兴建的，整个剧场顺山坡雕刻不同等级的环形阶梯式坐椅，内部可容纳约1.8万名观众。

化，只是在此基础上出现了柱子与墙壁合而为一的壁柱（Pilaster）形式。在建筑方面，建筑组群和内部空间的轴线（Axis）性被有意突出，建筑内部空间的重要性已不再是优美建筑外观的附带设施而可有可无，建筑的内部空间开始成为影响建筑性质与风格的因素之一，弥补了希腊时期忽略室内空间的功能，而把建筑外部精加工成雕塑般完美的内外不匹配的缺点。

古希腊建筑史不仅是地区建筑的发展历史，在此时期形成的建筑造型、建筑规则、柱式体系以及细部做法等，都成为之后影响古罗马和整个欧洲建筑发展的重要因素。古希腊建筑是欧洲古典建筑最主要的源头，它是凝聚古希腊人智慧的结晶。

第二节
爱琴文明时期的建筑

古希腊的早期文明发展及取得初步的建筑成果是从克里特岛开始的。

大约从公元前3000~前1450年的米诺斯文明，是希腊文明发展史上的第一个文明高潮。生活在克里特岛上的米诺斯人在公元前2000~前1800年期间在菲斯托斯、马里

亚、扎克罗和克诺索斯等地建造了许多华丽恢宏的宫殿建筑。虽然这些宫殿建筑呈现出受西亚、北非等地区建筑的影响，但却真正是拉开古希腊建筑发展的第一篇章。

在米诺斯文明中，宫殿不仅是王室成员的居所，还是宗教中心和重要的行政中心。在各地米诺斯文明时期的诸多神殿建筑中，地位最为重要的是克诺索斯皇宫（Knossos Palace）。它可能早在公元前2000年前就已经开始兴建了，后来可能因为地震或火灾等原因被毁，但很快以更大的规模被重建，直到公元前1450年的时候才因天灾和战争等原因被废弃。

米诺斯宫殿的平面略呈方形，虽然总体上并没有明确的轴线与对称关系，但已经形成了围绕中心庭院设置各种建筑空间的固定模式。宫殿内的建筑多采用石质梁柱结构营造而成，并由柱廊相互连接。由于宫殿建在基址不平的山坡上，因此各种高低不平的建筑空间被曲折回环的柱廊连接在一起。这些三层至五层的建筑与套间形式和很长的楼梯、游廊以及上百个小的房间，形成极为复杂的空间组群结构。由于米诺斯王宫建在火山多发带上，而且内部结构复杂，因此当地流传着关于这座王宫一个诡异的传说。传说在这座宫殿中生活着一头名叫米诺托（Minotaur）的人首牛身怪兽，它发怒时整座山都会颤动不已，而只有当它吃掉人们进贡给它的活人之后，

克诺索斯皇宫想象复原

虽然历经多次地震和重建，但克诺索斯皇宫以围廊式建筑和曲折柱廊为主的建筑特色，以及以一个大庭院为中心的布局特色始终未变。

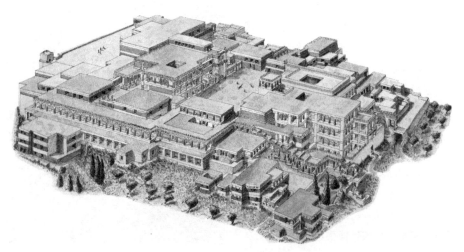

才会平息怒气。实际上人们推测，所谓的米诺托发怒，很可能是火山运动引起的地震。

米诺斯宫殿整体的布局复杂而精巧，不仅有外室、内室、浴室、厕所等功能齐全的房间，其建筑底部还有先进的输水与下水管道系统，以保证建筑各处的使用便利性。除了建筑本身之外，在石材砌筑的房间内还有雕刻、彩绘壁画等装饰。也许是由于良好的气候条件，米诺斯宫殿中的建筑大多通过柱廊与外部直接相连，或开设有较大面积的窗口，而且建筑内部连同柱廊一起，都采用红、蓝、白、黄、黑等鲜明的色彩装饰。

在最具代表性的中央大殿中，门框与相邻的浴室上布置有波浪状的美丽花边图案，并且还伴着具有明快的天蓝色调的装饰。在大殿灰泥墙上的海景壁画中，刻画有航行者和五头追逐嬉戏的海豚，不仅整幅画面生动有趣，将整个大殿的墙壁装饰得十分优雅美观，还通过门框上的波浪状花边装饰显示出极强的一体化装饰特色。

米诺斯宫殿另一重大的建筑成就还在于，宫殿建筑中的柱子已经形成了较为固定的造型模式。分布在宫殿各处的柱子有整根圆木抹灰和石柱两种形式，但都遵循上大下小的统一柱子形象。柱础、柱基、柱头和柱顶石的形象也已经初步完善，柱子的色彩装饰也趋于固定，有红色柱身、黑色柱头和黑色柱身、红色柱头两种形式。这种柱廊建筑形式和柱式形象的确立，也

为之后古希腊建筑形制的成熟奠定了初步的基础。

从大约公元前 1400 年之后，克里特的米诺斯文明逐渐衰落。希腊本土进入迈锡尼王国的统治时期，他们膜拜希腊的诸多天神，说希腊的语言，因此他们被认为是真正的希腊人。迈锡尼人建立了许多独立的小王国。他们与小亚细亚和北非各地区之间进行着贸易往来，他们以黄金、象牙、纺织品和香料等物品来换取地方产品，因此拥有着大量的财富。从后来人们在迈锡尼的墓室和宫殿遗址中发现的大量黄金饰品与器具等考古发现上便可以证实上述的情况。

迈锡尼是好战的民族，因此其最突出的建筑不再是豪华的宫殿，而是建在地势高处森严壁垒的卫城建筑。迈锡尼散居的各部落都有此类的卫城建筑，各聚落的宫殿和行政中心，墓地（Cemetery）和祭祀建筑都设置在卫城之中，人们的日常居所大多位于卫城山下。当遇到紧急情况时，人们可以迅速进入卫城避难，因此卫城是极具防御性的堡垒建筑（Fortress）形式。

在迈锡尼卫城中最具代表性的一种尖拱顶的墓穴（Grave），都已经以石材为主要材料兴建，因而此时人们的石材砌筑水平也有更进一步提高。人们不仅掌握了用规

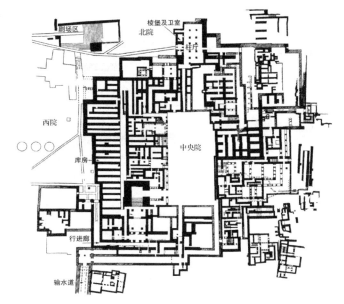

克诺索斯皇宫
平面图

中央庭院是整个宫殿建筑中开敞面积最大的建筑空间，在这个庭院周围通常设置祠堂、御座厅和接待室等重要的政治和宗教空间。

中央大殿室内一角

中央大殿又被称为王后的麦加仑室，这个房间以保存完好和鲜艳、生动的壁画为主要特点。

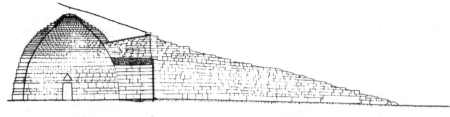

梯林斯卫城平面

虽然迈锡尼文明时期各地区的卫城规模不等，但卫城内的基本布局与建筑形式却十分相似。

则的块石和条石砌筑城墙的方法，还掌握了利用不规则石块砌筑坚固墙体的乱石砌筑法。在城门和岩石墓中，采用两块斜向搭石构成的斜楣拱顶和采用叠涩法构成的尖拱顶形式十分常见。这种更复杂的石结构砌筑建筑的大量出现，不仅表明了此时人们在石材加工、运输等加工方面技术的成熟，也表明了人们在大型建筑工程的计划、施工等组织方面能力的提高。

发达的海上贸易，使古希腊早期的米诺斯和迈锡尼文明，都在很大程度上受到了古埃及文明的影响。人们很容易通过一些特色从中看到古埃及和古希腊两个地区文化上的一些联系。比如迈锡尼墓葬中流行一种用薄金片按照死者面部敲击而成的随葬黄金面具传统，迈锡尼墓室中流行一种采用用睡莲纹样作为雕刻装饰主题的做法，都很容易让人联想到古埃及的金棺和睡莲。而且在这一时期，古希腊的神学崇

古希腊石碑上的女神浮雕

古希腊的神学崇拜体系从很早就已经产生，而且随着社会的发展而不断完善，通过不同时期建筑上的浮雕图案，就可以清楚地看到这种宗教文化的传承发展特点。

拜体系也正在形成，它很可能吸取了古埃及神学体系的内容，因为古希腊的神学体系同古埃及一样，也是由一个庞大的神灵家族组成的。但古希腊的神学体系明显比古埃及的神学体系更加复杂和具体得多。因为这个庞大家族系谱中的诸神，不仅分别掌管着各种自然现象，还掌管着与人自身和生活相关的智慧、情感、商贸、狩猎、航行等方面的内容。此外，古希腊神学崇拜体系中的诸神不再是完美无缺的形象，而是成为有优点、有缺点、会嫉妒的更具世俗化的神。另外，在古希腊各个地区也都有各自的保护神。

希腊宗教崇拜的是奥林匹亚（Olympia）诸神，他们在整个希腊社会中以各种方式向人们展现了神的形象及传说故事。《神的系谱》是一个由赫西俄德（Hesiod）于公元前8世纪所著的神话文学作品。这部文学著作向人们揭示了神的由来：有两位神明在混沌中诞生，一位是代表大地的女神盖亚（Gaia），另一位代表天际的女神乌拉诺斯（Uranus）。

在这两位女神之后，出现了代表人世间一切灾难的泰坦（Titan）巨人——克洛诺斯（Cronos）。他娶了他的妹妹——大地女神瑞娅（Rhea）并推翻了他父亲的统治，而成为了新的统治者。有预言说，在他和瑞娅的孩子中将有一人会推翻他的统治，为了阻止这个预言的发生，他把自己的孩子全部吞掉，其中一个孩子被瑞娅所救并把他带到了克里特岛，而这个孩子正是后来的宙斯（Zeus）。到了后来，克洛诺斯吐出了他所有的孩子，也正如预言中所说的那样宙斯推翻了他父亲克洛诺斯的统治。除了宙斯外，克洛诺斯和瑞娅的孩子还有波塞冬（Poseidon）、赫拉（Hera）、赫斯提

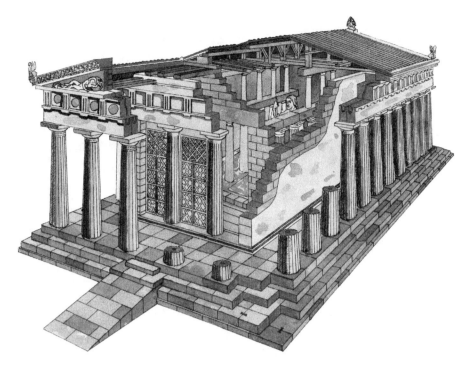

希腊神庙包括外部围廊、墙面在内的主体使用石材和梁架结构相结合的方式建成，神庙的两坡屋顶则采用木结构建成，因此也造成了残存的古希腊神庙建筑遗址都没有屋顶。

亚（Hestia）、哈得斯（Hades）和得墨忒耳（Demeter）。

宙斯日后也娶了她的妹妹赫拉为妻，他们的孩子有阿波罗（Apollo）、阿耳忒弥斯（Artemis）、阿芙洛狄忒（Aphrodite）等。关于这些神明的故事完全是希腊人按照自己对生活的理解而创造的。众多的神明形象也是以希腊人自身为原形而塑造的，他们象征着生命的永恒和非凡的法力，他们充满了青春的活力并且永远美丽。

第三节
古希腊柱式的发展

古希腊发展出的柱式体系，也是对后世建筑影响最大的建筑元素。古埃及建筑和早期的爱琴文明时期，柱子都是建筑中的重要结构部分，并同时具有象征性、装饰性等多种实用性之外的附加功能性，而这些都为古希腊柱式体系的形成奠定了基础。

古希腊地区多处于地中海气候影响之下，冬季温热多雨、夏季炎热干燥，因此建筑中设置的半开敞式的柱廊，就成为最实用的建筑空间部分。柱廊（Portico）作为古希腊建筑最突出的组成部分，并不像古埃及建筑中的柱廊那样，主要是为了营造出神秘的空间氛围和作为建筑装饰的主要承托部件而存在。古希腊建筑中的柱廊是作为建筑立面的主要形象而存在的，同时也是一种普及化的建筑空间元素，无论在神庙、公共会堂、市场还是普通民宅中，柱廊都被作为一种必不可少的实用建筑部分而被广泛采用。

久而久之，古希腊逐渐形成了固定的柱子使用规则，也就是柱子的样式与比例同建筑的立面形式、功能与性质结合起来，形成了最初的柱式（Order）体系。古希腊人主要由生活在希腊本土地区的爱奥尼人和生活在西西里（Sicily）地区的多立克人构成，因此最初在这两个地区诞生的两种柱式也以此命名为爱奥尼（Ionic）柱式和多立克（Doric）柱式。古希腊建筑发展后期，在科林斯地区又出现了科林斯（Corinthian）柱式，至此这三种柱式构成了最初的希腊柱式体系。

古希腊的建筑造型，尤其是古希腊柱

古希腊三种柱式示意图

古希腊时期形成的三种柱式，虽然在总体比例、柱头、柱础与柱身等处的做法等方面形成了各自的规则，这套规则在此后被不断修正，但却奠定了柱式使用规则的基础。

女像柱

图示为雅典卫城伊瑞克提翁神庙中的女像柱，可以看到在保证主体柱身承重性的基础上，对女神的形象作了十分细致的雕刻表现。

式体系有一个特点就是追求数字化的准确比例。希腊人希望建筑物是完美的，他们认为只要能够设计出建筑的地基平面（Plan）、立面（Facade）、柱式以及细部等各建筑元素尺度和距离之间合理的比率（Ratio），就可以使建筑物的总体效果形成完美的平衡（Balance）。在希腊人看来，神与人之间沟通的语言就是那些精确的数字，而通过精细比例的设置与把握，就可以使建筑达到他们和神所希望的完美形象。

古希腊在建筑材料方面主要以大理石（Marble）和石灰石（Limestone）为主。因为大理石较适宜于雕刻，所以希腊人便将雕刻装饰与建筑融为一体，各种雕刻装饰同梁架结构一样，是建筑必不可少的一部分。在这种背景之下，古希腊一种以人物雕像作为柱子的人像柱形式的产生就是很自然的事了。至此，包括爱奥尼、多立克、科林斯和人像柱（Portrait Column）的古希腊柱式体系形成。虽然在这个柱式体系中主要以前三种柱式为主，但人像柱形式的影响也不容忽视，它也是一种极富感染性和被后世广泛采用的柱式。

由于希腊气候温暖，人们大都喜欢进行一些室外活动。设置在希腊建筑中的室外柱廊就会引起人们特别的关注，建筑师在建造它们的时候也为其美观性而进行了精心的设计。各种柱式在立面上形成柱廊时，柱子与柱子的距离关系、柱子的数量、额枋和檐部的处理、山花的形式等，也逐渐形成了较为固定的模式。

除人像柱之外，为了弥补人眼近大远小的视觉偏差，以及使柱式看起来更加美观，三种柱式的柱身（Shaft）在制作时都要进行收分和卷杀处理。所谓收分，即是柱子被雕刻成越向上越细的上小下大的圆柱造型，以便使柱子显示出更稳固的承托力。卷杀则是将垂直的柱身轮廓雕刻成梭状的凸肚曲面形式，以缓和柱子的刚硬之感，使柱身看起来更富于弹性。

除了在柱式中通用的收分与卷杀处理之外，每种柱式都通过柱底径与柱高的比率形成各自不同的一套比例尺度与细部装饰方法，由此形成不同的风格象征。关于古希腊柱式比例的由来，最通行的说法是，找到既美观又实用的柱子比例关系是困扰建筑师们的一个问题。经过反复思考，建筑师按照人的身长和脚长的比例来建造柱子，从而达到能够载重的目的。

柱子按照男子脚长是身长1/6的原理，建造出了柱子的高度是柱身下部直径尺寸6

倍的柱子，至此显示男子身体比例的多立克柱式便产生了。后来建筑师又建造出了一种具有女性身体比例的柱子，为了显示女性亭亭玉立的优美姿态，柱底径与柱子高度的比例由原来多立克柱的 1：6 改为了 1：8。在实际应用中，柱子的比例并不是固定不变的，而总是浮动在某一数值的范围内。

多立克柱式比较粗壮，它往往被认为是男性力量的象征。多立克柱底径与柱高的比率大多控制在 1：5.5 左右，但这一数值并不是固定的，柱高通常保持在柱底径的 4～6 倍之间。多立克柱身的收分和卷杀都很明显，柱间开间较小，再加上多立克柱式没有柱础，而且檐部高度可达柱身的 1/3，所以整个柱子给人很坚固的承重性印象。多立克柱式的檐壁（Frieze）由"三垄板"（Triglyph）与"垄间壁"（Metope）组成，檐口部分是由泪石（Corona）与托檐石（Mutule）组成，也是一种最具有早期木结构遗风的建筑立面形式。

克诺索斯王宫的
柱廊

早在米诺斯文明时期的建筑中，柱子的做法已经形成了一定的程式，只是早期的柱子与后期古希腊柱式下粗上细的形象正相反，而是呈上粗下细的形式。

在细部装饰方面，多立克柱身的凹槽（Arris）约为 20 个，各个凹槽之间的连接处为尖锐的棱线形式。多立克柱式的柱头只是简单的圆锥形式，柱头和柱身的线脚多为方线脚形式，简单而且数量较少。

多立克简洁、粗壮的柱身形象给人庄严、朴素之感，因此采用多立克柱式的神庙等建筑类型，在建筑总体设计上，通常也具有这种风格特征。比如，在采用多立克柱式的神庙建筑中，建筑底部也大多采用三层无装饰形式的台基，建筑细部的装饰也相对简约，以突出建筑刚硬、雄伟的特色。

爱奥尼柱式修长、挺拔，它往往被认为象征着女性的柔美风韵。同多立克柱式一样，爱奥尼柱式的柱高浮动于 7～10 倍的柱底径之间，并以 1：9 的柱底径与柱高之比率最为常见，柱身的收分与卷杀幅度较小，柱间开间较大。爱奥尼柱式底部有柱础（Plinth）承托，上部檐高只相当于柱身的 1/4 甚至更少，柱身上的凹槽较多立克柱式的凹槽更深，并且有 24 个之多，但凹槽之间不再是尖锐的棱线形式，而是形成断面为半圆形的小凸脊。这种细长且明暗变化更突出的柱身，通常还要搭配多种复

伊瑞克提翁神庙北
面柱廊

伊瑞克提翁神庙北侧的柱廊，也是这座神庙中建筑时间最早的柱廊，由于北门廊总体地势较低，因此柱底径与柱高的比例拉长至约 1：9.3，并以雕刻精美而闻名。

为了与简洁的多立克柱式相配合，柱子之上的檐壁等结构部分也采用十分简洁的手法装饰。

爱奥尼柱式是一种讲求在华丽中显示出高雅风格的柱式，因此从柱础层叠的线脚到柱头，都采用深刻的雕刻手法，柱子所在的门廊还搭配同样雅致的格构顶棚。

爱奥尼角柱处带螺旋线的涡卷不仅面稍朝向下，而且边缘还有铜针，以便于悬挂节日的彩带。

杂线脚装饰的柱础和柱头，因此使采用爱奥尼柱式的建筑立面显得高挑而柔美。

爱奥尼柱式的柱头不再是简单的倒锥形式，而是带有倒垂下的涡卷（Volute）形装饰部分，而且侧面与正面形象不同。爱奥尼式柱头正面的涡卷较大，螺旋形的涡卷在中心处形成涡眼，涡卷之间的线脚下还可以雕饰忍冬叶（Lonicera Leaf）等植物图案的装饰。而柱头涡卷的侧立面则呈栏杆式的横柱形象，这部分的装饰纹样要与柱头上檐部的装饰图案相协调设置。处于建筑拐角处的爱奥尼式柱头，其两边的涡卷并不垂直设置，而是互成45°角设置，以便在建筑的不同立面和柱头的正反两方面都获得良好的视觉效果。

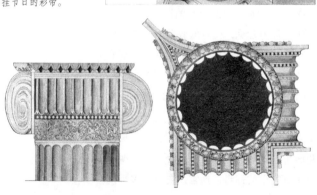

爱奥尼柱式带有涡卷的柱头和细瘦、高细的柱身形象，给人优雅、含蓄之感，因此爱奥尼柱式除在神庙、公共会堂等正式建筑中使用外，还被广泛应用于商业和住宅建筑中。爱奥尼式的神庙建筑中，建筑底部的台基和上部的檐口，以及各种细部装饰，都采用多种变化线脚组合的复合线脚和精细的装饰图案，以突出建筑的高雅情趣。希腊多立克柱式中最常见的是一种被称作"爱欣"（Echinus）的线脚（Mouldings），这种线脚的柱头与柱身以弧曲线脚相连接，从而使柱身形成了一种有弹性的变化。

爱奥尼柱式是一种典雅、轻巧、精致的柱式。希腊爱奥尼柱式的柱头不仅具有着独特的卷涡形式，而且在柱头上部的额枋由从下而上一个个挑出的两个或三个长条石组成，在檐壁之上以人物雕刻和花饰雕刻代替了"三垄板"。希腊爱奥尼柱式在柱头及连接涡纹间均呈现曲线形，使整个柱式看起来优雅柔美。

除了多立克柱式和爱奥尼柱式之外，在希腊的建筑中还有一种科林斯柱式。如果说爱奥尼柱式是略施淡妆的女子，那么科林斯柱式就是华丽浓艳的贵妇。希腊的科林斯柱式是在爱奥尼柱式的基础上形成的，但比爱奥尼柱式的比例更加纤细、修长，除了柱底径与柱高的比例拉长至1：10之外，柱身与檐部的做法与爱奥尼柱式相同。科林斯柱式最具特色的是柱头的形象，其柱头宛如插满了鲜花的花瓶，柱头的部分因为装饰而被拉长，其底部满饰莨苕叶

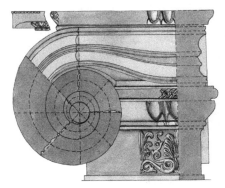

（Acanthus）形的雕饰，莨苕叶上部以缩小的涡卷结束，在柱顶的边缘还可以雕饰有玫瑰花形的浮雕装饰。

科林斯柱式柱顶盘之上的檐壁（Entablature）也分为上楣、中楣和下楣。它的上楣出挑很大，作为屋檐挑出部分的挑口板是一种以莫底勇（Modillon）的托架来支撑的；在建筑物中，中楣大多数情况下是没有任何装饰的，在少数情况下则雕刻有连续旋涡状的植物图案；下楣处呈三条倒梯状横带，在横带的上下连接处有时雕刻着一些精美的装饰性植物图案线脚。到古希腊文明后期，柯林斯柱式的柱头变得装饰性更强，柱头上的方形柱顶盘越来越薄，而且原来平直的四边都向内凹，使柱头显得更加轻巧和华丽。

在希腊建筑中，除了发展出多立克柱式、爱奥尼柱式和科林斯柱式以及严谨的柱式比例和使用规则以外，还创造出了一种独特的柱式形式——希腊人像柱。希腊人用这种按照真人雕刻而成的人像柱代替了普通的柱子。可以充当柱子的人物形象众多，但在应用中也要考虑到与建筑的搭配问题。一般也同三种柱式一样，在人物形象的选择上视建筑自身形制与功能而定。一般来说，男性人像柱多被表现为肌肉强健的形象，相对低矮的柱身与装饰简洁的粗犷建筑风格相搭配，以突出表现一种承重性。女性形象则多被处理成高细的人像柱形象，并与装饰精细的建筑相搭配，突出其装饰性。相对应地，采用男像柱的建筑顶部也同多立克柱式一样，檐口较高以突出厚重感；而采用女像柱的建筑檐口则较低，以突出轻薄感。例如位于雅典的伊瑞克提翁神庙（Erechteion）中，在一个视觉上很轻的檐口下部设置着头顶花篮、身着长衣的女人像柱。她们以优美的姿态、飘逸的衣饰向人们呈现出了特有的女性魅力。这些女人像柱的使用为建筑物本身增添了独特的艺术性，使其更具感染力。

希腊建筑中的雕刻在世界建筑中占有着极其重要的地位，希腊人运用了圆雕、浮雕等多种雕刻手法来对建筑进行装饰。建筑雕刻装饰所涉及的形象有神、人、动物、植物等，题材几乎无所不包。在造型方面也是有单独或是组合、动态或是静态等各种形式，为建筑增添了更强的表现力。

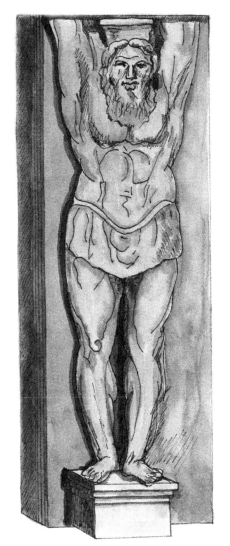

爱奥尼柱头

爱奥尼柱式变化较为灵活的是涡卷的大小及雕刻螺旋线脚的深浅，用于悬挂饰物的铜针一般也都嵌在涡卷的外延处。

人像柱

除了像伊瑞克提翁神庙那样圆雕形式的人像柱之外，还有一种在承重柱立面上雕刻人物形象的人像柱形式，此类柱式中的人物形象多采用高浮雕形式，并在人物动作和表情上紧密呼应柱子的承重主题。

在古希腊建筑底部的栏板、柱顶的檐部等处，多饰有这种以神话或真实历史为题材的战争场景，形成连续的叙事性浮雕装饰带，极富观赏性。

从古希腊柱式的逐渐发展可以看到，虽然古希腊柱式的起源可能是受到了古埃及与亚洲早期建筑文明中的柱式使用规范的影响，但在后期则是彻底脱离了其他地区建筑风格和做法的影响。古希腊柱式体系的确立，是本地区建筑工程与希腊的哲学、数学等文明成果相结合，建立在符合希腊神学思想和独特审美观的基础上所结出的成果。古希腊时期形成的柱式体系，不仅是一种柱式使用的规范，还是一套对建筑有极大影响的设计思维方式，建筑各部分与柱式在细部和整体风格上的配合，可以使建筑呈现出鲜明的风格差异。古希腊时期产生的这种柱式对建筑风格、表情的影响，也在之后成为西方建筑传统中的一大重要特色。

修建完成的雅典卫城全貌

为了突出卫城内部神庙建筑的主体地位，因此不仅将各座神庙建在了各个制高点上，还将大量附属建筑都建设在入口山门的附近，利用建筑的疏密变化突出了神庙区的神圣。

第四节
雅典卫城的神庙建筑

古希腊文明在经过迈锡尼文明的高潮之后，沉寂了相当长的一段时间，直到公元前750年之后才逐渐繁荣起来。此后在古希腊各地区兴起了许多富足的城邦，他们在同希腊以外的其他地区、埃及、意大利南部和亚洲的频繁贸易活动中，也逐渐形成了自己的文化和建筑特色。

大约在公元前450年左右，古希腊各

地城邦打败了波斯人（Persiam）的进攻和各异族地区军事力量的侵略，开始进入文明发展的盛期阶段。在古希腊文明发展的这一盛期，尤其以雅典城邦的卫城建筑群为代表。

以雅典卫城为代表的城邦文化盛期发展的时间较短，因为从公元前431年开始，希腊城邦陷入了旷日持久的伯罗奔尼撒战争（Peloponnesian）和科林斯战争（Battle of Corinth）之中，并以公元前404年雅典的陷落为标志开始走向衰落。在经过马其顿的亚历山大大帝的短暂统治之后，公元前323年亚历山大大帝突然去世之后，希腊也同亚历山大四分五裂的大帝国一样，处于地区势力割据的发展状态下。各地区的统治者大都是

亚历山大的手下，主要来自马其顿地区，因此希腊各地进入以希腊传统建筑为主体，各地糅合不同外来建筑风格的希腊化时期。希腊化时期，古希腊建筑受到北方马其顿建筑、波斯建筑、亚洲和后期古罗马建筑等诸多建筑风格的共同影响，使希腊后期的建筑呈现出很强的混合风格特色。

古希腊人虽然建立了最早的民主制度，并且在哲学等其他文化领域取得了突出的成就，但其神学体系在社会生活中的作用仍十分突出。因此随着社会和建筑的发展，专门营造的祭祀和神庙建筑，也逐渐同住宅等建筑形式相分离，开始脱离早期附属于其他建筑内部的传统做法，形成独立的建筑形式。这种独立的祭祀建筑以神庙、祭坛为主体，或建于有神迹传说的圣地，或建于城市中单独开辟出的卫城中。比如位于奥林匹亚的宙斯圣地（Holy Land）位于平原区，因此整个圣地就是用围墙与外界分隔的。作为希腊文明发展史的巅峰之

作，雅典卫城（The Acropolis, Athens）则是古希腊建筑文明最突出的标志。

雅典的卫城占据一块不规则的岩山顶，早在迈锡尼文明时期这里已经形成了拥有坚固城墙的堡垒，其内部也已经建成了一些供奉守护神的神庙和附属建筑。雅典卫城在公元前5世纪80年代经过一次较大规模的修建，形成了现在卫城的雏形。但这次修整工程之后，雅典被波斯人占领，卫城也受到很大程度的破坏。早在公元前447年，雅典人同波斯人的战争结束之前，人们已经开始对卫城一些主要的建筑进行重建。在雅典城邦最著名的执政官伯里克利（Perikles 公元前495～429年）执政时期，开始全面启动卫城重建计划。首先新建的是卫城的主体，也是雅典城邦守护神雅典娜

德尔斐阿波罗圣地遗址

这片圣地虽然是以献给太阳神阿波罗的神庙建筑为主体建筑，但庞大的圣地区域内除了神庙之外，还包括剧场、仓库、纪念碑和祭坛等多种功能的建筑。

雅典卫城主要建筑位置分布图

将主要神庙建筑按其重要性依次建在基址的各个制高点上，是古希腊卫城建筑最突出的特色。

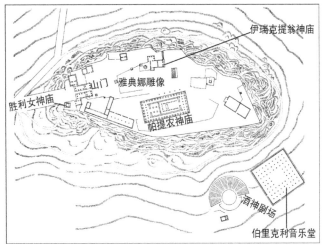

伊瑞克提翁神庙
山门
雅典娜雕像
胜利女神庙
帕提农神庙
酒神剧场
伯里克利音乐堂

从山下看雅典卫城的想象图

卫城整体坐落于城市中突出的小山山顶，虽然离山下人们的生活区较远，但由于各座神庙建筑都建在高处，因此从山下也能够看到神庙的形象，而且由于主体建筑相隔较远，因此更具雄伟之感。

的神庙，即帕提农神庙（Parthenon）。担任重建这座建筑的建筑师是伊克提诺（Iktino）和卡里克拉特（Callicrat），另外担任主持卫城建设的是大雕刻家菲狄亚斯（Phidias）。

当时在建造雅典卫城时考虑到三个主题：第一是为了庆祝希腊反侵略战争的胜利；第二是装饰和歌颂雅典（这时雅典已被作为了全国政治、文化和经济的中心，所以在地位上要格外突出）；第三是为了繁荣经济（雅典如此大规模的建设使得全国人民都来此进行庆祝，因此雅典的经济收入也相应的大幅度提高，工作机会也大大增多了）。在雅典进行轰轰烈烈建设的同时，大批有识之士也聚集于此。在这些人中有艺术家、科学家、戏剧家、画家以及诗人，他们的到来使雅典在文化上取得了很高的成就。

雅典卫城建筑群的整体布局是按照朝圣路线上的最佳景观观测点来布置设计的。相传在泛雅典娜节大庆的时候，游行的队伍必须先环绕着卫城行进一圈才可以上山。可能是为了使山下的人更好地进行观赏，卫城中几座主要的神庙建筑均建在了城中的几个制高点，靠近卫城山边缘的位置上，这样一来便使得卫城作为城市中心的地位更加突出了。

随着朝圣人群的行进，卫城中的景色要在众人穿过拥有庞大体量的山门之后才能被尽收眼底。在卫城建筑中，帕提农神庙以其最高、最大的建筑外观和最鲜艳的色彩、最华丽的装饰占据着卫城建筑中的主导地位。以帕提农神庙建筑为主，其他建筑为辅的建筑集群，主次分明地突出了"歌颂雅典"这一主题。

雅典卫城山门

设计者利用柱式的变化，巧妙地解决了山门所在基址高低不平的难题，同时还使山门与突出岩石尖角上兴建的胜利女神庙相对应，利用陡峭的山体营造出气势磅礴的山门形象。

卫城四周都是陡峭的岩壁，因此人们选择在坡度较缓和的西面设置山门。伯里克利时代新修建的山门保留了原有山门中的部分建筑和H形的平面形式。由于山门正位于一处地理断裂带上，因此入口处采用多立克柱式以显示出坚实感。入口之后的门廊内部则随着地势的升高采用爱奥尼柱式，而且爱奥尼柱底径与柱高的比值加大到 1：10。山门仍旧采用五柱门廊的形式，两边的两个门廊较窄，底部采用阶梯形式以供朝圣队伍通行，中间的门廊较宽且采用坡道形式，以供朝圣的车辆通行。

在山门一侧突出的高地上，建有一座小型的雅典娜·奈基（Temple of Athena Nike）神庙，这也是一座造型新颖的爱奥尼小神庙的经典建筑实例。这座神庙是由克拉提斯设计，建筑时间为公元前 427 ~ 前 424 年。这座神庙的体型非常小，面积大约只有 44.28 平方米，采用的建筑材料是名贵的彭忒里库斯大理石。这座神庙的主体建筑平面是正方形的，但没有采用传统的围廊建筑形式，而是在建筑前后各加入了一段四柱的爱奥尼门廊，由此形成新颖而优雅的新建筑形象。小神庙另外一大特色，是三面带有精美浮雕的栏板以及檐壁上雕有战争场景的连续装饰带。

进入山门之后，人们很容易看到圣路尽头的帕提农和它旁边的伊瑞克提翁两座神庙，这也是卫城中的两座主体建筑。

伊克蒂诺和卡利克拉特被任命为帕提农神庙的首席设计师，菲狄亚斯为首席雕刻师。帕提农神庙不仅是祭祀神灵的场所，同时它也是举行宗教典礼和社会活动的地方。雅典会定期举行庆祝雅典娜诞生的泛雅典娜节，在这个重大的节日中全城的人们都会举行游行仪式，最后以在帕提农神庙前向雅典娜敬献束腰外衣等奉献圣物而达到高潮和收尾。

我们现在所看到的帕提农神庙是在原来的遗址上重新建造而成的，修建工程大约从公元前 447 年开始，直到公元前 432

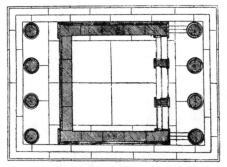

年雕刻工作完成之后才算最终建成。这座帕提农神庙与原来的帕提农神庙采取了相同的建造结构，在长方形的平面内包容着东、西两个不同的建筑空间，东部较小的空间用于储藏贡奉和收藏档案，西部空间在内部有两层爱奥尼柱式支撑，是放置有雅典娜神像的主要祭祀大厅。

帕提农神庙的建筑规模极为宏伟。它长约 69.5 米，宽约 30.8 米，高约 13.7 米，是一座 8×17 柱的多立克式围廊建筑，也是古希腊建筑与数学成果相结合的产物。

建筑中的所有设置都是为矫正视差（Parallax Correction）所作。纵观整座帕提农神庙无论是水平或是下垂的线条看起来都是直线，而事实上在这座建筑中并没有一条真正的直线，那些所谓

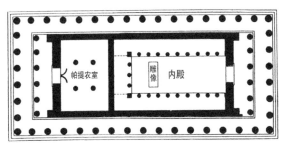

胜利女神庙平面

这座主体建筑为正方形的小神庙，因为受所在狭窄基址的限制，只在神庙前后两个主立面设置了四柱门廊，因此形成了一种全新的神庙建筑样式。

胜利女神庙栏板上的浮雕

胜利女神庙虽然建筑规模很小，但以独特的前后门廊建筑样式和精美的栏板浮雕而著称，图示浮雕为古希腊浮雕标志性的湿衣褶风格。

帕提农神庙平面图

帕提农神庙的内部另设有两层的柱廊支撑上部的木结构屋顶，神庙内部空间的形式较为简单，但由于木结构已毁，因此人们对内室的采光结构推测存在诸多方案。

帕提农神庙想象复原图

在帕提农神庙外部样式的复原假设方案中,屋顶底部精准的柱式定位和细部设置,是这座神庙最突出的精华部分。

伊瑞克提翁神庙平面图(中图)

伊瑞克提翁神庙东立面(下图)

在立面上设置壁柱,并在壁柱间开设长方形窗口的做法,以及在建筑底部高台基处设置独立入口的做法,体现出伊瑞克提翁神庙灵活的建筑风格。

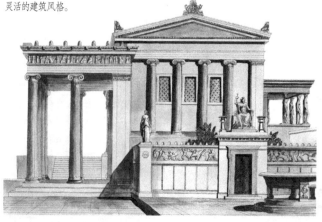

的直线不过是建筑师们凭借着超人的技艺和非凡的判断力,通过对人眼视差的估算进行巧妙弥补后的结果。

神庙外部环绕一圈的廊柱,同时略向建筑中心和各边的中心倾斜,四边角柱不仅被加粗,柱间距也被缩小。与柱子相配合,额枋和台基也都向中部略微隆起,建筑檐部并没有一般多立克建筑中的檐部那样厚重。除了各组成部分的这种不易被人们察觉的设置之外,还有一些更隐蔽的比例设置,如柱底径与标准柱轴间距之间,台基宽度与长度之间,立面的高度与宽度之间的比值都是4:9。而在此之外,柱子、平面、内部等各部分间,也都存在着一定的比例关系。这些各部分之间、部分与总体之间密切的比例关系,将整个神庙建筑凝聚成协调的统一体,由此营造出一种庄严而不显厚重、雄伟但不封闭的建筑形象。

在整座帕提农神庙中最令世人赞叹的是它那无与伦比的雕塑艺术。神庙中最突出的

是两座雕刻于公元前438~前432年间的山花(Pediment)。这两座山花以雕塑的方式向我们展示了两个古希腊神话故事。其中西山墙山花雕塑的是雅典娜(Athena)女神与海神波塞冬之间的对峙情景,东山墙山花雕刻着雅典娜从宙斯眉宇间诞生的瞬间。此外,在建筑外墙的额枋上,环绕建筑雕刻一圈在泛雅典娜节上诸神明与雅典娜在庆典上的情景。在这一组浮雕中雕刻了将近600个各具形态的人物造型,如翔实的史诗向人们展现了古希腊人的节庆场面。

卫城上另一座主要建筑伊瑞克提翁神庙(Erechtheion)位于帕提农神庙北面,是一座敬献给希腊先祖的神庙,而且也是传说中雅典娜与波塞冬争夺雅典保护权的圣地。

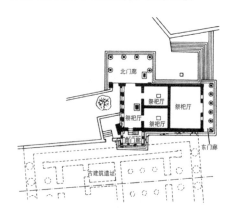

在伊瑞克提翁神殿中供奉着雅典娜与波塞冬两位神明,这两位神明为了能够获得雅典城的守护神资格,进行了一场法力比试。波塞冬用他的兵器三叉戟(Trident)击打着雅典象征海上权力的海水,结果海水从岩石中喷涌而出;而雅典娜则用她的兵器长枪击打象征雅典土地的地面,结果生长出一棵枝繁叶茂的橄榄树(Olive Tree)。由此奥林匹斯山的众神明做出一致的判定,雅典娜对于雅典城的作用更大,所以便将雅典城赠予了雅典娜。

伊瑞克提翁神庙比帕提农神庙的面积要小得多,大概只相当于帕提农神庙的1/3,而且由于神庙建在一处地理断裂带上,因此由主体长方形平面的神庙与设置在建筑西端南北两侧的两个柱廊构成。主体建

筑只在东侧入口设置有一个六柱门廊,两侧实墙面没有柱廊,南立面则采用壁柱配长窗形式。神庙西端北侧的门廊在平面上低于神庙主体建筑,采用高大的爱奥尼式柱廊,西端南侧面对帕提农神庙的一侧,则是著名的女像柱(Caryatid)廊部分。

由于地势变化而使伊瑞克提翁神庙具有东、西两个门廊,也同时具有东西两个独立的内部空间。东部经由东立面进入的空间形式较简单,而西部通过西北门廊转向进入的室内则相对复杂,它由一间外室与两间内室构成。由于伊瑞克提翁神庙在后期曾经被大规模改建,因此关于神庙内真实的空间及功能分布,直到现在还是一个具有争议的问题。

伊瑞克提翁神庙最引人注目的,是西南部设置的女像柱廊部分。女像柱廊平面为长方形,由六尊古希腊女神像构成,其中正立面四尊、左右各一尊。四尊女像柱都被统一雕刻成头顶花篮身披长袍的少女形象,与承重柱的功能性相配合,六尊少女像被左右分为两组,一组少女微屈左膝,另一组少女微屈右膝,仿佛是因为头顶檐部劳累暂时休息的样子。而少女头顶的花篮,则正好与柱顶盘一起,形成良好的过渡。伊瑞克提翁神庙中的六尊栩栩如生的女像柱形式,不仅形象优美,而且向世人展现了一种全新的柱式与优雅建筑形象。

在卫城圣地中,除了几座主体建筑之外,在山门入口处还曾经矗立着高大的雅典娜雕像,而在帕提农神庙与伊瑞克提翁

神庙周围,则分布着一些不同时期兴建的神庙与附属建筑,用于储藏、放置神像和供圣职人员居住等。

在几座主要的神庙建筑中,柱头和建筑檐部都设置有一些隐蔽的铜针。据有关史料记载,这些铜针很有可能是为了在节日期间悬挂装饰用花环和装饰物的。根据当时的一些记叙文字显示,这些神庙建筑很可能延续了早期克里特米诺斯文明的传统,其外部都被覆以艳丽的色彩装饰过。虽然人们无法理解古希腊人为何要用现代人看来十足俗气的色彩来装饰神庙,而不是任其显示纯白的本色,但毫无疑问的是,当年的卫城是一座充满热烈、高昂氛围的建筑,而非像现在人们看到的那样,孤傲地屹立于山巅与蓝天之间。

雅典卫城的神庙建筑群,基本上涵盖了古希腊建筑的一些突出特色与建筑文化的精髓。帕提农神庙的环廊式建筑造型,柱式、细部与整体上所蕴含的严密数理关

女像柱廊立面与侧立面

女像柱廊位于伊瑞克提翁神庙的南部,六尊女像柱正好面朝着帕提农神庙,为了与底部精美的女神像相配合,建筑的基座和檐部也都有精美的雕刻装饰。

雅典卫城想象复原图

卫城中的神庙建筑之间,是宽敞、连通的圣路或广场,以便在节庆日时供大量朝圣者通行。

系，以及精确的雕刻手法，都成为此后希腊神庙以及后世神庙建筑所遵循的规则。可以说，古希腊人通过一座建筑不仅体现出他们高超的建造技能，还体现出他们严谨的设计态度和严格、规范化的建筑思维。但希腊人又不是僵死地严守规则，卫城山门和伊瑞克提翁神庙在非理想基址上对建筑、柱式等组成部分进行的灵活变化，又表现了希腊建筑灵活和富于创造性的一面。除此之外，建筑与精美雕刻装饰的结合，也使建筑具有了一种浓郁的艺术气质，这也成为古希腊建筑能够在千百年中深深吸引人们的重要原因。

总之，雅典卫城建筑群，不仅是一个富于传奇性的希腊圣地，也是一部复杂深奥的古希腊建筑教科书，它为整个西方古典建筑的发展指明了方向。

第五节
希腊化时期多种建筑形式的发展

伯里克利领导的希腊城邦时期，也是古希腊文明各方面发展最为兴盛的时期，各城邦除了兴建城邦实力与荣誉象征的卫城及神庙建筑之外，各种公共建筑类型和世俗建筑也在蓬勃发展之中。

古希腊城邦制后期和希腊化时期，专政政权逐渐取代了民主体制，因此建筑的服务对象从城邦民众转化为少数上层人士，因此造成世俗性建筑的兴起和神庙建筑的衰落。同时，一些在早期就已经存在的建筑形式，也随着建筑经验的积累和外来建筑风格的引入而出现了变化，并且逐渐形成了新的建筑规则。

亚历山大大帝在埃及兴建的新城亚历山大里亚，虽然远离希腊文明发展的本土，但却对此后希腊文明区建筑的发展产生了很大的影响。在这种新的城市中，神庙和卫城圣地的主体地位表现得不太明显，而会堂、剧院、浴场、市场、图书馆和学院等新建筑形式却层出不穷，并逐渐成为城市建筑中最吸引人的部分。

在建筑中变化最大的是柱式。柱式只在希腊本土应用的地区化特色被打破，各种柱式开始在希腊以外的每个地区通行，并在不同地区呈现出略微的变化与不同。粗犷、坚毅风格的多立克柱式逐渐不被用于单体建筑中，因为这种柱式太过简约，多立克柱式粗壮的柱子形象和沉重的檐部也使建筑基调变得沉重，与此时人们对新颖、

雅典卫城下的广场

位于通向卫城的圣路边上的广场，最早是一些带柱廊的权力建筑围合而成的，后来也成为全城人聚集的场地，早期的一些戏剧祭祀活动就在此举行。

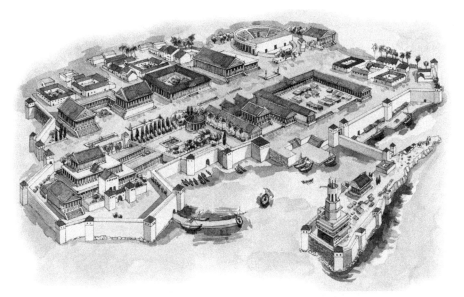

亚历山大里亚城市
想象复原图

位于非洲东北部、尼罗河与地中海入海口附近的亚历山大里亚，是一座按照古希腊思想建造的城市，但亚历山大里亚城中并没有建造卫城，它与诸如雅典那样的希腊本土城市相比显得更规整。

精致建筑形象的审美观不一致，因此多立克柱式逐渐变成了一种柱廊专用的柱式。爱奥尼和科林斯柱式则以其高挑、优雅的形象广受欢迎，尤其是制作简单又极具表现力的爱奥尼柱式，被人们用在各种类型的建筑中。

除了柱式使用上的变化之外，另一种重要的改变是壁柱（Pilaster）形式的出现与普遍应用。希腊化时期的许多建筑都逐渐抛弃了围廊式的建筑形式，转而直接采用实墙面承重，但为了与传统相呼应，因此多采用壁柱形式。

壁柱早在公元前6世纪末的希腊文明时期就已经出现，但当时使用得很少，而且多用在室内作为装饰出现。到了希腊化时期，壁柱不仅很快被用在建筑外部，而且还普及到各种建筑、大门的装饰之中，有时还被涂以色彩，以强化其装饰作用。

希腊化时期的建筑理论家赫尔莫格涅斯（Hermogenes）总结出一套较为规则的爱奥尼柱式比例规则，对柱子的底径、高度、柱间距等组成部分之间的比例尺度进行了重新调整。赫尔莫格涅斯总结的这套比例关系体系最大的特点，是在石结构允许的情况下按照柱间距的宽窄将采用不同柱间距的神庙分为了多种形式。这套新的比例规则和单层柱廊与墙壁的组合形式在此后

被固定下来，并且对古罗马时期的建筑发展起到了较大的影响。

希腊化时期的神庙建筑虽然在很大程度上都继承了早期雅典卫城的建筑模式，多采用围廊式建造而成，但此时的各种神庙建筑已经不再像早期神庙那样谨守规则，在柱础、柱头、檐部等部位的雕刻装饰、三垄板的设置以及不同部位的尺度搭配等方面，都显示出一种更灵活和自由的设置倾向。因为这些不完全按照传统建筑规则兴建起来的神庙，不再像之前那样被作为

阿伽门农柱式

图示为古希腊早期迈锡尼文明时期墓穴中发现的柱子，可以明显看到此时的柱子已经形成与后期相仿的柱式形象，而且柱身与柱头的装饰并不相同，突出了两个建筑部件的变化。

奥林匹亚宙斯圣地想象复原图

建于平原区的宙斯圣地，是古希腊最著名的圣地之一。整个圣地平面约为方形，四周有围墙围合，圣地以基址中心的宙斯神庙为主，其他神庙和附属建筑集中在圣地的北部和东部。世俗建筑和祭司建筑则位于圣地围墙之外。

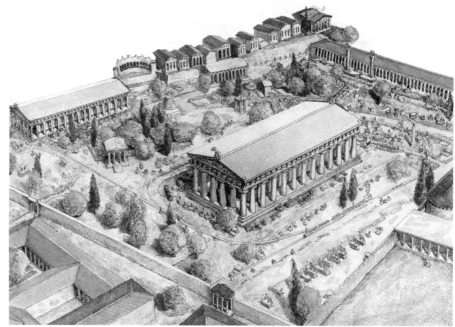

城邦的荣誉而被兴建，而更多的是出于一种权力与财富的炫耀而建造，因此更自由的比例、构图与更多的装饰的出现，也就成了必然的发展趋势。

在希腊化时期，神庙除了展现出世俗化倾向之外，也不再是惟一的建造重点，更多世俗性质的建筑被兴建起来，其中以剧场和体育场最具代表性。剧场和体育场这类公共建筑的大量出现，也是文化娱乐生活加强的表现之一。所以这两种建筑逐渐被人们所重视，就是世俗生活取代神祭生活成为社会生活重点的反应。

希腊人创造了音乐剧、喜剧、悲剧、滑稽剧等。狄俄尼索斯（Dionysus）是象征着丰收和葡萄酒的神，也是戏剧之神，狄俄尼索斯酒神节（Bacchanalia）是为了向狄俄尼索斯表示敬意而每年举行的两个宗教节日中更为重要的一个节日。公元前534年，雅典大狄俄尼索斯酒神节期间上演了希腊的第一场悲剧，它的创作者是诗人、悲剧创始人——忒斯庇斯（Thespis）。

古希腊的戏剧和体育竞技活动都始自宗教活动中的祭祀仪式，但二者都逐渐从宗教节日的祭祀活动中分离出来，形成了极具独立性的文化娱乐活动。

体育场（Stadium）中的比赛作为古希腊一项历史悠久的活动项目，最初只有赛跑一项竞技项目，后来才逐渐加入了掷铁饼、格斗等其他项目。在长时期的发展过程中，古希腊体育场的形制变化不大。它一般是一块平整而狭长的矩形场地，一端抹圆。早期考虑到观众的观赏需要，体育场多建在山脚下，以便顺着山坡开凿出一面阶梯形的观赏席。到了后期，体育场在另一面的平地上对称堆叠出阶梯形的观众席，在矩形与抹圆相对的一另一端设置带拱顶的起跑门。再之后，体育场在观众席中开辟出了供贵客单独使用的观赏间，而且建筑规模也日渐扩大。总之，体育场的建筑形制没有太大变化，它同时被作为体育比赛场和赛马场使用。

与体育场相比，剧场建筑的变化更明显一些，它的建筑形制在希腊化时期发展成熟。希腊的气候十分适合人们在室外活动，剧场也建在室外。剧场最初的功能是进行合唱和表演舞蹈的地方，因此规模较小，到了后来剧场成为表演喜剧和悲剧的主要场所。随着观众数量的增加，其建筑规模也逐渐扩大。所有的剧场均设计成露天的形式，剧场也同体育场一样都是建造

古希腊人从很早
就已经开始掌握拱券
结构的砌筑方法，但
拱券结构只被小范围
地应用，并未像梁柱
结构那样成为主流建
筑结构。

在小山的山脚下，座位一排排地开凿于山体的斜坡之上，剧场底部中央用于表演舞蹈的地方视观众席的形状而定，大多数情况是圆形的。

此后人们开始在山脚下的平台后兴建另外的高平台作为表演用的舞台，这样设计的目的是为了便于观众们更好地观看表演，而在表演平台之后，则多兴建柱廊作为背景墙。至希腊化时期，露天剧场的建筑规模扩大，其建筑形制也逐渐固定下来。由于古希腊戏剧最早是作为酒神祭祀活动而举行，所以剧场往往还与酒神庙组合建在一起。

位于雅典卫城山下酒神圣地的狄俄尼索斯剧场和埃比道拉斯地区的剧场，是现在保存最好的两座古希腊剧场，其建筑形制也差不多，都由靠山开凿的阶梯观众席与底部圆形的表演席、表演席后带柱廊背景墙的舞台构成。狄俄尼索斯剧场有78排座位席，最多可容纳约1.8万观众，埃比道拉斯剧场有55排座位席，最多可容纳约1.2万名观众。两座剧场的座位席除了纵向有放射形过道之外，横向也通过弧形通道隔开，以利观众的疏散。观众席大都是简单的阶梯形式，但前排有雕刻精美的石坐凳区，显然是剧场的贵宾席位。

埃比道拉斯剧场

埃比道拉斯剧场
约建于公元前4世纪
后期，是现今保存比
较完好的古希腊时期
的剧场建筑，而且可
能曾经有一座罕见的
圆形舞台。

好运别墅

位于奥林索斯的住宅区大约在公元前5世纪之后兴建而成，这个居住区中的房屋都经过统一布局规划，每座住宅如图示这样，所有建筑空间围绕有家族祭坛的庭院而建，一些重要的房间还有精美的马赛克铺地装饰。

宙斯祭坛

祭坛本是神庙的一种附属建筑，希腊化时期则逐渐演变成一种独立的大型纪念性建筑。图示位于帕加马的宙斯祭坛，是古希腊时期最著名的一座祭坛建筑。

演出区域通过石栏墙或排水沟与观众席分开，舞台和柱廊背景墙已经成为统一的建筑形式。高大的背景墙不仅起到烘托戏剧演出的目的，它的独特设置还与观众席底部掏空的座位及特别放置的共鸣器相配合，组成原始而有效的音响系统。

除了各种活动建筑之外，此时随着各地在文化、建筑和商业贸易等方面的交流日渐加强，大型城市开始出现。作为城市日常公共生活中心的广场建筑和普通市民住宅建筑的形制也逐渐固定下来。

广场（Square）多位于城市中心区，作为城市之中社会活动与商业活动的中心，广场可能由柱廊围绕，也可能是由诸多建筑自发围合而成。广场内部通常建有许多重要功能的建筑，例如议院、行政办公室、敞廊（人们用来躲避风雨的地方）和浴场等。

在古希腊后期，城市广场中还经常兴建一些纪念性的建筑，其中以奖杯亭和祭坛（Altar）最具代表性。奖杯亭是一种小型的纪念性建筑，基本建筑模式是一段立在方形台基上的圆柱体上设一个石头的屋顶。方形台基除了石材贴面外一般不加装饰，上部的实心圆柱体则加科林斯壁柱装饰。在奖杯亭的上部依照建筑的额枋形式建造，并雕刻华丽、细密的装饰图案，最后以卷草形的尖顶结束。这种奖杯亭多是为了纪念荣誉事件而建，是一种颇具观赏性的小型纪念建筑。

希腊化时期产生的了一种全新样式的大型纪念性建筑——祭坛。位于帕加玛（Pergamon）城卫城上兴建的宙斯祭坛，是古希腊文明时期最大规模的祭坛建筑，这座祭坛主体建筑平面呈"凹"字形，宽大的阶梯填补建筑平面上的缺失部分。祭坛实际上是建在高大台基上的柱廊，并在建筑中部建有祭台，是一种开敞的建筑形式。

此时祭坛建筑追求庞大、华丽的建筑效果，因此忽略了早期建筑对协调比例关系的遵守，底部的基座往往过于高大，而上部的柱廊则相对显得矮小。基座上以高浮雕的形式满饰雕刻装饰，因此无论建筑重点还是人们的视觉重点都集中在下部，整体建筑略显沉重。

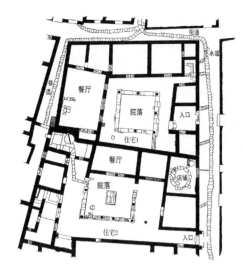

除了城市中心的广场建筑群之外，古希腊后期的城市规划及城市建筑都显示出很强的规划性与统一性。城市内基本形成了网格形式的布局。除了城市中心广场的纪念性建筑区和圣地卫城之外，城市其他部分也开始按照功能分为不同的区域，而这个分区的标准是自然按照贫富两级形成的。

城市住宅区（Residential Area）最早都是按照统一的尺度进行规划的，因此平民区（Civilian Area）的住宅都呈现出统一的面积与相似的以柱廊院为中心设置的各个使用空间。而在富人居住区，由于多采用三合院、四合院等庞大的合院形式，因此往往一座富人府宅就能够占据一个街区的

面积，而且往往还采用多层建筑的形式。

在希腊城市的民宅中，柱廊被很普遍地使用。人们在门口建立了一个不是十分宽阔的通道。在通道的两侧分别建有门房和马棚。内眷室建在一个有三面柱廊的围柱式院落里，这里有一个宽大的正厅，在这个正厅里设置了专门供主妇和纺织妇女们使用的座位。正厅的前方有一个凹间，凹间的左右两侧分别是两间卧室。另外，卧室、日用餐厅和奴仆室还分别用柱廊围绕起来。

穿堂屋连接的是一个十分宽大和华丽的围柱式院落，在这个院落里，四周的柱廊高度均是相同的（也有一些南面的柱子高出其他三面的形式）。在这种院落中有着专门供主人及贵宾们使用的出入口和装饰异常华丽的门厅。这座院落是一个属于男人们专享的地方，而这样的设计也将建筑内部分为对外接待区与对内生活区两部分。

希腊富人住宅的建筑格局大体上是：在东面的位置上建筑图书室，南面是方形的正厅，这间正厅是专供男子们集会的场所。西面是欢聚室，北面是餐厅和画廊。在整个围柱式院落中所有的柱廊均是用白色的灰浆、普通灰浆、木造顶棚来进行装饰的。

希腊化时期，是古希腊建筑发展后期的成熟阶段，同时也是逐渐吸纳外来建筑

提洛岛城市居民区平面

由纵横道路分割的城市中的居住区，很可能也经过统一的规划而建，因为在这些大面积居住区中的建筑无论平面还是布局都十分相似。

城市中的大型住宅

城市中的大型住宅是由多座带庭院的小型住宅串联起来得到的，大型住宅可以有多个庭院，这些庭院按照对内和对外服务对象的不同区分开来，相互之间另有通道相连。

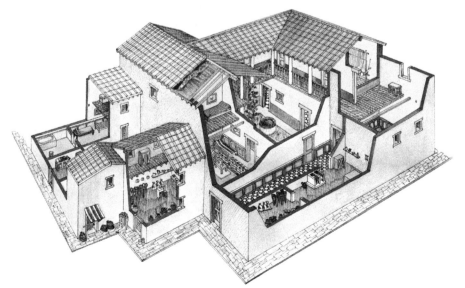

阿塔罗斯柱廊复原建筑

这座外层采用带凹槽的多立克柱式，内层采用光滑柱身的爱奥尼柱式兴建的沿廊式建筑，是古希腊文明后期在雅典城兴建的一座商业市场，呈现出此时自由的建筑风貌。

阿斯克勒庇俄斯圣地

希腊化时期的建筑吸收了更多其他地区的建筑特色，如这座圣地中的主体神庙建筑，就明显是模仿古罗马万神庙的样式修建而成。

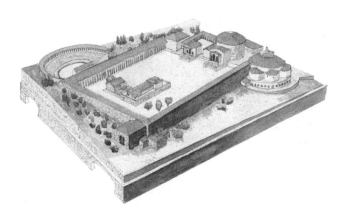

文化的异质化发展阶段。在希腊化时期，古希腊主要的神庙、广场、住宅、剧场和体育场等建筑形式在长久的历史发展中逐渐成熟。包括广场、音乐厅（Concert Hall）和其他纪念性建筑等新形式也在结合古希腊建筑传统的基础上发展，最终为古希腊灿烂建筑文化的发展画上了圆满的句号。

总而言之，古希腊建筑造型的典型特点是建筑通常以带有屋山的一面作为正立面，而屋面的两侧则为侧立面。建筑下面有基座，建筑的正立面设置柱廊，柱廊之上是额枋和山花，山花内常常安排一些雕塑。建筑的屋顶为平缓的人字坡屋顶，以木构架作为房顶的支撑方式，建筑的基座和墙体以石头为材料。许多建筑都设置有四面回廊。建筑的内部采光不好，但建筑的外部却拥有雕塑般的层次和厚重感。古希腊建筑给人的视觉形象是高贵、典雅、庄重、沉稳。由于希腊终年气候温暖，因而希腊建筑在很大程度上是供人们从外部来欣赏的。

古希腊时期形成的建筑类型和各种建筑规则，在很大程度上都被古罗马人所沿袭下来，不同的是古罗马更注重营造建筑的实用性空间。此后，古希腊建筑规则连同古罗马的建筑经验一起，成为欧洲各地区建筑发展的基础。因此可说，古希腊建筑是欧洲建筑重要的发展源头之一。古希腊时期创立的许多建筑规则和建筑样式，直到现在仍被人们所使用，如现代的体育场建筑，就完全是古希腊运动场的翻版。

古希腊人在哲学、数学等文化领域获得了极高的成就，晴朗的地中海气候也造就古希腊人开朗、乐观的性格，而完整的神学崇拜体系的确立，则使古希腊人的思想和生活极富浪漫主义气息。作为综合艺术的古希腊建筑，吸收了古希腊文明的种种特色，在严谨、精确的比例关系中表现出高雅的情趣，同时又以庞大的气势和精美的雕刻让人叹为观止。

第四章　罗马建筑

第一节　综述

关于古罗马的诞生，有一个著名的故事：传说战神马尔斯（Mars）和努米托尔（Numitor）国王的女儿瑞亚·西尔维亚（Rhea Silvia）有一对孪生子名叫罗慕洛斯（Romulus）和瑞慕斯（Remus）。努米托尔的兄弟阿姆里乌斯（Amulius）在谋夺王位后为了确保其王位的稳固，便将前国王努米托尔的两个外孙罗慕洛斯和瑞慕斯放进了一个篮子里顺台伯河（Tiber）漂流，企图杀害他们。恰好这时候有一头母狼将他

们救起并哺以他们狼乳，兄弟俩长大成人并得知了自己的身世之后便将阿姆里乌斯杀死。这个故事一直流传至今，成为罗马城创建的起因。

以意大利半岛为起源中心的古罗马文明大约在公元前753年进入奴隶制(Slavery)的王国发展时期，此后大约在公元前5世纪建立自由民（Free Citizens）的共和政体（Republic），此后开始不断地对外扩张阶段。古罗马在大约公元前30年进入帝国政

维爱神殿想象复原图

作为伊特鲁里亚文明的代表性建筑，这座神庙也向人们展示了罗马神庙建筑的雏形，古罗马时期的神庙就是这种早期神殿建筑与希腊围廊式神庙的组合。

卡拉卡拉浴场想象复原图

卡拉卡拉浴场的布局与结构,都是按照传统的罗马公共浴场布局兴建的,不同的是这座浴场的建筑规模庞大,在浴室周围加入了体育场、图书馆等更多服务和娱乐功能的空间,并以豪华的镶嵌装饰和众多的大型雕像而闻名。

古罗马拱券

古罗马大型建筑中的拱券大都采用三合土浇筑而成,最后再在结构层外另加入大理石板或马赛克镶嵌装饰,形成色彩斑斓的室内景象。

体(Empire)阶段,并在随后的 1~3 世纪发展至鼎盛,成为横跨欧亚的大帝国,而且在以罗马为中心的帝国各行省(Roman Provinces)都进行大规模的建筑兴建工作,创造了辉煌的古罗马建筑文明。4 世纪之后,强大的罗马帝国逐渐衰败,不仅分裂为东、西两大帝国,还以 5 世纪西罗马的灭亡为标志,结束了古罗马帝国的辉煌发展历史。

古罗马人的建筑主要承袭来自古希腊人的建筑传统,并加入了本土早期伊特鲁里亚文明(Etruria Civilization)的一些建筑特色,但在古希腊时期被普遍使用的梁柱结构在古罗马时期被拱券(Arch)结构所取代。因为古罗马人发现了一种类似现代水泥的火山灰(Volcanic Ash),将这种火山灰与砖、石等骨料加水搅拌后形成一种被称为三合土的材料,可以用来砌筑各种样式的墙体和拱券,而且待这种混合料干透后会自然形成坚固无比的建筑材料。

拱券结构与这种浇筑技术(Teeming Technology)相结合的建造方式,也是古罗马时期建筑的最突出特色。由于浇筑拱券结构在操作上比雕琢石染更简单,而且可以营造出跨度更大的室内空间,再加上古罗马时期的建筑得以大批奴隶来成,在

皮鞭驱动下的奴隶可以从事大规模的营造任务,因此古罗马建筑形成了规模庞大的特色。但也是由于采用浇筑拱券技术,建筑由不得不做苦力的大批奴隶建成,所以古罗马规模大、施工快的一面掩盖了建筑粗糙和没有细部处理的一面。建筑中的雕刻装饰比古希腊建筑大大减少,而且已经不再是主要的装饰形式,而另一种以彩色大理石或马赛克(Mosaic)拼贴的装饰,由于可以快速施工,则成为最常被采用的形式。

由于不断的对外征战和殖民,使得古罗马的经济脱离了以农业为主的发展模式,而形成以城市生活为主的经济和文化发展模式。这种特点也使得古罗马帝国范围内的主

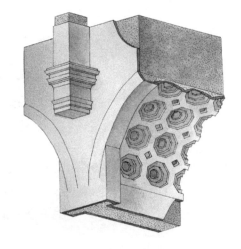

要建筑成就都集中于城市中，并且以为城市居民服务的世俗建筑为主要构成内容。同时，这种密集地区的建筑活动也因为人力、物力和财力的集中而变得更加庞大和辉煌。

除了城市中的单体建筑之外，城市经济生活的确立也使城市的整体规划思想在古罗马时期得到了更深入的发展。位于偏远山区或城防城市的布局相比大城市要规则一些，因为这些城市多是在古希腊网格形（Grid）的城市规划基础上兴建而成的，而且由于城市规模较小，人口有限，因此基本上能够保持原有的规划。但在大城市，尤其是罗马城中，这种早期规划已经踪迹全无。罗马城作为强盛的罗马大帝国的首都，不仅人口众多，而且吸引着来自帝国各行省的大量求学者、参观者和工匠等各色人员。因此，虽然古罗马城的规模一再扩充，但城市中的建筑用地依旧紧张。

古罗马帝国时期繁荣城市以古罗马城为代表，呈现出几大特点。城市中无论建筑如何密集，都以广场为中心，这种城市广场在共和时期是开敞的，但到帝国时期则变成封闭的。

像现代的大都市一样，古罗马城到处都挤满了建筑。除了大型的剧场、浴场、比赛场、城市广场和贵族府邸区之外，平民区的建筑密密麻麻地填满了街道之间的空地，只留出狭窄的过道。城市中的建筑采用多层造型的形式，以便形成分租公寓以满足更多人的需要。住宅建筑常常围绕中间的天井建造，但通风、采光和卫生条件极差，为此有钱人都选择到罗马城外的郊区另购土地建造别墅居住。

由于城市建筑，尤其是平民区的建筑过高、过于密集，所以在治安、卫生、防火等方面频发问题。这种现象在帝国的各个时期都会发生，其中最严重的一次大约是在公元64年尼禄皇帝（Emperor Nero）统治时期，罗马的大火摧毁了大半个罗马城。有多位古罗马帝王都曾下达规范城市住宅的法令，对住宅的层数、高度和街道尺度做出严格规定，以防止此类悲剧的发生，但人多地少的城市境况如此，每次的法令都没能对改善城市居住环境有实质性的帮助。

除了居住状况不尽如人意之外，古罗马人的日常生活是十分美好的，因为城市中兴建了大量的浴场（Thermae）、斗兽场（Colosseum）、竞技场（Arena）和剧场作为供人们消遣的去处。帝国时期的历代统治者，都深知自由民对战争和维护政权的重

古罗马贵族庭院局部

古罗马时期的贵族建筑也多以围合敞廊的庭院为中心，但围合敞廊的不再是希腊式的柱子，而是变成了带有希腊式山花装饰的拱券廊形式。

万神庙内景

这是一幅18世纪中期时绘制的油画，表现了万神庙内部令人震撼的景象。在18世纪新古典主义建筑风潮兴起的时期，万神庙被作为古罗马时期最独特的建筑而吸引了大批参观者。

要意义，于是不仅赋予自由民很优厚的国家福利，还兴建各种享乐建筑供人们消遣。在罗马，人在现世的享乐代替了敬神带给人的愉悦。因此，神庙建筑虽然也有所兴建，却已经不再像古希腊时期那样是国家主要的建造项目，但也有政府主持的神庙营造计划，譬如哈德良（Hadrian）皇帝主持修建的罗马万神庙（Roman Pantheon）。

万神庙是一座用来供奉罗马神和包括奥古斯都（Augustus）在内的古罗马先贤的庙宇。但这座神庙完全颠覆了希腊式神庙

的形象，是一座将古罗马原始混凝土浇筑技术与半球形穹顶（Hemispherical Dome）的新建筑形式相结合的产物。

除了享乐建筑和为帝王歌功颂德的神庙和供人娱乐的大型剧场、浴场以外，古罗马帝国还兴建了许多大型的公共基础服务工程。在各种公共基础建筑项目中，尤其以输水管道（Roman Aqueduct）和帝国道路网（Roman Road Network）的建设最为引人注目。为了解决庞大城市人口的用水问题，包括罗马城在内的许多古罗马城市都

建造大型输水管道，从城市附近的水源地向城市输送清洁的居民用水。这种输水管往往是高架连拱桥与水道的结合工程，不仅要穿越山岭、河流和道路，还要将水输送到城市中的各地区，其工程量十分巨大。

除了输水管道之外，为了方便帝国内部的沟通，古罗马人还修建了以罗马城为中心的通向帝国各行省的密集道路网。与这条四通八达的道路网一同修建的还有驿站（Inn）、路程标记（Sign）、桥梁等，道路的路面由多层碎石铺设，并且在道路两旁设排水沟（Drainage Diteh），其设计与施工均十分精良，有些道路甚至直到现在仍被人们所使用。

在人类古代建筑发展史中，古罗马文明缔造了诸多的第一：第一个如此注重基础公共设施建造的古代文明；第一个创造出多种建筑类型，并且在各个建筑类型领域都取得较高成就的古代文明；第一个将世俗和公共建筑的规模扩展到如此之大规模的文明。古代希腊和罗马建筑是西方建筑传统的两大源头，如果说古希腊建筑为西方建筑的发展奠定了形制和结构基础的话，那么古罗马建筑则在建筑类型、建造结构、方法和装饰、设计与施工、城市规划等各个方面都为之后建筑的发展积累了经验。

古罗马水道桥

古罗马时期在帝国各地修建的水道桥，为各大人口聚集的城市提供充足的日常用水，许多水道桥在古罗马帝国灭亡后还长时间地被人们使用。

第二节
柱式的完善与纪念性建筑的发展

罗马的地质与希腊的地质有所不同，因此人们可以获得的建筑材料也有所不同。在希腊的建筑中只有一种建筑材料——大理石（Marble），而罗马的建筑材料除大理石之外、还有许多种石料（Rock）、砖料（Brick）和火山石（Volcanic Stone）。

在诸多的建筑材料中有一种由火山灰与石灰混合在一起而形成的坚硬、有黏性的三合土，这种极为坚硬的建筑材料，罗马人称之为"人造大石块"（La Construction Monolithe Artificielle）。但这种"人造大石块"砌成的墙面十分粗糙，于是罗马人又在它的外面加上了一层以形状大小较一致的石块或是砖块组成的墙面装饰。

在公元前1世纪的中叶，墙面采用了小立方石块来进行装饰，因为这么做会使墙面石块排列得更加整齐和规则。由于这种由人工砌成的石块不但造价便宜、简单

古罗马墙体砌筑形式

图示为四种古罗马时期墙体的砌筑方法，其总体特点是先利用砂石与三合土混合浇筑墙体，再在墙体外部镶嵌不同的饰面。

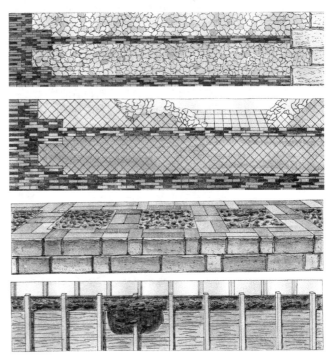

带壁柱的拱券及平面示意图

由于主要采用浇筑式墙体和拱券结构，柱式从承重构件转化成为一种墙面装饰，因此多立克柱式也逐渐被更富装饰性的爱奥尼和科林斯柱式取代。

综合式壁柱细部

华丽的综合式壁柱，是古罗马建筑中使用最多的一种装饰壁柱，为了增加装饰性，这种壁柱多采用1/2或更多柱身露出墙面的形式，柱头上的花式变化也较为灵活。

而且进行建筑的工人也并不需要什么专业的技术，所以在整个罗马建筑中全部都采用了这种三合土的建筑材料，这样全国的建筑也因此形成了较为统一的建筑结构形式。

但也是由于三合土和拱券结构的大范围应用，使建筑在结构和空间上都获得了更大程度的解放。此时，古希腊传统的梁柱（Architrave and Column）建筑形式不再是主要的建筑方式，但希腊的柱式体系却被保留了下来，而且被与罗马的建筑形制相结合，又创造出一套新的柱式与比例尺度使用规则。

首先，古罗马人在古希腊原有三种柱式的基础上又创造出了两种新的柱式，一种是结合古罗马本土早期伊特鲁里亚建筑柱子形式而形成的塔司干（Tuscan）柱式，另一种是在科林斯柱式基础上发展形成的混合（Composite）柱式。塔司干柱式本来是伊特鲁里亚式的一种传统柱式，但被罗马人加以变形，加入了更多古希腊柱式的形象处理，因此形成了一种全新的简约柱子形式。而混合柱式的出现则是强大的罗马帝国内部追求享乐、奢华风气的表现之一。混合柱式是将爱奥尼柱式的涡卷与科林斯柱式的莨苕叶相结合后，形成的华丽柱子形式，也是一种最富于装饰特色的柱式。

至此，被后世广为使用的古典建筑五柱式全部产生，罗马人又赋予了这些柱式全新的比例规则。塔司干柱式的柱身无凹槽、柱头无装饰，而且柱头与上部额枋之间没有柱顶石过渡，檐板上也没有雕刻装饰。塔司干柱式的底径与高度比为1：7，是五种柱式中最为粗壮和简约的柱式，其风格质朴、粗犷，审美观点认为是一种坚固的承重柱式。

多立克柱式的比例相比古希腊时期被拉大，柱底径与柱高之比为1：8，柱身刻有20条凹槽，且凹槽之间的锐尖角变成了圆滑的弧线形式。柱头的檐部也因雕刻上的变化而呈现出两种不同的样式。

爱奥尼柱式底径与柱高的比例相应拉长到1：9，柱身采用24条凹槽，整个柱子的形象显得更加轻盈。科林斯柱式与混合柱式的底径与柱高之比都是1：10，混合柱式的柱身设置与科林斯柱式相同，但柱头是科林斯莨苕叶饰与爱奥尼双涡饰的结合。两种柱式柱头上的莨苕叶由多层相错的叶片构成，而且在早期这种叶片形象突出而且肥厚，显然是为了加强装饰效果的设置，但结果反而令柱头显得更矮，影响了协调的比例。

同古希腊时期柱式的应用具有一定程度的灵活性一样，古罗马五种柱式的比例尺度与设置、搭配标准并不是固定不变的，人们在具体的建筑项目中会依照建筑造型在这些柱式基本的比例关系上进行更多的变化。更重要的是，由于古罗马建筑多采用三合土浇筑的墙体和拱券作为主要承重部分，因此大多数柱子在建筑中的承重功能被取代，变成了一种装饰。在这种情况下，柱式不再像古希腊时期那样以单层建筑中的独立应用为主，而变成了以多层建筑中的组合应用为主，并形成了柱式组合使用规范。

这种柱式的组合使用规范，也是根据柱子本身的形象特征制定的，即在多层建筑中使用的柱子，要按照从底层向上层逐渐纤细、华丽的顺序规则使用，即柱子从底层到上层的分布应该按照塔司干、多立克、爱奥尼、科林斯和混合柱式的规则使用，底层柱式总要比上层柱式简洁。这一柱式使用的顺序，也在此后成为柱式使用规则的一部分。

由于柱子不再是建筑中主要的承重部件，因此它除了作为建筑中主要的装饰部分出现之外，还被大量地应用于建造柱廊。各种用柱廊围合的广场建筑是古罗马时期的一种常见的建筑组群形式，既有共和时期神庙建筑中开敞的柱廊广场形式，也有帝国时期封闭的柱廊形式。

开敞的广场是古罗马共和制时期公共建筑的重要形式，它不仅是城市的地理中心，也是城市的权力中心。古罗马共和时期的广场是多条道路的汇集点，在广场上建有凯旋门（Triumphal Arch）、执政官（Archon）

和守护神（Patron Saint）的雕像并设置宣讲台。广场周围则围绕着修建有元老院（Senate）、灶神庙（Temple of Vesta）、宫殿和存放国家档案与财富的神庙建筑。广场开敞的形式和与道路相通的建筑特点，方便人们从四面聚集而来倾听元老院新近发布的政令，而宣讲台即是公民们对新政令进行评论的舞台。围绕广场的建筑底层多采用柱廊形式，这种灰色空间一方面可以缓和建筑的坚硬之感，另一方面也为人们提供遮阳、避雨和谈话的场所。

古罗马时期虽然在希腊神学体系基础上也建立了一套完整的神家族崇拜偶像体系，但古罗马人并不像希腊人那样敬视神。相对希腊人，古罗马人更实际，他们主要祭祀的只有对外保佑征战胜利的战神马尔斯（Mars）与对内保佑家国安宁的灶神（Vesta），因此古罗马人并不太热衷于建造神庙，他们营建的神庙建筑组群更加严谨，而且呈现出完全不同于古希腊的建筑面貌。

古罗马五柱式

古罗马时期发展出的五种柱式尺度、比例体系以及使用规则，不仅完善了古希腊的柱式体系，而且也成为西方柱式应用的最基本规则。

成的图拉真广场（Forum Trajan）。图拉真广场的设计者据说来自东方，因此整个广场建筑群糅合了东方层层递进和轴线对称的建筑特色，从前至后分别由侧面带半圆形空间的长方形柱廊院、横向矩形平面的会堂建筑、带纪功柱的图书馆院和最后部的图拉真神庙（Trajan Temple）院这几个柱廊院落构成。

古罗马共和时期的广场

共和时期开放的广场建制，也暗示着共和时期相对开放的统治机制。

古罗马帝国前期广场群平面示意图

蒂沃里的赫丘利神庙

在神庙广场区设置开敞柱廊和剧场的做法，暗示了神庙区作为公众活动中心的开放建筑特性。

此时最具代表性的神庙是一种建在山坡处的建筑形式，如位于蒂沃里的赫丘利神庙（Temple of Hercules）。赫丘利神庙群建在山坡一处平整过的矩形基址上，由连续柱廊围合出矩形基址的三面，另一面开敞。在开敞的一面顺山势开凿带阶梯形观众席的剧场，柱廊院内部与剧场对应的庭院中心设置一座架在高台基上的神庙建筑。

这种开敞的庭院建筑形式，在普洛尼斯特命运神庙建筑群取得了令人瞩目的成果，这个建筑群呈现出向内逐渐封闭和轴线对称的建筑特色，并且还包括一座山脚下的会堂建筑。但这种开放的广场形式到古罗马帝国时期被废弃，一种由高大实墙封闭的广场建筑成为此时建设的重点。这种封闭式的广场多是皇帝的私人纪念场，通常在内部由柱廊环绕的庭院、雕像与一座神庙构成，如奥古斯都庭院。

古罗马广场式建筑形制真正发展成熟和最具代表性的作品，是大约在 113 年建

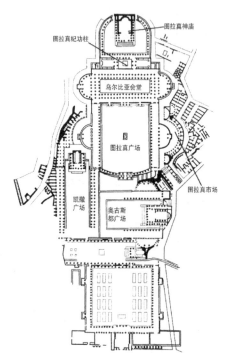

在图拉真广场中，最具特色的是柱廊院后部的会堂建筑。这种会堂建筑是古罗马时期的一种新建筑形制，被称为巴西利卡（Basilica）。所谓巴西利卡，是一种平面为矩形，在矩形内部沿长边设置两排连拱柱子支撑的大型公共建筑形式，巴西利卡被作为公共建筑的典型形式，在古罗马时期被广泛应用于法庭、议会、市场等各种大型公共建筑之中。

除此之外，图拉真广场中矗立的外表通身呈螺旋形构图划分进行雕刻的图拉真纪功柱（Column of Trajan）也是颇为奇特的新型纪念性建筑。这座雕像巨柱的高度是38.13 米，是一座完全采用大理石建造的内部有旋转台阶楼梯的空心建筑。在巨柱之

上共雕刻着150幅描写图拉真两次攻取匈牙利和罗马尼亚场景的浅浮雕，以200米长的饰带形式盘旋在其周围。巨大的尺度和精美的雕刻使纪功柱这种创新型的建筑形式在此后被沿用下来，作为一种富有特色的纪念物被许多人所采用。

广场和巴西利卡并不是惟一展现古罗马建筑创新的方面，在创新方面表现最突出的是哈德良皇帝执政期间督造的罗马万神庙

（Pantheon）。营造于118～128年的万神庙，代表了古罗马建筑设计和工程技术方面的最高水平。

万神庙由入口柱廊和内部全新形式的主殿两个建筑部分构成。柱廊式入口是希腊式的，可能为了在入口与主殿间形成空间过渡，所以设置了三排柱廊作为过渡。主立面为8根白色花岗石雕刻的科林斯式柱，主立面柱廊后是两排各由四根红色花岗石雕刻的科林斯式柱。门廊在柱头、额枋和顶棚等处还采用铸铜包金进行装饰。

神庙内部的建筑形式和装饰手法，是建立在三合土浇筑技术之上的纯正的罗马创新形式。

整个神庙的平面是直径大约43.3米的圆形，这同时也是内部从地面到穹顶顶端的距离。整个穹顶的承重和抗张力体系是穹顶底部6米多厚的墙壁。这圈围绕中心大厅的圆柱体的墙壁底部采用大理石，随着墙体高度的向上墙壁逐渐变薄，但每隔一段距离就用砖砌一层结构，并采用掺有火山岩、凝灰岩骨料的三合混凝土浇筑在结构之中，其中骨料的选择标准是墙体越向上，骨料质量越轻。

万神庙内部除穹顶以外的地面和墙体，都采用大理石贴面装饰。为了减轻墙体的

巴西利卡式大厅的内部

采用浇筑技术和十字拱相结合建成的巴西利卡式大厅，是古罗马时期最重要的公共建筑类型之一，也是古罗马时期建筑结构与技术进步的标志性建筑形式。

图拉真纪功柱细部

散布在连续的螺旋浮雕带上的人物和场景众多，但各部分雕刻的形象都十分细致，各场景分划既保持独立性又具有很强的联系性，是古罗马时期的雕刻珍品。

万神庙剖视图

万神庙的希腊式门廊之后又兴建了一段栏墙，部分将后面的穹顶遮住，使参观者在门廊之前并不能够看到后部穹顶的全貌，因此使真正进入神庙的人们能够产生更强的震撼。

万神庙墙体结构

虽然外部墙体大都采用砖石砌筑的框架内填充三合土的形式建成，但由于掺入三合土中的骨料不同，因此穹顶墙体比底层墙体的质量要轻、薄得多。

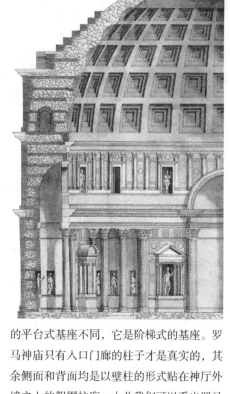

负担，围绕墙体一圈向内部开设8个大壁龛（Niche），其中6个壁龛都设置成二柱门廊的形式，另外2个不设柱，一个用作主入口，另一端与主入口相对的作主祭坛。各壁龛外部立面都由独立的科林斯圆柱与两边的科林斯方壁柱构成。壁龛与壁龛之间的墙面上还另外开设希腊式的小壁龛用于存放雕像。在底层大壁龛之上是一圈内部连通的拱廊，但拱廊外部仍采用小壁龛与大理石贴面装饰，形成半封闭的拱廊形式。

穹顶中心开设一个直径8.9米的圆洞，既为神庙内部提供自然光照明，又可减轻穹顶重量。在内部，穹顶从下至上设置逐渐缩小的方格藻井式天花，这种通过方格大小变化而起到拉伸空间作用的设置同样也出现在地面方格大理石铺地上。但屋顶天花并不用大理石装饰，而是也采用与外部相同的铜板包金形式。

罗马人是一个注重感官的民族，这一点从他们的建筑中便可以得到有力的证实。罗马人同时又是极具包容性的民族，因为在其建筑中总是呈现出多样化的风格趋势，譬如位于叙利亚（Syrie）的罗马神庙就是一个与古代传统完全不同的建筑组合。在这组建筑中，居于中庭位置的神庙、城堞之上的神庙和楼塔上的神庙，就呈现出很强东方化的设计风格。

还有建筑于公元前509年的朱庇特神庙（Temple of Jupiter），坐落于罗马的卡皮托利山（Capitoline Hill）。这座神庙建筑与希腊

梅宋卡瑞（Maison Carree`）神庙

这座典型的古罗马神庙约建于130年，是留存至今且保存较为完好的古罗马神庙的代表。

的平台式基座不同，它是阶梯式的基座。罗马神庙只有入口门廊的柱子才是真实的，其余侧面和背面均是以壁柱的形式贴在神厅外墙之上的假围柱廊。由此我们可以看出罗马神庙正立面的柱子是真正具有承重力的，而凸出在外墙之上的壁柱其实是墙体上的砌石雕刻，仅仅作为装饰之用。

另外除了罗马的阿波罗·索西亚诺斯（Apollon sosianos）神庙、聂尔瓦（Nerva）广场的密聂尔瓦（Minerve）神庙外，其余的神庙在柱顶盘之上的中楣和上楣处大多没有雕像和浮雕。这些神庙虽然没有明显的雕刻主题，但是在殿内却有题记或是碑文。这样一来，人们便可以从文字上面了解这座神庙及其具体的背景。

罗马神庙与希腊神庙从建筑意义上来说，其宗教意味要削弱了很多。希腊人建造神庙的意识形态以宗教为主的，而罗马人建造神庙的意识形态则是以炫耀为主。由于罗马神庙作为宗教的意义越来越弱，而且人们用于满足炫耀心理的建筑类型逐渐转向奢华的世俗建筑，所以古罗马时期神庙建筑方面也渐渐变得平凡，反而不如古希腊时期精致。

但这其中也有例外，即灶神庙的建造

在古罗马各时期都十分兴盛。在罗马，只要有房屋的地方便会建造一座用来供奉家神的祭台，因为在罗马的宗教信仰中，罗马诸神中的灶神（Vesta）占据着极为重要的地位。城市中的灶神庙是保佑城市与国家安宁的重要建筑，它一般都位于城市广场的一端，通常是一座圆形围廊式的小型庙宇，在灶神庙中燃放着永不熄灭的圣火，还有精心选择的灶神庙圣女守护。

古罗马帝国长时间的繁荣发展历史与新的初级混凝土——三合土以及拱券应用的结合，使此时期的建筑类型极大地丰富起来。由于此时社会富足，因此建筑中的各种装饰都变得更加重要，而当装饰的需求与来自古希腊的建筑相结合之后产生的最突出成就，就是一套全新的五柱式使用规则。这套柱式规则的形成，不仅令古罗马时期的建筑具有了更为协调、统一的形象，也影响了之后西方各个时期的建筑发展。

古罗马帝国之后，受社会中讲究享乐与奢华风气的影响，建筑中的各种装饰和柱式被大量采用，而且通常还要有高超的结构技术制作的拱顶与花岗石、大理石以及铜包金等珍贵的材料或复杂工艺制作而成的装饰共同配合，组成极为华丽的建筑

形象。此时神庙建筑数量的减少和纪念性建筑的增加，表明了对神灵的崇拜正在向着对世俗权力、帝王的崇拜转变。

玛尔斯神庙想象复原图

奥古斯都广场中的玛尔斯神庙位于整个广场中轴线的最后方，而且仍旧采用围廊式的古希腊神庙建筑样式建成。

第三节
城市与城市建筑

古罗马人在建筑方面所取得的成就不仅体现在柱式和纪念性建筑等单独的方面，更多的是通过大型城市及城市中的建筑体现出来的。由于对外征战，古罗马城市中的自由民、商人、雇佣兵（Mercenary）和有战功的武士，成为国家最为重要的人口组成部分，

厄尔古兰诺城遗址

古罗马时期在各行省和军事要塞地区，都有计划地兴建了一批驻扎军队及其家属的城市，这些城市平面多为四角抹圆的矩形，城内严格按照纵横垂直的棋盘格式布局。

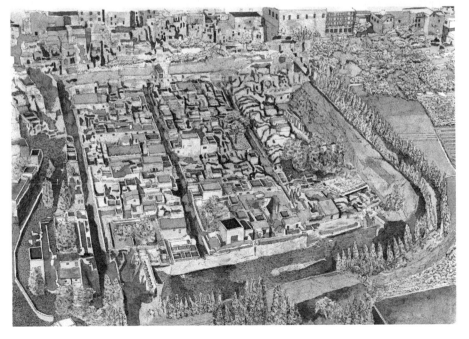

古罗马街道想象复
原图

古罗马城市中的
街道分为多个等级，
主要广场和神庙区的
街道非常宽敞，而商
业区和居住区的街道
则狭窄而拥挤。

几乎各任罗马的统治者都很注重城市建
设，比如图拉真（Trajan）皇帝就在他封闭
的帝王广场中单独开辟出一侧半圆形平面的
建筑空间用作市场。广场前半圆形的广场可
以很好地容纳车辆与人流，而上部筒拱结构
的多层半圆形连通空间，则容纳了按照商品
类型而划分的多个售卖区，其设计之先进使
它成为帝国时期重要的商业贸易市场之一。

共和末期的罗马城已经形成了一定的
规模，但需要统一的规划与建造来满足人
们的新需要。公元 64 年，罗马城发生大火，
虽然大火发端于贫民区（Slum），但由于城
市中的建筑过于密集，因此大火竟然烧毁
了城市的大半。这次大火使罗马人损失惨
重，但同时也给了人们重新规划与兴建新
城市的机会。

而且他们大多居住在城市中。以商贸和战争
为经济主体的古罗马经济体制中，虽然也有
大批从事专业农业生产的人，但从很早以前
就形成了以城市生活为主的生活方式，因此
其城市与城市建筑的起源也较早。

在古罗马文明时期最具代表性的城市
自然是罗马城，这座城市不仅人口众多而
且建筑密集，甚至已经十分具有现代城市
的意味。早在奥古斯都（Augustus）屋大维
（Octavian）的时期，罗马人不仅在城市中
通过修建广场和神庙来确立统治者的功绩，
还通过推动国家建筑项目和个人出资等方
法，进行修路、引水，修造剧场、浴场等
大规模的建筑工程，并以此来改善城市中
的罗马人生活环境和生活质量。

新建成的罗马在城市规划与基础设施建
设方面所取得的成就足以令现代人惊叹。首
先，城市按照功能分区，并且在住宅建筑中
按照贫富分区，这使得古罗马城形成了一定
的城市布局特色；其次，在城市建筑之前先
进行了引水渠、地下污水管道和蓄水池、道
路等公共项目的兴建。这些基础设施的兴建
不仅避免了大火的再次发生，也在很大程度
上改善了罗马城的卫生、消防状况。

古罗马城市建筑中最引人瞩目，也是
最能够代表古罗马建筑水平的建筑，是一
些大型的娱乐服务建筑，尤其以斗兽场（Colossum）、赛马场（The Circus
Maximus）和浴场（Thermae）为代表。

罗马城中的大斗兽场位于原尼
禄兴建的庞大宫殿——金宫的遗址之
内，而且正好位于原有的一座湖泊基
址上。斗兽场从外看为平面椭圆形的
柱体形式，其长轴约 188 米，短轴约
156 米，周长约 527 米。内部除中心
留有一个长轴约 87 米，短轴约 55 米
的椭圆形铺上地板的表演区之外，都
围以阶梯形升高的观众席。

斗兽场外部采用石材饰面，从上
到下分为四层，其中底部三层为连续

图拉真市场

半圆形平面的图
拉真市场分为多层，
内部由于采用统一的
筒拱面形式，因此空
间通敞，市场前的半
圆形广场为人流和车
流的聚集提供了便
利。

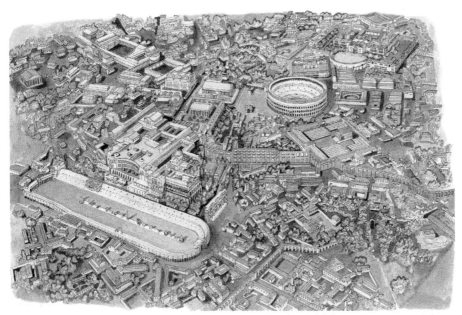

斗兽场与赛马场之间的古罗马城市复原图

经过长期发展的罗马城并没有统一的规划，各种建筑围绕着散布在城市中的娱乐性或纪念性大型建筑而建，输水道蜿蜒曲折地穿过城市，为城市居民提供用水。

的拱券式立面，上部一层以实墙为主，但与下部拱券相对应，间隔地开设有小方窗。各层立面都加入 壁柱装饰，且四层壁柱摆放的位置上下对应。四层壁柱严格按照古罗马的柱式规则设置，从下至上分别为多立克柱式、爱奥尼柱式、科林斯柱式和混合柱式。底层拱券作为建筑的入口共有 80个，满足了巨大的人流的需要，上两层拱券中分别设置雕像，使整个建筑立面显得华丽而具有震撼性。

斗兽场外立面

残存的斗兽场外部墙体，是此后各个时期的人们在古典柱式应用方面所参照的标准范例之一。

罗马斗兽场想象复原图

建筑规模庞大的斗兽场，不仅是当时建筑设计、结构、施工最高成就的代表，也是古罗马帝国时期纵情享乐的社会发展状态的生动写照。

斗兽场庞大的坐椅系统采用砖、石材和三合土材料与拱券体系相搭配建成，底部采用石材拱券与三合土浇筑墙体，向上则逐渐缩减了石材的使用量而以砖拱代替以减轻重量。斗兽场内部的看台约 60 排，从下向上逐渐升起，总体上从下向上分为贵宾席、骑士（Knights）席和平民席（Ordinary Roman Citizens），其中贵宾席与表演场之间设有高墙和防护网，并为皇帝设置包厢（Special Boxes），为元老院成员、神职人员设置专门的有柱廊顶棚的看台（Broad Platform）。其他贵宾席和骑士席采用大理石或高级石材饰面，最下面前排的贵宾（Senatorial Class）席可以带自己的椅子，而上层的平民席则采用木结构坐椅以减轻建筑的承重量。各不同等级的座位席之间通过环绕的

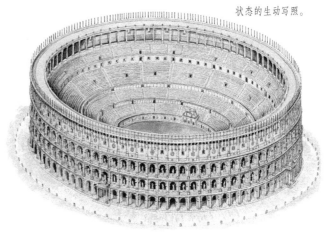

斗兽场顶部的木桅杆插槽

通过斗兽场顶部密集设置的一圈桅杆插槽，人们设想斗兽场顶部可能覆有张拉结构的纺织物屋顶。

斗兽场内部遗址

通过斗兽场内部残存的墙体与拱券结构，可以看到拱券作为主要承重结构被广泛地运用于坐席和底部表演区的地下建筑部分。

马克西姆赛马场想象复原图

马克西姆赛马场曾经是罗马城中最大规模的赛马场，整个赛马场也采用拱券结构形成的观众坐席围合，虽然总体建筑结构并不复杂，但建筑规模却十分庞大。

围廊分隔开来，同时这些环廊上设置多个出入口与内部拱券走廊和底层出入口连接，以保证交通的顺畅。

斗兽场顶部设有一圈木桅杆的插孔，长而细的木桅杆通过插孔将一端固定在外部的墙面上，另一端则通过系绳共同撑起环绕斗兽场顶部的帆布屋顶。

斗兽场的底层表演区（Arena），也是由木板架设在底部密集的拱券空间之上形成的。底部以筒拱为主要结构，形成带有诸多独立房间和错综通道的地下建筑层（Hypogeum），这里是关押角斗士与野兽的主要场所。在特定的出入口设有升降机，可以将野兽和角斗士快速地运送到铺满沙地的表演区。

大斗兽场可容纳 5 万～8 万名观众，从

约公元 70 年开始建造，至公元 82 年建成，这一建造速度之快在古代大型建筑中是极为罕见的。而且斗兽场在不同人员的流通、结构与使用功能的配合等方面的设置，既科学又细致，显示了此时营造大型建筑工程的实力和能力。

与斗兽场相配合，往往还要建造巨大的赛马场。古罗马人的赛马场建筑形制沿袭自古希腊人的体育场，只是将体育场平面改成了两端抹圆的狭长矩形，其中一端可能设置柱廊或拱券廊，作为起跑门使用，就可以作为赛马场了。在场地中央要设置同样狭长的隔离墙（Spina），这种隔离墙多用一些大型石雕排列构成，用来分隔赛道。赛马场的建筑展开面积较大，观众席呈阶梯状围绕比赛场地设置，充足的基址使观众席不用过分向上延伸，赛马场也没有地下结构部分，因此构造没有斗兽场复杂，但其建筑规模更大，罗马城的马克西姆赛马场（Circus Maximus）据推测大约可容纳 25 万名观众。

除了斗兽场和赛马场这两大娱乐建筑之外，在罗马所有的公共建筑中最为人们所喜爱的还有公共浴场（Thermae）。古罗马各城市兴建的引水渠为城市生活提供了充足的水源，而异常拥挤的居住情况使公共浴场的设置显得十分必要。但古罗马浴场的功能却不仅限于提供洗浴服务，它不仅同斗兽场一样，是古罗马人重要的休闲、娱乐场所，也是一种重要的社交场所。

浴场功能的特殊性使得其建筑结构也更为复杂。由于洗浴的功能需要，使得浴场建筑在传统拱券的基础上又创造出十字拱券的新建筑结构。作为一种重要的公众服务建筑类型，古罗马帝国时期几乎每一

位执政的皇帝和每个城市和地区的管理者，都极力试图营造出建造精美和规模巨大的浴场建筑来。起初，浴场都是男女混浴的，后来在哈德良（Hardian）执政期间颁布了法令，才规定了男女洗浴的不同时间。

经过长时间的兴建，浴场建筑逐渐形成了比较固定的建筑形制。整个建筑的平面呈矩形或方形，主体建筑大多设置在一个高台之上，下层的服务性空间与上层的使用空间分开。浴室建筑的结构大致可以分为三个部分：主体部分，外圈部分和露天部分。

主体部分由里向外建在一条轴线上，包括一系列洗浴房间，如蒸汽浴室（Loconicum）、极热浴室（Sudatorium）、热水浴室（Calidarium）、温水浴室（Tepidarium）和冷水浴室，在这条室内轴线空间的外部，通常就是巨大的蓄水池。在这条主体浴室两边设置有理疗室、更衣室（Apodyidarium）、抹油室（Unctuaria）等。而在这一序列主体建筑之外，对称着还可以建有游泳池（Frigidarium）、运动场、商店、演讲室等；露天部分则可以设置喷水池、雕像并且还栽种着树木。

在古罗马城的浴场中以戴克利先浴场（Thermae of Diocletium）和卡拉卡拉浴场（Thermae of Caracalla）最具代表性，卡拉卡拉浴场约建于211～217年，戴克利先浴场约建于305～306年。

为满足人们全年洗浴的需要，浴场在建造时经过了细致的设计。浴室和室内服务空间的底部庞大的地下服务空间采用拱券结构支撑，锅炉房和仓库等都设置在这里。地下空间之上的浴场地面和墙面都采用空心砖形成四通八达的网道，以便将地下烧制的热水或热气通过这个庞大的网络输送到各个空间，起到供暖的作用。

但真正的结构创新不仅在此，最大的创新在于中心大浴池空间上部的一连串十字拱结构的巨大屋顶的设计。在浴场建筑中，只能连通两边空间的筒拱结构不再适用，因此人们将正向两个方向上的筒拱垂直相交后，将拱券的支撑点落在相交处的四个墩柱上，由此形成四方连通的开敞空间形式。巨大的浴场主体空间就由多个十字拱连续构成，因

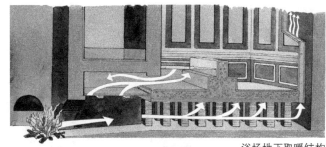

浴场地下取暖结构示意图

浴场的地面和墙面都采用空心砖砌筑的，内部相连通的建筑形式，可以从多个立面为室内供热，保证浴场空间对热量的大量需求。

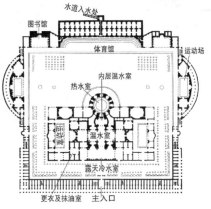

水道入水处　图书馆　体育馆　运动场　内层温水室　热水室　温水室　露天冷水室　更衣及抹油室　主入口

卡拉卡拉浴场平面图

古罗马时期的浴场建筑，都以热水、温水和冷水浴室为主体，而其他附属功能空间的设置，则要视浴场本身的建筑规模而定，卡拉卡拉浴场是帝国时期功能较为齐全的公共浴场之一。

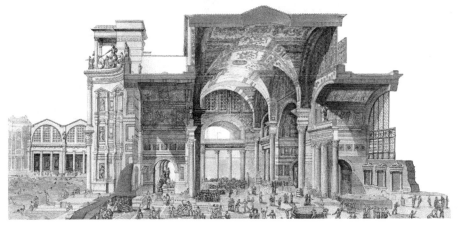

戴克利先浴场复原想象图

戴克利先浴场所是一座与卡拉卡拉浴场齐名的大型浴场，浴场的中央大厅在16世纪被米开朗琪罗改造成了教堂，因此得以较为完好地保存了下来。

戴克利先温水浴室想象复原图

浴室里除了有雄伟的柱式和彩色大理石马赛克镶嵌装饰之外，还设置诸多大型雕塑装饰。

此浴室内部十分高敞。与这种高敞的空间相配合，浴场内部的地面和墙面采用大理石、马赛克拼贴装饰，并与拱券和柱廊相配合，营造出华丽、奢靡的空间氛围。

在古罗马浴场中，沐浴的功能只是其中之一，更多的是其中设置的体育馆、游泳池、饭店、酒吧、花园、娱乐厅和图书馆、体育场等休闲的功能部分。此外浴场为了能够更加吸引客人，还设置有妓院（Brothel）。尤其是大型公共浴场，不仅收费相当低廉，而且功能相当完备，人们完全可以在其中

消磨一天的时光，因此浴场同斗兽场和竞技场一样，是人们重要的社交和休闲场所。

与其他娱乐建筑不同的是，剧场在古罗马时期无论数量还是建筑上的创新程度都不大。古罗马人似乎对戏剧这种源于古希腊的艺术形式不太热衷，人们都不喜欢悲剧，而且似乎也对冗长的喜剧不感兴趣。浮华繁荣的城市生活状态让人们将大量的时间都消磨在浴场、斗兽场和赛马场中，因此剧场建筑基本上就是利用古罗马的浇筑技术优势，仿照古希腊剧场在平地上的复建。

公元前509～前29年，第一座永久性的剧场"庞贝剧场"正式建成。在此前的时间里，剧场一直受到了罗马保守派贵族政治的抵制，后来因为宗教的原因才建立起了这座剧场。三头政治期间，据说庞贝在罗马城兴建了一座大型剧场颇为壮观，但真正形成古罗马剧场成熟形制的是大约公元11年建成的马塞勒斯（Marcellus）剧场。

这座剧场依照古希腊剧场的形式而建，其平面为半圆形，由弧线墙部分的观众席与直线墙部分的背景墙围合成封闭的建筑形式。弧形墙外部分为三层，底部两层为连续拱券与壁柱相间的形式，最上层则是实墙面开设小方窗的形式。三层的立面从下至上分

马塞勒斯剧场复原图

帝国早期兴建的马塞勒斯剧场，是在平地上按照古希腊剧场形式兴建的，它在外立面设置和内部结构方面的做法，直接被之后兴建的斗兽场建筑所引用。

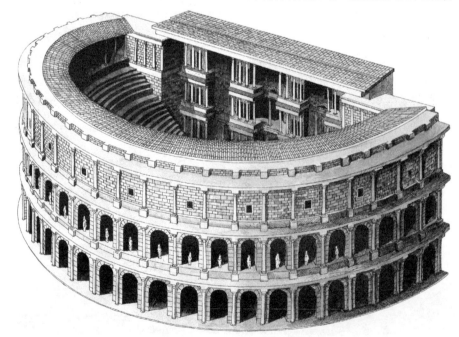

古罗马剧场内部想
象复原图

古罗马剧场内部想
象复原图

古罗马剧场内部
的舞台与观众席之间，
预留有一处半圆形的
空地，这里可能是贵
宾席。由于剧场建筑
顶部规模较小，因此
很可能整个顶部都被
覆以篷式的屋顶。

别设置多立克、爱奥尼和科林斯柱式。

剧场内部的观众席采用拱券结构支撑的层级形式，但为了与观众席的变化相适应，采用了一种一头高一头低，且向高处逐渐放大的放射拱形式，使内部的整个观众席大约可容纳2万名观众。出于完善视觉效果的目的和建筑结构的需要，观众席的平面没有采用古希腊式的多半圆的形式，

而是严格控制为半圆形，以保证位于最边上的观众也能获得很好的观赏角度。

古希腊剧场中观众席与舞台之间的圆形空间，在古罗马剧场中很可能被作为贵宾席使用。舞台与高大的带柱廊装饰的背景墙紧密连接，背景墙的内部还往往开设有通道，让演员可以从柱廊的出口甚至是半空中出场，以增强演出效果。

这座马塞勒斯剧场，极有可能是之后斗兽场建筑的外部造型与内部结构设计灵感的来源之处，尤其是在呈放射形逐渐增高变大的拱券结构形式上。在这座早期剧场建筑之中，诸如拱券与壁柱的分层、拱券承重体系等结构和立面造型特色都已经出现，且为之后各地剧场建筑的直接借鉴。

在古罗马帝国的其他地区，也都兴建此类的剧场建筑，并根据实际的应用衍生出诸多变体形式。如在今法国奥兰治（Orange）地区的罗马时期剧场，虽然整体上是按照罗马的剧场样式制作的，但由于此地有得天独厚的地理优势，因此后部的大部分观众席是按照古希腊传统，顺山坡的走势雕刻出来的。而根据古罗马的剧场建筑，

庞贝剧场残存的平
面图

庞贝剧场据说是
古罗马城中第一座固
定的剧场建筑，但此
时的剧场被作为神庙
建筑群的一个组成部
分而建造，形制也完
全来自古希腊剧场。

塞维鲁凯旋门

位于古罗马共和时期广场上的这座三拱凯旋门，不仅是整个广场上保存最为完好的建筑，也是此后罗马和其他时期兴建的凯旋门的标准样本。

还兴起一种与其建筑形式相似的室内音乐厅建筑，这种音乐厅的建筑规模一般较小，将坡形观众席建在室内，以供小型演出使用。

在古罗马时期，神庙建筑的兴建高潮落幕，人类社会的发展重点转向世俗生活。古罗马以城市生活为主的社会模式正体现出了这一点。在此基础之上，建筑发展以剧场、浴场、斗兽场和竞技场等休闲、娱乐建筑为主的特色，也就成为了必然。一系列大型建筑和大型城市的崛起，以及这种娱乐、休闲建筑成为城市建筑主体构成的情况，不仅反映出古罗马时期帝国的强盛，也反映了此时人们在大型建筑工程施工方面的进步。

渐衰落了，但并不代表古罗马人不需要一些标志性的建筑来作为大事件的纪念物，这就促成了古罗马时期另一种公共纪念性建筑的出现和迅速崛起，甚至在以后成为古罗马纪念性建筑的象征，这就是凯旋门（Triumphal Arch）。

凯旋门是战争胜利的纪念碑，同时在建筑学上它也是雕刻艺术的精品。凯旋门建筑是由古罗马时期凯旋的战士须从一道象征胜利的门中穿过的习俗演化而来的，其基本建筑形制为规则的立方体建筑形式，中间开设有一大两小三个拱券门洞。在凯

第四节
宫殿、住宅与公共建筑

虽然神庙建筑的兴建在古罗马时期逐

君士坦丁凯旋门

君士坦丁凯旋门虽然是在利用前期多座凯旋门建筑部件的基础上修建而成的，但最后建成的建筑却成为独特的、具有古罗马独立风格的建筑代表，是古罗马后期创造的建筑杰作之一。

旋门正反两面设置四根装饰性壁柱，柱子上部按照建筑额枋形式用线脚进行装饰，但上部额枋立面被拉高，用以雕刻铭文。

包括古罗马皇帝在内的许多执政者都热衷于修建凯旋门。比较著名的有罗马共和时期广场上的塞维鲁凯旋门（The Arch Septimius Severus），而最具代表性的则是君士坦丁凯旋门（The Arch of Constanantine）。虽然各地修建的凯旋门在柱式、雕刻、额枋等细部做法上会略有不同，但大都会遵循着四柱三拱券的基本形制。

到了罗马帝国末期的时候，罗马城中凯旋门的数量已经超过了60座以上，而整个罗马帝国中凯旋门的数量更是不计其数。此时的凯旋门也在不断变化中形成了更为成熟的、脱离了古希腊建筑风格影响的独立建筑形式，可以说开拓了一种新时代的建筑之风。

在罗马地位最为重要、建筑规模最大的凯旋门要算是君士坦丁凯旋门，这是在一个矩形平面上建起的传统三拱式凯旋门。位于正中间的是主拱门，在它的两侧分别有一个小一些的附属拱门。从凯旋门底座处升起的高台基上有四根柱子，这四根柱子将三个拱门分隔开来，并与上楣连接在了一起。在每一根独立柱子的上方——上楣凸起的地方都刻有字母和浮雕，并且在这些凸起的位置上还可以有雕刻、雕像装饰，人们把上楣上方的部分称作"顶楼"。

这样，整个凯旋门在纵向上通过柱式和拱门分为三部分，横向也由高基座、主体雕刻区和上部高顶楼分成三部分，形成了将拱券与柱式、雕刻相结合，采用古典三三式构图的、形制成熟的凯旋门建筑形式。这一建筑形式也是古罗马建筑在自我创新基础上产生的，真正的古罗马建筑的代表。

凯旋门其实并不是一种真正意义上的门，它是一种象征性的建筑，不仅能够记载和反映出它的寓意，还是古罗马帝国强

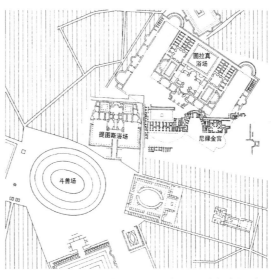

盛和永恒的象征。国家的强盛与富足除了反映在诸多新功能建筑的出现方面，还直接催生了华丽宫殿和府邸建筑的兴建。

最早也是历史记载最为奢侈的皇帝宫殿建筑，是由古罗马帝国历史上最残暴的皇帝尼禄（Nero）主持建造的，其基址大约就在今古罗马斗兽场附近。公元64年罗马发生了一场大火，这场大火共持续了六天七夜，烧毁了罗马的大部分地区。据说这次大火是当时的皇帝尼禄为了建造一座更华丽、规模更大的宫殿而故意下令纵的火。他下令收集所有大火中的砖石瓦砾，不允许任何人私自捡拾。在这场大火之后，他征用大约50公顷土地，建造了一座颇具规模并且壮观华丽的宫殿，被称为黄金屋（Golden House）。

在黄金屋宫殿建筑中，尼禄不仅开掘了人工湖，还全面和大胆地采用了拱券、三

尼禄金宫遗址区平面

罗马帝国后期的许多建筑都是在早期尼禄金宫所在的基址兴建的，除了建在原金宫池塘上的斗兽场之外，还有建在原宫殿区遗址之上的两座浴场。

八角室

尼禄金宫建筑中残存下来的八角室，是浇筑穹顶结构尚未完善时期的代表性建筑，这个在八角室穹顶中心开设圆洞的方法，很可能是万神庙穹顶的最初建筑参照模型。

哈德良别墅平面图

哈德良别墅的总建筑平面并无明确的轴线性与规则性，但总体上根据功能进行了分区，将带有浴场、剧场、餐厅和图书馆的皇帝生活区与学园、庭园区分开来。

合土浇筑技术这些新的结构和材料相配合，因此不仅建造出了八角形、十字形等变化几何图形平面的建筑空间，还建造出了一个建立在八边形墙面上的，直径达14米的穹顶大厅。

这座大厅的底部墙体都是纵向的，用以分隔周围一圈的房间。而且穹顶的中心很可能开设了一个透空的圆洞，此后罗马帝国时期修建的万神庙穹顶，可能就是以金宫的这个穹顶为建筑原型设计建造而成的。自认为是世界上最为杰出艺术家的罗马皇帝尼禄于金宫建成四年之后自杀身亡，他精心督造的宫殿也被后世所废弃。整个宫殿区沦为废墟后又被其他建筑所占据，如斗兽场就是在这个人工湖的基础上兴建起来的。所以，整个宫殿区的建筑早已无踪影。

后期古罗马帝国时期皇帝的宫殿大都位于帕拉蒂诺山，那里集中了各个时期皇帝新建、增建或改建的宫殿建筑。这些宫殿建筑大都采用拱券结构三合土浇筑的方法建成，密集的建筑各自围绕柱廊院等部分建造。

最具有突破性和创新性的宫殿建筑出现在117～138年哈德良皇帝统治的时期。坐落于罗马城外蒂沃利（Tivoli）著名的乡间修养地哈德良别墅（建于118～134年），将古罗马建筑发展推向巅峰。

哈德良别墅（Villa of Hardian）实际上并不是一座单纯意义上的别墅或宫殿，而是一座占地面积大约为120公顷的庞大园林式离宫。由于哈德良早年巡游帝国各行省，因此在这座离宫中依照各地建筑风格修建了大量不同形象的建筑，但整个离宫没有明确的轴线与对称的布局关系，建筑与建筑之间，建筑与广场、花园等各部分之间的设置灵活，整个规划与布局缺乏统一思想。

但别墅区内的诸多单体建筑却显示出较高的技术和艺术水准。别墅区内最大的一块体育场形状的水池——卡诺布斯（Canopus）水池，也是别墅区的主要景观之一，水池周围似乎都围绕以连续的拱廊装饰，

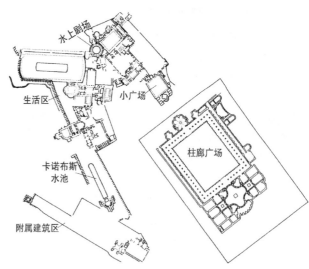

卡诺布斯水池一角

卡诺布斯水池可算得上是哈德良别墅中最著名的建筑，而水池最具特色的则是环绕水边设置的各种古代著名雕像的复制品。

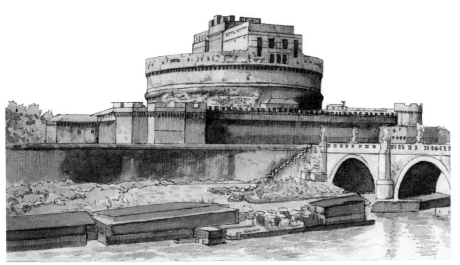

哈德良陵墓

庞大的哈德良陵墓，实际上是包括哈德良在内的三位古罗马皇帝的陵墓，这座陵墓在中世纪时被改建为城堡，现在被称为"圣天使城堡"。

水边的拱廊下则设置了许多放在基座上的古代雕塑装饰。这些古代雕塑大多是一些著名建筑中雕塑的仿制品，将大水池点缀得犹如人间仙境一般。

别墅中的建筑更普遍性地使用了筒拱、十字拱、穹顶和浇筑墙体形式，再加上柱廊的点缀，因此建筑在平面、造型和细部装饰等方面的形式都更自由。别墅中最突出体现这种自由建筑形式的例子是圆形的水上剧场（Teatro Marittimo）。这座直径达25米的圆形剧场建筑，坐落在一个由柱廊环绕的圆形水池中，通过吊桥与外界相连通，当吊桥拉升起来之后，整个剧场就变成了一座水上孤岛。

哈德良别墅位于罗马郊外的特殊位置和哈德良将其作为退位养老宫殿的特殊功能，以及聚集各地区建筑样式的建造特点，都使得整个别墅区的建筑样式变化丰富而灵活。在哈德良别墅中，尤其是一些小型的单体建筑，其建筑造型已经跳脱了此时建筑规则的限制，如出现了曲线的折线形檐口，罗马拱券与希腊门廊相组合的立面入口等新奇的建筑形象。除了哈德良别墅外，哈德良皇帝的陵墓造型也极为怪异。这座建在台伯河边上的陵墓是一座平面为圆形的堡垒式建筑，仿佛是一座封闭的斗兽场。

古罗马道路横向剖面图

古罗马时期修建的，从各行省通向罗马城的道路，在具体建造方面存在诸多严格的要求，不仅路面要求平整、顺畅，道路底部还要有多层坚固的基础。

罗马城及其他罗马城市中的用地紧张，因此拥有这种独立住宅的居民多是社会的中上层阶级，罗马人的住宅以围绕中心露天中庭的院落为基本元素，大的宅邸可由多个这样的院落共同构成。

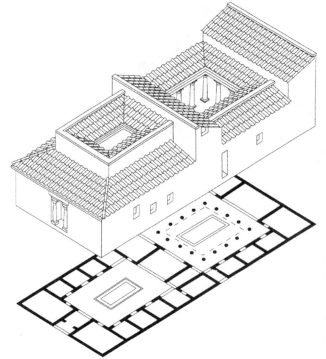

这种在郊外兴建的别墅，并不是所有平民所负担得起的消费，因此对于城市中的居民来说，最常见的是合院式与公寓式两种住宅形式。

合院式（Courtyard）住宅以围绕中心天井兴建的一圈柱廊和房屋为一个单元，富裕家庭的住宅可能是由几个这种合院构成的，而一些普通有产者则大多只拥有一个单元的合院。院落内部最里端的通常是主人的居室，入口一侧多设置为开敞的柱廊厅形式，附属用房则设置在两侧。

相比于合院式住宅的居民，公寓（Apartment）住宅中的居民的收入要更低一些，他们的组成也更复杂，有失业者、求学者、工匠等各色人等。所谓的公寓以多层楼房居多，这种建筑临街而建，对外相对封闭，底层多采用拱券建造层高而宽敞的空间以便于出租给店铺或供公寓主人居住。在出租店铺的上层，大部分采用木结构将室内空间分割成小的出租空间，也有时用砖砌出面积很小的标准出租空间。这

除了皇帝将宫殿建造在郊外的风景区之外，高官、贵族和富商等也喜欢在乡下建造别墅。古罗马时期的别墅多建在有山坡的台地式基址上，或通过拱券结构形成人造台地的习惯。建筑位于地势最高处，此后顺应地势设置流水与花园，其中还要设置一些凉廊，由此形成独具特色的组合建筑形式。

罗马人建筑了一条长达80000公里的道路（Agger），这条道路是自远古时代至19世纪中惟一的一条经过精心设计的道路体系。它在每16公里的地方设置一个马厩（Barn），在每48公里处设置一家小的客栈（Inn），这样一来就为那些在罗马旅游的人们提供了方便，而且使他们的旅行成为了比到世界上任何地方都要安全的旅行。

在这个时期内，罗马人建设了许多如桥梁、输水道以及大道等基础设施。建筑方面在原来意大利的传统样式——伊特鲁里亚（Etruria）样式的基础上又吸取了一些古希腊的古典建筑样式，经过不断地寻找新的建筑材料、新的建筑类型以及新的装饰手法，罗马建筑逐渐形成了自己独特的建筑风格。

包括罗马城在内的一些商业经济发达的古罗马城市中，这种底部被开辟为店铺的多层出租公寓楼建筑十分多见，这些公寓楼附近常配套建有公共厕所和浴场等服务性建筑。

种出租公寓的居住条件
大多不理想，屋主只提
供很小的房间和简易
的家具，房间内没有
水，住户们只能集中在
廊道的公共水池洗濯或
做饭，而实际上租户们
几乎很少做饭，一是怕
引起火灾，二是人们很
容易在街上解决吃饭问
题。出租公寓中也没有
厕所，或者只在一层的
角落有厕所，人们要跑
到街上的公共厕所。

古罗马城的公共厕
所不仅数量多而且设计
非常完备，甚至可以说
是豪华。这种公共厕所
中常有大理石铺设的坐
垫，便池底部则是流动
的水渠，因此厕所不仅
不会臭气熏天，还成为
人们闲聊与朋友聚会的首选之地。

总之，古罗马建筑对于欧洲乃至整个
世界的影响都是十分巨大的。现在人们不
仅在意大利可以看到古罗马建筑，在英国、
德国、法国、西班牙、北非以及叙利亚等
一些国家和地区中也都可以看到古罗马建

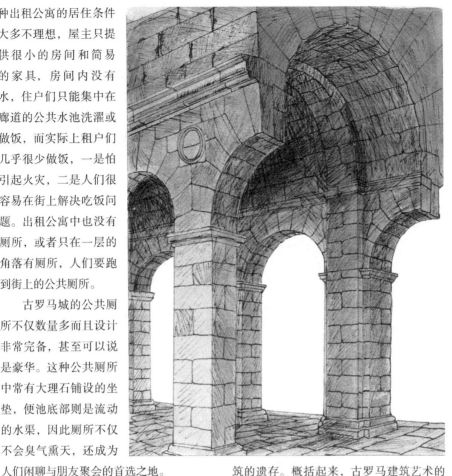

利用浇筑三合土
结构制作的拱券结
构，是使古罗马时期
产生如此众多大型建
筑的主要原因，也是
此后被人们应用最为
广泛的建筑结构之
一。后期许多复杂的
拱券结构，都是在古
罗马的这种简单的筒
拱基础上产生的。

筑的遗存。概括起来，古罗马建筑艺术的
成就主要在于拱券技术得到推广。这样，
建筑的结构就不像古希腊那样仅仅依靠横
向的石梁，不仅摆脱了跨度增加时，自重
增加的问题，也摆脱了石梁承重力受石材
强度限制的问题。穹顶是古罗马建筑的另
一重大技术发展，不仅外形美观，而且可
以遮护很大的无柱空间。再就是墙体承重
结构的大量使用，使古罗马建筑不要再像
古希腊建筑那样需要精心地去加工石柱。
古罗马建筑大都是依靠墙体承重，和古希腊
建筑相比，柱子的装饰作用大于承重的功能
作用。

木结构技术已有相当水平。桁架的拉
杆和压杆的功能被深刻理解。罗马城的图
拉真巴西利卡，木桁架的跨度达25米。柱
式在希腊的基础之上又有发展，最主要的
是创造出了柱式与拱券的组合。

古希腊建筑是希腊人自己建造的，因

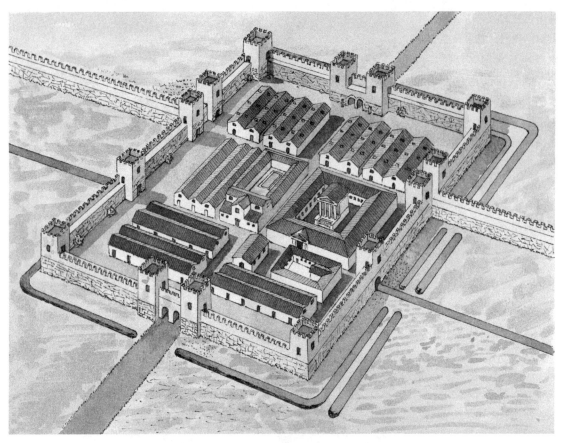

军营城镇

在古罗马的边远行省都建有这种具有很强防御性的军营城镇，各地军营城镇都有带望楼的规则城墙围合，内部中心区是指挥官住所和仓库，两边为兵营

而严谨、仔细，自然建筑流露出庄重的内涵。古罗马建筑大都是依靠奴隶建造的，因而在鞭子驱使下的人不得不产生营造的高速度。高速度的结果，自然就不可能产生构件精密的处理。但罗马建筑的巨大尺度、惊人的数量、宏伟的气派，则完全超越了古希腊建筑。古罗马建筑公共性、世俗性、实用性的特点为后来人类建筑的发展奠定了基础。

古罗马从公元前509年左右建立共和体制，到410年被异族攻陷，其间经历近1000年的繁荣发展，其间还有几百年强大的帝国时代发展阶段。在长时间呈上升期的社会发展过程中，古罗马文明创造了辉煌的建筑成就，这些建筑成就包括继承和发扬了古希腊的建筑规则，运用新材料创造了新结构和更多世俗化的新建筑体例。对于建筑历史的发展来说，古罗马辉煌建筑时期的贡献在于，在长时期的建筑发展过程中，逐渐摸索和完善了涉及人类生活

的各种建筑类型及其发展方向，从城市防御、城市基础设施建设、城市布局与规划等全局性的方面，到多种服务性建筑的类型、功能与建筑结构设置的关系，结构的拱券系统设置，雕刻与镶嵌装饰，再到公共服务性建筑与居住建筑的搭配等细部方面，都进行了深入的实践并取得了巨大的成就。

古罗马时期有些城市、建筑等方面的经验和做法已经成为经典法则，这些经典法则借助古罗马时代宫廷建筑师维特鲁威（Marcus Vitruvius Pollio）的著作《建筑十书》（The Ten Books on Architecture）而流传下来，这本著作也是古典文明时期流传下来的最早的专业建筑著作。通过这本著作和对古罗马时期兴建的诸多建筑的研究，此后各个时期的人们都在不断地从古罗马建筑中汲取营养。古罗马时期的一些建筑理念、做法和经验，甚至直到现在还在现代城市与建筑的兴建中被广泛应用。

第五章 早期基督教建筑
与拜占庭建筑

第一节 综 述

313年，由于罗马帝王君士坦丁一世（Constantin Ⅰ Magnus）颁布了《米兰敕令》（Edict of Milan），此后基督教（Christianity）有了合法的地位。到395年的时候，基督教更是被狄奥多西（Theodosius）皇帝宣布为罗马帝国惟一的国教。但与基督教的逐渐强大与巩固相反的是，强大的罗马帝国却在君士坦丁迁都到东方的君士坦丁堡时期就已经呈现出颓败之势，在此后更是日渐衰败，并最终导致罗马帝国在395年正式分裂为东罗马和西罗马两个国家。

在辉煌的古罗马帝国文明之后，诸如维京人（Viking）、哥特人（Goths）、盎格鲁-撒克逊人（Anglo-Saxon）、法兰西人（French）等北方蛮族（Barbarian）部落兴起，他们也开始通过征战建立新的国家和地区统治，并在汲取古罗马建筑结构与样式等经验的基础上，形成各具地方特色的新建筑文化。此后随着罗马城被西哥特人（Visigoth）洗劫，强盛的古罗马文明时代也彻底结束了。

与世俗的政治权力分散相反，基督教

及神学思想的发展却从古罗马后期开始，随着战争和动荡的社会背景而传播开来，其影响不断扩大。虽然基督教的发展在早期也曾经出现过分歧，但从君士坦丁大帝在公元325年为了解决这场争端，在尼西亚（Nicaea，这座小亚细亚的古城曾两次承办过基督教的世界性主教会议）举行召开了万国基督教公会（Oikoumene）之后，就基本上消除了争端。此后基督教团的势力

2世纪时期的罗马疆域图

2世纪处于发展鼎盛时期的罗马疆域面积最大，但也是由于包含亚、欧、非三洲的广泛领土，使庞大的帝国从2世纪后期起不断陷入地区分裂战争。

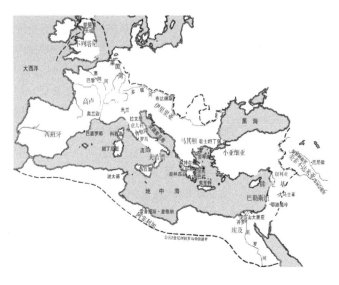

基督教的发展

基督教在古罗马帝国的发展，从1世纪就已经逐渐开始，此后基督教随着罗马的分裂而逐渐壮大起来，但也因为与不同地区文化的融合而分裂出多个派别。

拉丁十字　　　　　　正十字

不断扩大，反而代替政治权力成为欧洲最有号召力和权威的力量。

随着罗马帝国的日益衰败和外族的多次入侵，中央政权实际上已经形成了权力的真空。罗马的主教们宣称教会拥有着至高无上的权威，他们的地位高于其他任何一个地方的主教。在5世纪的时候，基督教的大主教格列高利一世（Gregory Ⅰ）称自己为罗马教皇（Popa，拉丁语为圣父）并运用非凡的外交手段令整个西方世界的人们普遍认可了他作为教皇的统治地位。

在建筑方面，古罗马帝国分裂之后，与封建势力的地区分化趋势相反的是教会力量的统一与日渐强大，这也使得此时期的建筑由古罗马帝国时期的多种建筑形式发展状态逐渐向单一的基督教建筑发展状态转变。由于帝国官方的禁止，因此基督教诞生的初期没有专门的基督教建筑类型，而是在古罗马时期的其他建筑，尤其是住宅建筑中进行各种仪式和小规模的聚集活动。在君士坦丁大帝发布《米兰敕令》之后，基督教建筑才真正开始发展，而为了满足大量教众的宗教活动需要，早期基督教将巴西利卡作为最初教堂建筑形式的选择，就成为了一种必然。

圣玛丽亚马焦雷巴西利卡

这是4世纪兴建的一座巴西利卡式教堂，也是第一座采用左中右三列巴西利卡大厅组合在一起形成的教堂建筑。

从古罗马长方形的公共建筑巴西利卡（Basilica）到拉丁十字形的基督教大厅，这种建筑结构和形象上发生的变化速度是很快的，由此也形成了早期基督教比较成熟的教堂建筑形制。这种由巴西利卡大厅转变而来的拉丁十字形平面的教堂形式，曾经广为流传，并同时在西方的罗马和东方的君士坦丁堡大量兴建此类教堂建筑。但这种情况在基督教和帝国分裂之后则逐渐消失了。在东方迅速崛起的拜占庭帝国，在汲取罗马建筑传统与东方建筑经验的基础上，发展出了大型穹顶建造的新结构形制，并以圣索菲亚大教堂（St.Sophia Cathedral）穹顶为代表，使这种集中的穹顶式教堂建筑在其帝国统治区域广泛应用。至此，以宗教分裂为前提的两套相对独立的教堂建筑体系确立，其最明显的区别，就是采用拉丁十字（Latin Cross）和正十字（Grecian Cross）两种不同的平面形式。

古罗马帝国和教会的分裂，使欧洲古代世界开始形成以罗马城为中心的西欧文明，与以君士坦丁堡为中心的东欧文明这两大文明的分立，同时也直接导致了天主教与东正教在教堂建筑形制上的差异，但这种差异又不是绝对的，而是有着紧密的联系性。

拜占庭建筑是在罗马建筑的基础上发展起来的，但后来融入了更多的东方建筑元素，因此无论在建筑整体造型还是细部装饰上，都与西罗马地区的早期基督教建

筑不同。拜占庭建筑的突出贡献，是在结合东西方建筑经验和结构的基础上，创造出了在四边形平面基础上建造穹顶的新技术以及帆拱这种新结构。四面发券（Arch）、帆拱（Pendentive）、鼓座（Drum）和穹顶（Dome），是新建筑最突出的结构部分和这一穹顶的特色所在。

第二节
早期基督教建筑

基督教产生于古罗马帝国早期，信众所崇信的最高神祇只有一位，而且认为这惟一之神的权力在皇帝之上，因此与古罗马当时官方所宣扬的神化的帝王为最高权力之神的理念相抵触，这就造成基督教从很早便遭到了官方的禁止。此后基督教虽然一直被罗马官方视为异端邪说而加以禁止，基督徒也遭到迫害，但基督教的思想却因帝国残酷统治制度的压迫，而在下层民众中不断普及传播，并逐渐向社会的中上层阶级渗透。

圣索菲亚大教堂穹顶结构示意图

拜占庭时期利用帆拱建成的大尺度穹顶结构，是在古罗马的拱券技术与浇筑工艺基础上形成的，是拜占庭时期建筑结构的最突出特色。

随着基督教的发展壮大，基督教建筑也自然发展起来。基督教的教义中有聚集教众进行各种仪式的规定，而且基督教徒相信他们也会像死去的耶稣那样会再度复活，因此也催生了最早的基督教建筑类型——教堂与墓葬建筑。

基督教徒相信肉体可以复活，所以他们使用墓葬而拒绝火葬，而且由于基督徒的墓葬被规定只能与相同信仰的教友葬在一起，因此从很早基督教墓葬就开始采用公墓（Cemetery）的形式。但在基督教早期发展的秘密阶段，这种公墓不可能直接在露天营造，因此人们发展出了地下墓室（Catacombe）的形式，在这些墓室的地面上还都建有一座小型的纪念建筑，由此形成完整的墓葬群。

地下墓室的形式对地质要求较高，因此只在西西里（Sicily）、罗马和北非的少数地区施行开来，约在2世纪末到4世纪时流行，至5世纪之后则逐渐被地上墓构的形式所代替了。在众多地下墓构建筑中，

基督教早期地下墓穴与墓室壁画（中、下图）

早期基督教的地下墓穴仍旧采用古罗马的建筑形象，同时仿照平民住宅的结构，雕刻出木构屋架的形象，在拱券和龛室的墙面上则绘制富有教义内容的壁画作为装饰。

罗马拉提纳地下墓穴平面

很明显，拉提纳地下墓穴是经过事先规划后建造而成的，整个地下墓穴区以垂直通道为轴线，在轴线上呈放射状设置墓穴。在多个墓穴聚集处，也就是在通道的中心形成一个公共的中厅。

圣塞巴斯蒂亚诺地下坟场

这座地下坟场是古罗马地区最著名的基督教坟场之一，早在4世纪时就已经在坟场的地上修建了教堂建筑，坟场内部的装饰与雕刻都较为正规。

由民宅改建的聚会厅

在早期由普通民宅改建而成的聚会厅中，通常也单独开辟出一间带有壁龛的小室，用于存放各种纪念物。

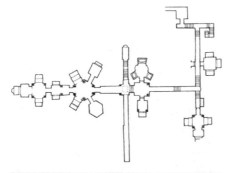

以罗马地区的地下墓构最具代表性。

罗马的地下墓室有两种建筑形式，一种是在之前城市地下管道、采石场的建筑基础上发展起来的，另一种是在单独的基址上兴建起来的。这些地下墓室往往仿照古罗马的城市规划原则，采用规则的网格形布局，而不像西西里等地的墓室那样采用迷宫（Labyrinth）式的布局。墓室有时也采用拱券或石梁柱支撑，一些大型的平民地下墓室聚集在狭窄的廊道两侧，他们的石棺（Sarcophagus）被放置在廊道两边掏出的壁龛中。讲究一些的大型私人或家庭墓室的布局更复杂，内部装饰也更华美。

罗马的多米蒂娜（Domitilla）地下墓室是大型高级墓室的代表。多米蒂娜墓的内部以三条呈"干"字形排列的狭窄廊道为框架，一些四边和多边形的墓室像叶片一样分布在这个框架周围。在各个墓室内部，都仿照地面建筑雕刻梁柱结构和拱券结构的样子，在墙面上绘制出框架和立柱的形象，在屋顶则依照地面教堂建筑后殿的形象，描绘方格的屋顶天花和半穹顶的形象，将地下墓室布置得如同地面建筑的室内一般。

在多米蒂娜地下墓室中的墙面和屋顶部分，除了用粗线勾勒出建筑结构形象之

外，还绘制了大量彩色的壁画（Mural）进行装饰。这些壁画多以耶稣的传教及神迹事件为题材进行绘制，由此也奠定了基督教建筑以《圣经》为题材进行装饰的基础。

在基督教成立的前两个世纪中，没有留存下来一件有关基督教的艺术品，直到第三世纪人们才在罗马的地下墓地中发现了数量极少的基督教艺术品。当时的艺术家们在空间狭窄、潮湿昏暗的地下墓室中进行工作，他们也应该很清楚自己所画出的作品并不是为了向公众展出的，而是表达自己和教众的一种情感和心理诉求。在这些地下墓中最为常见的是耶稣救赎和教化世人的场景，这些图画所想要表达的，很明显是一种人们期望灵魂得到拯救或是复活的美好愿望。

在地下墓室的入口或地面建筑中，还经常按照当时流行的建筑立面形象制作一些修饰性的建筑立面。而在地下墓室的地上层，往往还要兴建一些纪念性的建筑，这些纪念性的建筑除了用来悼念逝者之外，还被教众用来作集会和举行各种宗教仪式的场所。随着基督教的合法化、教众的增多和仪式的程式化与固定化等条件的变化，早期的这种纪念性建筑开始转变为后来意义上的教堂。

在最初的基督教发展阶段，人们是在私人家中秘密地举行各种仪式的。他们通常用象征着耶稣之血与肉的葡萄酒和面包来祭拜在十字架（Crucitixion）上受难的耶稣。现在我们知道的最早的基督教建筑是位于叙利亚的杜拉·尤罗帕斯（Dura Europos）。这种原本由私人家宅改成的基督教的教堂建筑，也是在早期古罗马和希腊式的住宅

建筑形制基础上产生的。为了满足使用者的需要，院落中的柱廊院不再是建筑中的主体，因为人们的活动主要集中在内部厅堂之中，而且为了可以满足同时容纳众多民众进行活动的要求，室内的厅堂通常面积较大，必要时还将相邻的两个厅堂打通，最多可容纳60人进行礼拜活动。

在以家庭住宅建筑为主的教堂初级发展时期之后，基督教的教堂建筑开始向大型化的公共建筑类型方向发展。而古罗马时期的建筑形式和建筑结构，则成为新型的教堂建筑形式最直接的来源。

以罗马万神庙为标志的成熟的穹顶制作技术，在古罗马后期得到了很大的应用。但因为其结构过于复杂，因此还产生了一些易于营造的多边形平面、顶覆木结构锥形顶的变体建筑形式。这种圆形或多边形平面的集中建筑形式新颖，极具表现力，但其使用面积有限，而且制作成本也高，因此多用于一些小型建筑或上层人员的陵墓和礼拜堂建筑之中，而供更多教众聚集的公共建筑形式则采用了成本相对较低的，古罗马时期的另一种建筑形式——巴西利卡。

早期的教堂建筑形制直接来源于古罗马时期的公共会堂巴西利卡，也就是内部由两列柱廊支撑的长方形大厅的形式，屋

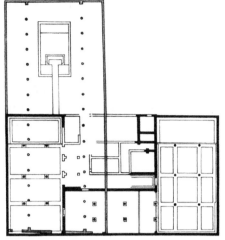

早期基督教堂平面

早期的基督教堂在巴西利卡大厅的基础上形成了由主殿和两侧殿组成的主要仪式空间。但教堂建筑总体平面较为灵活，在主仪式大厅之外还修建一些附属使用空间。

顶多为木结构上覆瓦片的处理。在建筑内部，存放着圣物和供奉品的祭坛起初只是简陋的木桌，并被置于与会堂入口相接的那一端，其他空间则可供教职人员和教众使用。随着基督教的发展，其教会的条例、活动类型都不断增加，这也使得人们对教堂建筑的空间要求更加复杂。

首先是存放圣物的祭坛（Altar）与其所在空间要变得更加神圣化；其次要将不同身份的教众区隔开来；最后要为诸如洗礼、葬礼等特殊的仪式提供专门的使用空间。此外，由于之前有在圣徒的殉葬地建造纪念堂的做法传统，因此教堂还可能是教众们瞻仰圣容和怀念亡灵的纪念场所。

在各地区不同宗教习俗和建筑传统的背景下，在以巴西利卡式建筑为主体的基础上，各地的教堂出现了多种多样建筑形式上的变化。最简单的一种教堂形式，是在巴西利卡与入口相对的一端添加一个平面为半圆形的后殿（Apse），后殿也同时可以是地下墓穴（Catacomb）的地上部分，神圣的祭坛就设置在后殿半圆室前面，而半圆室内则可以设置坐椅，作为神职人员的专用席位，借此也将神职人员与教众分隔开来。室内由两排柱廊分割的侧廊变成侧殿，必要时可以在柱子上设置隔板或悬挂帷幔（Curtain），使侧廊形成相对封闭的空间。

复杂一些的大型教堂都是在巴西利卡的基础上进行增、扩建和变化而形成的。人们

早期地下会堂

由于这座地下会堂采用筒拱屋顶，因此底部采用矩形平面的墩柱来支撑拱顶，墩柱和拱券采用拉毛粉刷装饰手法代替浮雕，显示出一种坚固、封闭的建筑面貌。

早期教堂后殿圣坛的位置

早期巴西利卡式的基督教堂，都在后部设置一个突出主体建筑的，平面呈半圆形或方形的后殿，这个后殿在建筑内部由栏杆与主厅隔离开来，用于停放带有华盖的圣坛。

圣阿波利纳教堂平面及建筑剖视图（中、下图）

拜占庭早期的一些教堂，采用巴西利卡大厅与木结构的顶部相结合，因此使教堂的平面更规整，建造难度也大大降低了。

可以在巴西利卡建筑前增建一个带柱廊围绕的前院，可以在主殿两边设置两排柱廊，形成带四个侧殿的宽敞空间，还可以与一些圆形平面的陵墓和独立的洗礼堂建筑相结合。在以巴西利卡式会堂建筑为基础的这诸多变化之中，有两种变化最值得人们关注，因为这两种建筑形式在此后逐渐固定下来，对后期教堂建筑的形制有很大影响。

第一种在巴西利卡基础上的建筑变体是主殿的突出。最早可能是出于节省材料、降低建筑技术难度以及侧殿在建筑中确实用途不大等方面的考量，在会堂建筑中高大的主殿被有意突出出来。这种新的建筑形式在平面和内部结构方面均无太大变化，仍旧是长方形平面和内部两列柱廊的形式，顶部因为大多不用古罗马式的砌筑拱顶，而采用木桁架结构，所以侧殿的墙面高度被大大缩减，因此在建筑外部出现中部与

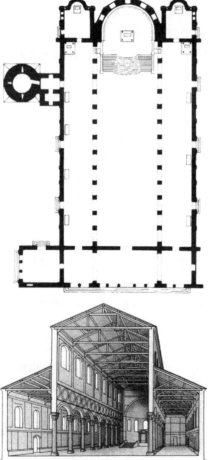

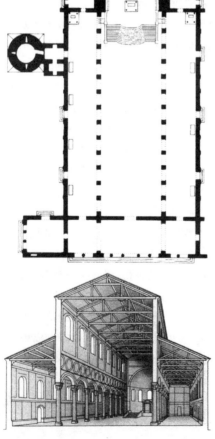

两侧分开的屋顶形式。也因为这种建筑形式，使主殿墙面上层可以开设高侧窗（High Side Windows），室内也因此变得更加明亮。

这种主殿与侧殿形成高度差的教堂形式，以及木构架替代拱顶结构屋顶的建筑形式，因为实用和造价相对低廉而在各地流行开来，同时也使拱券屋顶制作技术逐渐失传。但同时，采用低矮的侧廊及其屋顶对主厅的墙面起到支撑作用的结构特色，也为哥特式建筑（Gothic Architecture）时期如何平衡拱顶的侧推力（Lateral Thrust）提供了建造经验。

第二种在巴西利卡基础上的建筑变体是后殿建筑规模的扩大。后殿半圆厅所在的一端也是教堂内部空间地位较为重要的部分，因此除了容纳圣职人员之外，往往还需要设置一些存放贡奉物或供单独祭祀的特殊功能的空间。在这种需求之下，巴西利卡式建筑后殿的空间开始向两边横向拓展，这部分横向建筑空间凸出于建筑两侧，而半圆室则建在这一横向建筑之后。再后来，随着这些附属空间的不断增加，使得在长方形教堂后部建造横殿以设置礼拜堂（Chapel）等附属空间的做法固定下来。后殿伸出两臂空间的教堂平面正好形成横短纵长的拉丁十字形平面，具有很强烈的宗教象征意味。因此这种拉丁十字形教堂

形式被固定下来，而且后部横殿的开间被拓宽，使其与纵向建筑体在比例上更协调，平面上也更像一个横竖比例一致的十字。

此后，这种象征着耶稣受难的十字形建筑的平面形式被固定了下来。这种拉丁十字形教堂的长轴，即主殿多是东西向设置的，入口位于西立面上，横殿以主殿为中心点向南北两边延伸。在纵横两殿交叉处的上方通常设置凸出屋面的采光塔，这样使屋顶的自然光正好照射在设有圣坛（Altar）的区域，增加了这一区域的神圣性。教堂内部纵向的主殿可以设置大量的座位，位于主殿与横殿交叉处的圣坛占有相当宽敞的空间。圣坛也已经形成相对固定的形式，它被一道石材或木材的栏板与主殿的公共空间隔离。圣坛的基址有时会被抬高，并通常位于四柱支撑的华丽顶盖之下。位于圣坛后部的半圆室与两边的横殿相对封闭，并不对所有教众开放。

圣坛前的主殿一端通常设凸出的讲经台（Pulpit），圣坛前设帷幔（Antependium）。这里也是教职人员带领教众进行各种仪式和活动的地方。教堂内部的屋顶由于采用木结构，因此多直接暴露上部的木框架，讲究一些的教堂则在木构架之下设置带天花或藻井装饰的平屋顶。早期的教堂墙体厚重，建筑内部的墩柱粗壮，但开窗不大，因而教堂内部光线条件不是很好。教堂内外都不太重视装饰，这可能与早期基督教不被官方承认而多采用朴素的建筑传统有

关，同时也为了与古罗马帝国装饰豪华的世俗建筑相区别，凸显教堂的神圣。

大厅内以主殿为中心，两边设侧殿的空间形式，也是适应实际使用需求的设置。因为在规则森严的社会发展状态下，各地区的教堂建筑虽然广纳信众前来举行活动，但信众的性别也决定了身份的不同，一般来说男性和女性的坐席都是分开设置在主殿两侧的，有些教堂中还将女性坐席置于有遮盖物的侧殿中。

这种拉丁十字造型、样式朴素的教堂建筑形式，也成为罗马地区基督教堂建筑的固定形制。尤其是在教会分裂为东正教（Orthodox）与天主教（Catholic），以及东正教的正十字形平面教堂建筑推行开来以后，拉丁十字形的教堂平面更是作为一种强烈的天主教标志，也在罗马基督教所影响的各个教区内开始普遍流行，成为早期基督教教堂建筑的一种标准形式。

此时期罗马城还出现了一些新颖造型的教堂形象，比如大约在480年左右建成的圣

圣皮多迪拉教堂（San Pedro dela Nave）

位于西班牙的这座小教堂兴建于约7～8世纪初，已经提前显示出经典的拉丁十字形平面形式。

圣赫里普西姆教堂

这座小教堂大约兴建于7世纪，建筑师大胆尝试了一种以中心多边形穹顶空间为主的集中教堂形式，室内穹顶空间周围有一圈圆形与半圆形平面的小室相间围绕。

圣尼古拉教堂后殿

教堂后殿的半圆室被做成一圈阶梯上升的坐椅形式，这里可能是作为教职人员聚集的内室使用。

圣司特法诺圆形教堂

圣司特法诺圆形教堂是现存的古罗马时期兴建的最古老的一座圆形教堂建筑，但从教堂中柱子的直径和样式可以看出，教堂最初的中心穹顶就不是石砌结构，而很有可能是木结构或其他轻质结构的穹顶或锥形顶形式。

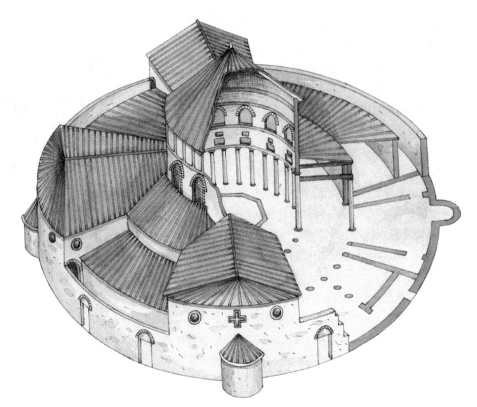

司特法诺圆形教堂（St.Stefano Rotondo）。这座教堂的平面是圆形，内部空间被分为以中心圣坛为中心的三个同心圆形式。以中心的八边形圣坛为中心的外侧先由一圈柱廊围合出主殿，主殿被做成仿穹顶的屋顶形式，但实际上可能是采用木结构等轻型材料做成的屋顶，因为这层穹顶底部的柱廊并不具有很强的承重性。主殿之外是另外一圈柱廊围合的辅殿形式，辅殿的屋顶也正好可以对主殿墙面的外推力起到很好的反支撑力的作用。最外围的第三层采用实体墙面形式，这层空间是相对独立的，围绕一圈空间开设了礼拜堂和一些单独的使用空间。

罗马是基督教的发源地并且最终在这里确立起了它的地位，基督教所倡导的教义在很短的时间里由基督徒从罗马传播到了欧洲的许多国家，当时的基督教徒们到达的地方有北非、希腊、叙利亚等地中海国家。虽然在罗马的早期基督教建筑形式多样，但随着基督教的发展，拉丁十字形的教堂建筑形式逐渐固定下来成为罗马基督教的专用形制。因此，拉丁十字形平面的教堂建筑，也随着传教士（Missionary）的脚步而扩散到世界各地。

早期基督教的发展与古罗马帝国的历史发展是同步的，因此早期基督教建筑对古罗马建筑结构与形式的借鉴也是一种必然的选择。以罗马为代表的，地下墓室对罗马和希腊的梁柱、拱券系统的模仿，以及以罗马的巴西利卡式大会堂为原型发展出的教堂建筑，虽然其影响在之后扩散到欧洲各地和亚洲、非洲等多个地区，但并不是早期基督教建筑发展的惟一模式。同古罗马帝国在后期的分裂一样，早期基督教虽然在古罗马帝国后期得到官方承认并被尊为国教，但其内部也因对教理与教义的不同理解出现了分裂。

以罗马为基督教权力中心和传播中心的一派，继承了罗马的巴西利卡大厅建筑形式，逐渐发展并固定了以拉丁十字形平面的建筑形式为主的教堂形象；而以君士坦丁堡为中心的另一派，则继承和发展了罗马的集中穹顶大厅建筑形式，并逐渐将其与东方建筑传统相结合，发展并固定了以希腊正十字形平面为基准的教堂形象。为了与罗马的建筑相区别，人们通常以君士坦丁堡所在的拜占庭地区为名，将这种建筑称为拜占庭建筑（Byzantine Architecture）。

第三节
拜占庭建筑

拜占庭帝国在395年的时候日益强大，位于意大利东海岸的拉韦纳（Ravenna）作为罗马东西两国政治、经济、文化之间的桥梁，备受当时统治者们的重视。在404年的时候，拉韦纳是西罗马的首都，在527年~565年它成为了拜占庭帝国西部的首都。

4~6世纪是拜占庭帝国最为强盛的时期，它的领土范围包括叙利亚、小亚细亚、巴勒斯坦、埃及、巴尔干、意大利、北非及一些位于地中海的小岛屿。但在7世纪以后，由于拜占庭帝国日渐衰败，领土只剩下小亚细亚（Asia Minor）和巴尔干（Balkan）地区，后来又经历了西欧十字军（The Crusades）的多次入侵，最终在1453年的时候被土耳其人所占领。曾经繁荣一时的拜占庭文化也随着拜占庭帝国的灭亡而衰败了。

拜占庭建筑按其发展的年代可以划分为三个时期：①330~850年：查士丁尼（Justinian）时期；②850~1200年：马其顿（Macedonian）与康纳宁（Comnenian）时期；③1200年至今：这一时期的建筑风

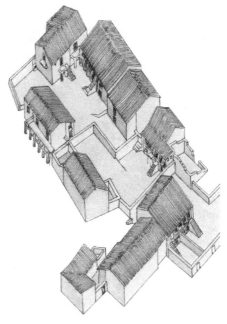

6世纪时期的叙利亚村庄想象复原

叙利亚地区早期的教堂建筑，就是由这种普通居民建筑形式转化而来的，显示出很强的地区特性。

格如意大利、希腊马其顿、土耳其、叙利亚、法兰西及亚美尼亚等国家和地区的建筑都具有显著的地方特色。

由于在封建制社会中，皇权是至高无上的权力，所有的制度及宗教都是为它服务的。因此拜占庭文化也不例外，它继承

教堂建筑的兴建

不管是以罗马会堂式教堂为主的拉韦纳古城（左下图），还是以集中式教堂为主的君士坦丁堡（右下图），在教堂前通常都设置广场，以作为城市公共生活的中心。

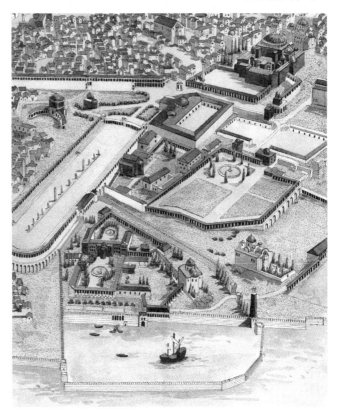

圣阿波利纳教堂
室内

在查士丁尼统治
时期，拉韦纳与君士
坦丁堡同样作为帝国
的首都，因此拉韦纳
地区的教堂虽然仍采
用罗马会堂式的建筑
形式，但内部却采用
具有东方风格的马赛
克镶嵌画装饰。

正教教堂

正教教堂采用以
穹顶为中心、正十字
形平面的建筑形式，
但穹顶和内部装饰风
格，则在各地呈现出
较大差异。

了大量的古希腊和古罗马的文化，同时也
借鉴了叙利亚、波斯、阿尔及利亚及两河
流域的艺术文化。与此同时，拜占庭文化
也在东西方这两种文化的共同影响下形成
了自己独特的艺术风格。

君士坦丁堡（Constantinople）作为拜
占庭的文化中心，是多条重要的海路及陆
路的交会地，其地理位置易守而难攻。大
约从450年起，君士坦丁大帝对这座城市
进行了大规模的建设。他在这座城市中兴
建皇宫、别宫，吸引高官和富商在这里兴
建府邸和别墅，全面规划和建造街道和基
础设施，并沿街建造柱廊和店铺等以鼓励
发达的贸易发展。经过大规模的建筑活动，
君士坦丁堡城内的人口不仅达到了100万，
而且城市中还建造了许多豪华的大型公共
浴场、规模壮观的角斗场和漂亮的巴西利
卡式教堂建筑。

虽然君士坦丁堡是在以罗马城为规划
和建筑蓝本建造的，其城内也有很多罗马
气息很浓郁的建筑，甚至连拉丁十字形的
教堂建筑都十分多见。但君士坦丁毕竟受
东方建筑文化熏陶已久，而且其基督教义
向来与罗马为中心的基督教廷所持的教义
有所差别，所以拜占庭帝国发展出一套不
同于西罗马的建筑体系就成为一种必然。
君士坦丁堡所代表的拜占庭建筑体系发展
至后期，尤其是随着圣索菲亚大教堂穹顶
的建成，就已经标志着一个不同于罗马建
筑的新的体系的产生。

拜占庭建筑高潮是从527～565年的
查士丁尼统治时期开始的，因为查士丁尼
在将东方的君士坦丁堡作为首都之后，又
将西部的拉韦纳作为都城（Ravenna）。这位
功绩卓著的皇帝几乎统一了原来罗马帝国
中的大部分领土，这时统治阶级的生活已
经十分富足了。

我们最常见到的十字架（Crucifixion）
是基督教的主要象征，十字架上的四个端
点分别代表着长度、宽度、高度和深度，
象征着空气、大地、水和火。横竖走向的
十字架形式象征着截然相反的两种对立事
物：主动与被动；积极与消极；精神与世俗；
天界与尘世。无论是罗马的基督教还是君
士坦丁堡的基督教，都没有背弃十字架的
象征意义，而且都将这种具有很强喻义的
形象应用于基督教教堂建筑的兴建上。但
以罗马教廷为主导形成的天主教，以神秘
和有着严谨体系的宗教仪式和偶像崇拜为
主要特征，因此教堂不仅要有容纳教众和
举行仪式的场所，往往还要设置一些储藏
室（Storage）以存放圣物（Sacred Objects）。

而以君士坦丁堡为中心形成的正教，则
从一开始就主张废弃繁琐的程式化仪式以及
偶像崇拜（Idolatry）。在拜占庭的教堂建筑
中没有雕像，这是因为在305年的尼西亚会
议后，随着东西罗马的分裂，宗教也分裂
为两个部分。这时的东罗马皇帝利奥三世

（Estern Empive，Leo3）为了防止异教再次复兴（Paganism），于是便发起了打倒偶像崇拜的大规模运动，并且他下令在所有的教堂建筑中均禁用人物雕像，教堂以聚集教众共同举行某种简单的仪式为主要特征。

这两种教派在教义、教理和相关宗教仪式等方面的差异，也导致了宗教建筑形式的不同。

拜占庭地区以正十字形平面的集中式东正教教堂为主的建筑发展特色，并不是突然间出现的。尽管其形式与罗马教廷的建筑大相径庭，但是正十字形的集中式建筑却与古罗马帝国时期的许多其他建筑有着很强的造型上的联系。在罗马帝国时期的建筑中，可以看到大量的此类集中式平面的建筑的影子。例如代表古罗马时期建筑技术、材料和结构方面较高发展水平的标志性建筑万神庙，就是圆形的集中式平面。

拜占庭时期的正教建筑也一样，虽然正教教堂在理论上是以四臂长度相等的正十字平面为其标志性特色，但这种平面的变化性也更加多样。相比于罗马地区以拉丁十字形为主的单一建筑平面形式，正十字形平面的教堂建筑变体更加多样。建筑师既可以建造由四个巴西利卡式大厅相交构成的标准正十字教堂形式，也可以利用

墙体的不同围合方式，建造圆形或正方形平面的教堂建筑。因为在这两个图形中，自然暗含着正十字形状。

另外，正十字形的教堂建筑形式并不是在拜占庭时期才产生的，而是在古罗马时期就已经形成。在罗马城的万神庙建成之后，罗马城也兴建了一些圆形平面的建筑，这些建筑同万神庙一样，多是一些陵墓的地上建筑或专门的纪念性建筑。比如建于350年的罗马圣康斯坦扎（Constantia）教堂，是当时君士坦丁大帝女儿的陵墓。这个陵墓采用的是穹顶形式，但不用万神庙那样的整体穹顶形式，这里的穹顶是由底部环绕的12对柱子支撑的拱廊为主要承重结构的。而且，受结构的影响还在穹

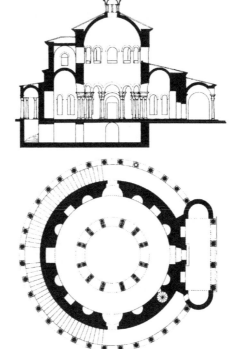

采用罗马拱券结构修建的正教教堂

这座小教堂采用以筒拱为主的结构建成，为了平衡筒拱的侧推力，不仅墙体很厚，转角处的墩柱也都十分粗壮。

圣康斯坦扎教堂内部、剖面和平面图

圆形平面的圣康斯坦扎教堂在顶部采用砖砌穹顶形式，因此不仅建筑内部采用创新性的双柱式，顶部还采用了略尖穹顶的形式，显示出结构上的创新。

教堂穹顶周围的一圈筒拱上布满了人物、动物和植物等各式形象，其总体装饰风格极富东方特色。

顶周围形成12个高窗，使室内的光线从位于中央区域的高侧窗射进来，像万神庙中那样获得了神圣化的空间效果。

罗马的这个圣康斯坦扎教堂的内部装饰异常华丽，它内部拱廊到穹顶之间墙面的装饰虽然已经遗失，通过柱廊周围一圈筒拱拱廊上细密的马赛克墙面装饰可以推测，中央穹顶的墙面在当年也肯定是用华丽的大理石板（Marble Slab）或马赛克（Mosaic）装饰的。主穹顶12对支撑柱之外，是一圈筒拱围廊，整个围廊的拱顶都由彩色大理石的马赛克贴饰。整个马赛克屋顶区由扭索状的花纹划分出边界，并将一圈拱顶分割成一幅幅连续的画面，每幅画面中的图案都不相同，其中采用植物、动物、人物、建筑等各种形式组合搭配而成，不仅有宗教故事题材的画面，还有反映当时日常生活的场景。

此时期罗马城兴建的集中式纪念性建筑很常见，除了圣康斯坦扎的陵墓因为在后期被改造成教堂而留存下来之外，罗马的拉特兰洗礼堂（Lateran Baptisterium）、圣司特法诺圆形教堂（St.Stefano Rotondo）等，也都很好地被保存了下来。拉特兰洗礼堂是一座八边形的建筑，虽然并不是典型的圆形一面建筑，但内部却也是穹顶的形式，

而且结构与此时的圆形建筑一样，内层是八边形的环柱支撑的轻质拱顶，外层是八边形墙体围合的筒拱顶形式。

在君士坦丁迁移帝国首都到君士坦丁堡的初期，君士坦丁堡的兴建在很大程度上借鉴了古罗马城的建筑式样和结构方法，但由于这两座城市所处地区的建筑材料类别和质地不同，再加上工匠的来源和所掌握的传统技艺等方面背景的不同，使得基于同一建筑模本衍生出来的各种建筑形象也不尽相同。

古罗马人建立的拜占庭帝国，以辉煌的穹顶建筑成就闻名于世。但由于后世的混战，以君士坦丁堡为主的拜占庭时期的建筑多被毁坏，因此留下来的建筑实例不多，这也使得拜占庭建筑穹顶模式的形成变得更加神秘。实际上，从古希腊早期叠涩出挑的蜂巢墓室（Hive Tomb），到古罗马帝国初期八

君士坦丁堡赛马场是按照罗马的马克西姆赛马场而建的，在200年左右建成后，又经后世不断扩建，拜占庭灭亡后赛马场被清真寺侵占，现只残留带有雕塑装饰的中心分隔区的一小部分。

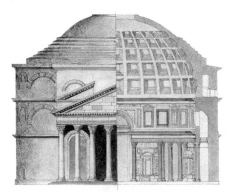

从迈锡尼时期叠涩出挑的墓室（左上），到古罗马时期开有圆洞的万神庙穹顶（右上），再到分解成多边形的南瓜式穹顶（右中）和最后带有帆拱和鼓座的拜占庭穹顶（右下），显示出人类在穹顶建筑结构的设计与建造方面的不断进步。

边形墙面带穹顶的尼禄金宫，以及拥有严谨结构的万神庙穹顶，再到君士坦丁堡的圣索菲亚大教堂穹顶，是存在一条比较明晰的穹顶建筑结构不断完善的发展线索的。

罗马万神庙巨大的穹顶是巨大人力、物力和严谨结构的成果，穹顶结构形成的完整内部空间具有很强的表现力，因此受到人们的喜欢。但耗资巨大和结构复杂的穹顶，却并不是任何国家和任何时期都负担得起的，尤其是在帝国逐渐衰落的时代背景之下。因此人们就在万神庙形制基础上又创作出了很多变体的集中式建筑模式，既降低了技术难度和建造成本，也满足了集中式空间的使用需求。

最具表现力的是一种被称为南瓜拱的穹顶（Pumpkin Dome）形式，它是通过将圆形分解为更多边形的平面形式而得到的。这种穹顶是由多个带脊的凹面小拱板构成的，这些小拱板如同花瓣一样，每瓣都具有很强的结构力，这使得整个穹顶的侧推力（Lateral Thrust）减小，而且穹顶自身具有很独立的支撑结构。因此，南瓜拱顶可以不像罗马万神庙那样要在穹顶四周砌筑高墙，而是可以完整地显露出来，让人们从建筑外部就看到它。

这种南瓜拱的结构形式早在古罗马帝

国末期就已经在神庙建筑中出现了，人们借助于增加穹顶底部边墙的数量，让建筑平面尽可能地接近圆形，同时还可以得到更完整的穹顶建筑形象。此后在君士坦丁堡，拥有 16 条边和 16 米直径的穹顶在圣

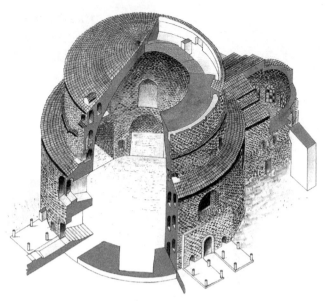

圣乔治教堂结构剖视图

圣乔治教堂通过加厚墙体和向上退缩的形式与锥尖形的圆屋顶相配合，是在圆形平面基础上建造穹顶教堂的一种变体形式，在教堂后殿末端的半穹顶建筑的两边，各设置了一座扶壁墙，这是早期扶壁墙应用的典型作品。

圣塞尔吉乌斯和巴克乌斯教堂

这座教堂的中心虽然由墩柱和双层拱券形成八边形，但在双层拱券上部又设置小拱券，形成16瓣的南瓜拱穹顶形式。

塞尔吉乌斯和巴克乌斯教堂中被建造出来，这种结构不仅使得穹顶更独立，还使得穹顶上的每瓣拱板上都可以开窗，使教堂内部更加明亮。

除了南瓜拱之外，另外一些教堂仍采用半球形穹顶的形式，但可以通过墙体的变化来使穹顶的尺度大大缩小，这种方法既达到降低施工难度的目的，又获得了穹顶，也是一种非常具有创意的建筑形式。位于萨洛尼卡的圣乔治教堂（St.George），就是此类穹顶教堂的代表。这座教堂原本是按照当时流行的做法，被作为宫殿建筑群中的一座陵墓祭祀建筑而建造的，因此选择了此类纪念建筑常用的圆形平面形式。

圣乔治教堂的平面为圆形，但圆形墙面向上升起一段距离之后即整个向内收缩，向上再砌筑一段距离的墙体之后再交向内收缩，由此形成层层内缩的墙体形式。这样，最后到顶部兴建穹顶时，其圆形墙体直径只剩24米，远小于底部平面的直径尺度。缩小的穹顶在结构上更易构造，整个建筑的墙体也可以减薄至3.6米左右。在建筑内部的墙面上，仍旧可以通过开设壁龛和上层通道的方式减轻墙体的重量，同时

又得到了圆形空间带穹顶的建筑室内效果。

无论是南瓜拱将拱顶分成多瓣的做法还是通过缩减墙体来达到减小穹顶跨度和降低建造难度的做法，都是人们在追求理想的集中式穹顶建筑过程中所尝试的新结构形式。这些新的建筑形式有着共同的特点，就是要在圆形或多边形平面的墙体上兴建穹顶。与古罗马文明并行发展的亚洲文明中，如波斯和叙利亚等亚洲地区，也从很早就有了穹顶的砌筑经验。这些亚洲地区的建筑多是在正方形平面上设置穹顶，圆形的穹顶和正方形墙面的结合，是通过在正方形墙面上部设置突角拱（Pendentive），或在墙面上抹角形成多边形墙面的基础上设置穹顶，而巴勒斯坦（Palestine）地区更是已经有了在正方形墙面四周发券，再建造穹顶的方法。

这些来自东西方各地区的穹顶砌造经验，在拜占庭帝国得到了充分的交流与融合，并因此结出了硕果，即成熟的在方形平面的墙体上建造穹顶的方法。经由这种方法制作的穹顶结构完整，由于没有遮挡，整个穹顶展露在外，呈现出优美的造型，在内部则可以得到完整的集中式使用空间，满足了人们聚集教众进行宗教仪式的要求，因此这种方

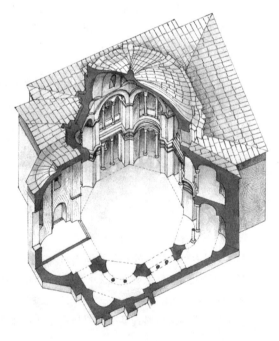

形体块上设穹顶的技术，在君士坦丁堡和拜占庭帝国的各个地区广泛流行开来。

在 520～532 年的时候，君士坦丁堡发生了大规模的平民暴动。平民阶级烧毁了公共浴室、元老院以及皇宫，其中被他们烧毁的还有著名的、有着拜占庭建筑旗帜之称的圣索菲亚大教堂。在暴动被平息了之后，查士丁尼大帝开始着手重建君士坦丁堡，比如他下令建造了大型的地下贮水库（地下贮水库的建筑材料采用的是大理石，柱式选用了华丽浓艳的科林斯柱式）及输水道等公共建筑。在君士坦丁堡的重建项目中，以新的圣索菲亚大教堂最具代表性，从多个角度来说，这座建筑都堪称是整个拜占庭时期最高建筑水平的综合展示。

重建于 532～537 年的圣索菲亚大教堂（Santa Sophia）是拜占庭建筑中规模最宏伟的一个作品。"索菲亚"（Hagia Sophia）在希腊文中的意思为"神灵的智慧"，它被建造在一座名为"索菲亚"的巴西卡式教堂的废墟之上。因为它离海很近，所以海面上的船只在远处便可以看见这座象征拜占庭帝国的标志性建筑。

圣索菲亚大教堂是皇帝举行重要典礼和仪式的地方，是东正教的中心教堂，东

西长约为 77 米，南北长约 71.1 米。这座宏伟的建筑是由当时精通物理的伊索多拉斯（Isidorus）和精通数学的安提莫斯（Anthemius）共同设计和指挥建造的。整座教堂巨大的穹顶由底部的四个墩柱支撑，其余的大部分墙体和构件均是由轻巧的砖块为主要材料建造的。半球形的拱顶将近似方形的建筑空间统合在了一起。在建筑内部，中心的圆顶又与长方形柱廊大厅的空间分划相互结合。这种设计不同于任何一个罗

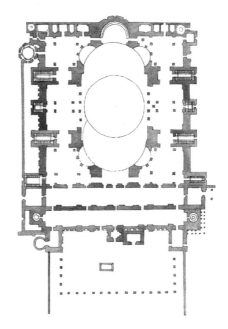

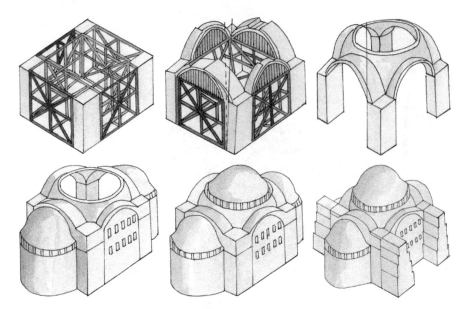

圣索菲亚大教堂穹顶建造步骤分解示意图

圣索菲亚大教堂穹顶结构的建造成功，是建立在对穹顶整体结构重量及推力的准确计算，以及针对计算结果设计的挡土墙与半穹顶建筑部分的配合基础之上的，因此是人类综合建筑能力提高的标志。

马建筑，也不同于以往集中式的完整圆形空间，它是一种全新的、极具革命性的设计。

这座教堂是集中穹顶式建筑与巴西利卡式内部空间的完美结合，其内部面积约为5467平方米，里面建有巴西利卡式的侧廊与中厅。半圆形穹顶（Hemispherical Dome）直径约为32.6米，高15米，主要以底部4个方形墩柱支撑。这4个方形墩柱立于一个边长约为31米的正方形4个边角上，是半圆形穹顶在建筑内部的主要支撑结构。在4个墩柱支撑的墙面上方沿正方形的四条边各自发券，半圆形的穹顶就通过40条肋拱架设在这4个大的拱券上的，而穹顶底部与每两个发券转角处之间形成的三角形部分，则以一种新的结构予以充填。这个充填的部分由于形状像船帆被称为帆拱（Pendentive），这是正方形平面的墙体与穹顶相结合所出现的新结构部分。

四边发券的结构不仅有支撑和平衡穹顶侧推力的作用，穹顶与墙体之间还形成鼓座将穹面托起，使建筑外部的形象更加完整，同时将整个穹顶的承托力从墙面集中到底部的四个墩柱中，并部分抵消了穹顶向外的侧推力，而帆拱的出现则有辅助受力向下分散的作用。由于穹顶尺度太大，人们不得不在四面墙体外侧另外进行了一些结构设置以抵抗侧推力，给穹顶以有力

的支撑。在鼓座下部的四个方向上的发券，分别相对设置扶壁墙（Buttress）和半球顶的侧殿，这样既起到坚固的围合作用，又为内部拓展出了两个半圆形的使用空间。

自此，整个穹顶在内部有墩柱支撑，在结构处有发券的鼓座托起，在外部有扶壁墙和半球顶的侧殿平衡侧推力，使穹顶稳稳地耸立于建筑之上。在此之后，这种建立在方形墙面之上，由底部发券鼓座、帆拱和穹顶构成的穹顶技术形式被固定下来。借由圣索菲亚大教堂的影响力和动人的空间形象，这种技术被应用在更广泛地区的建筑，尤其是在正教教堂建筑中所使用。

圣索菲亚大教堂的内部极具震撼性。巨大的穹顶高悬于中厅之上，在位于穹顶与发券相接的肋拱之间安置有40扇窗户，这样做是为了使光线可以直接从这里照射进去。除了穹顶之外，由于墙面的受力相对较小，所以教堂底部的墙面上也开设有许多窗孔，使教堂内部十分光亮。

圣索菲亚大教堂的内部空间较之拜占庭其他的教堂建筑都要复杂和多变。教堂中央的穹顶中心，高度达到了55米。设计师将中央穹顶所在的空间与教堂东西两个外加的半圆形空间连通在一起，这样就使教堂空间的纵深感大大加强，也更加适应了宗教仪式的需要。通过柱廊的形式使教

堂南北两侧的空间与中央部分区隔开来，形成了明显的巴西利卡式的教堂内部结构，只是巴西利卡式教堂主殿两旁边的侧殿，变成了每边三个由柱廊不完全分隔的正方形小室。在侧殿的上层，还设置了单独供女教众使用的礼仪空间，而且这个礼仪空间采用尺度明显缩小的柱廊和拱券形式与底部拱廊相接，在视觉上起到拉深纵向空间、增加高度感的作用。

圣索菲亚大教堂内部的装饰也极为华丽。总的来说，教堂的地面和底层墙面、墩柱都使用以黑、灰和青色为主的彩色大理石板装饰。主殿两侧分隔的柱廊都采用独石雕刻的柱子形式，底层大尺度柱子以一种绿色石材为主，上层较小的柱子则采用一种白色大理石。建筑顶部的穹顶、半穹顶以及拱券墙面都采用玻璃质地的马赛克拼贴进行装饰。整个顶部装饰色调以金色为主，将蔓草花边、十字架和圣像都更明显地凸显了出来。

大教堂中最突出的是装饰纹样风格的变化，这一点突出体现在柱式和柱间拱廊的装饰上。圣索菲亚大教堂内的柱头采用了一种本地区的新形式，即柱头四个面和四个边都采用外凸的弧线轮廓形式，柱头四面以雕刻极深的变形莨苕叶纹装饰，柱头上部加入了爱奥尼式的涡卷。在柱子与柱子间的拱券上，或采用同样的深雕手法雕刻卷草纹和蔓草纹装饰，或采用连续的花饰带装饰，极富东方气息。

相比于装饰华丽的内部，圣索菲亚大教堂的外部装饰要简单得多了。教堂外部只是进行了简单的粉刷，将朴素的无花纹墙面和铅皮覆盖的顶部暴露出来，其简朴、粗糙的外部形象与精致华丽多彩的内部装饰形成了强烈的反差与对比。

圣索菲亚大教堂建成后，立即成为基督教世界最具代表性的教堂建筑。圣索菲亚教堂在建筑造型、结构、空间分划以及装饰风格与细部样式等方面的做法和特点，都被拜占庭帝国各地的教堂所模仿，形成

圣索菲亚大教堂
内部

由于后期被改造成清真寺，因此建筑内部呈现出两种宗教并存的奇特景象。

拜占庭风格的柱头
与梁柱结构

圣魏塔莱教堂

圣魏塔莱教堂是圣索菲亚大教堂最具代表性的变体穹顶式建筑之一，这座八边形平面的教堂以内部精美、多彩的马赛克镶嵌画而闻名。

圣魏塔莱教堂圣坛侧面的镶嵌画

这幅镶嵌画表现的是手捧圣物的查士丁尼及其扈从，通过人物表情、服装的表现，暗示了不同人物的身份和地位。

了一股集中式教堂的兴建高潮，而在这个兴建高潮中，又出现了许多富于特色的地方集中式小教堂的创新形式。

建造于540～548年的圣魏塔莱（San Vitale）教堂位于意大利拉韦纳，是众多西欧宗教建筑中最具"拜占庭"风格的建筑。这座建筑是由两个同心的八边形组合而成的双框架结构。该教堂的核心区域是内层由八根柱子支撑的穹顶空间，在一圈的八根支撑墩柱之外，是外围的一圈环廊式空间。这种形式被叫做基督教会的巴西利卡（Ecclesiasticd Basilica）。教堂中还设有环绕中心的二层空间。在八边形墩柱支撑之上，通过一圈类似鼓座的连拱廊过渡，最上部是按照地方做法营造的穹顶。

这个穹隆顶的特别之处在于，它不是按照古罗马万神庙和圣索菲亚大教堂的穹顶那样，由砖石材料采用浇筑法砌筑而成，而是用当地所产的不同规格的陶瓶插套在一起构成的。另外穹顶外部不覆铅皮，而是做成木结构瓦顶的形式。这种地方性的材料和工艺技术建造的穹顶十分轻巧，以至于在穹顶外不再需要扶壁和券之类的支撑物。但教堂外部还是在依附平面为八边形的外墙一侧，兴建了一些侧室，作为内部使用空间的补充。

圣魏塔莱教堂的内部以保存完好的精美马赛克装饰而闻名。教堂内部有着艳丽多姿的大理石墙壁，用数不清的马赛克镶嵌制成的装饰画和大理石铺设的地面和墩柱。教堂内部的马赛克镶嵌画以丰富的色彩表现了以《圣经》故事为题材的多幅画面形象，以此生动的形象向人们展示宗教信息。教堂内最著名的马赛克镶嵌画位于祭坛两侧，分别以表现查士丁尼大帝和狄奥多拉王后为主题。两幅镶嵌画中的构图与情景都是一样的，即以手捧圣物的查士丁尼大帝和狄奥多拉王后为中心，还有一些不同身份的人站在他们的背后。所有人物都表现出了一种静止的状态，他们的脸部表情庄严肃穆，身材纤细高挑。

随着拜占庭教堂建筑的大量兴建，拜占庭式的柱式也逐渐形成了与古希腊、古罗马那种古典柱式不同的做法与形象。拜占庭风格的柱式以圣索菲亚大教堂内的柱子形式

为代表，柱子的基本比例部分有些参照了以前的传统做法，但在大多数情况下是不太合乎古典比例的，古典柱头的5种样式基本上没有被继承。拜占庭式的柱头大多是截顶的倒锥形，还有立方体的形式。拜占庭式柱头多以装饰忍冬草（Ionicera）、变形的莨苕叶（Acanthus）和蔓草纹的手法为主，并用高浮雕的加工手法予以表现，因此柱头显得玲珑纤透，与上部承托的沉重结构形成对比。而且，拜占庭式柱头的样式并不固定，柱头有时直接与上部拱券结构相接，有时也通过一条雕刻满花纹的柱顶石与上部拱券相接，有时柱头上还设置另外一立方体雕刻石作为过渡。6世纪以后，柱头则出现了诸如多瓣式、花篮式和皱褶轮廓的样式，而且柱头装饰的图案样式与手法也更加多样了。

在查士丁尼（Justinian）皇帝统治的时期，除了这座圣索菲亚大教堂以外，还先后在君士坦丁堡城中或建造或改扩建了大约24座教堂。但是，这24座教堂无论从建筑规模、装饰的华丽程度，还是建筑的形式创新等方面都远远不及圣索菲亚大教堂。到了15世纪拜占庭帝国被土耳其人灭亡之后，君士坦丁堡的大部教堂都被拆毁，几乎只有圣索菲亚大教堂幸免于难。土耳其人将圣索菲亚大教堂改建成为了一座清真寺（Mosque），并在建筑所在基址的四个角上加建了4座授时塔（Minaret 也称为邦克楼，是为了呼唤穆斯林们按时举行礼拜而建造的。这种塔建有尖尖的顶部，高挑

而细长的塔身）。通过土耳其人的改造，使这座圣索菲亚大教堂较原先在形式上显得轻巧了许多。现在这座建筑已被列为土耳其伊斯坦布尔的一座博物馆。教堂后来被改建作为清真寺时室内壁画曾被涂抹上一层石灰覆盖，因而破坏严重，一部分壁画被完全破坏，再也看不到了。但圣索菲亚大教堂也形成了基督教与伊斯兰教双教合一，先后使用同一建筑的奇特现象。

以君士坦丁堡的圣索菲亚大教堂为代表的拜占庭集中式教堂建筑，不仅在拜占庭繁盛时期帝国各处被大量兴建，而且在7世纪拜占庭帝国逐渐分裂和衰落以后，其影响也还有继续扩大。但是，由于圣索菲亚大教堂的结构技术性较高，因此各地兴建的小型教堂建筑虽然保留了大教堂的一些建筑形象特征和空间分划传统，但在总体的造型上还是呈现出很强的地区差异性。

这种建筑造型与圣索菲亚大教堂存在差异性表现最突出的是在斯拉夫人（Slavic People）居住的北方地区。斯拉夫人居住的

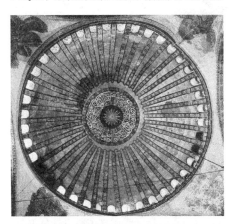

拜占庭式柱头

拜占庭式柱头不仅柱式形状多样，而且柱头的装饰手法也十分多样，既可以满饰浮雕的花纹，还可以用马赛克镶嵌的图案与浮雕相配合，因此柱头形象极为多变。

圣索菲亚大教堂穹顶及壁画（中、下图）

圣索菲亚大教堂内部，包括穹顶在内的大幅马赛克镶嵌画都以金色为底，呈现出一种华丽、神圣之感。

诺夫哥罗德的圣索菲亚大教堂

拜占庭的中央穹顶教堂形式到了北部的罗斯地区，就演化成了这种拥有多个葱头式小尖顶的教堂形式，小而陡峭的穹顶和外覆金属的形式，可以防止屋顶积雪压垮建筑，是适应当地气候所进行的有益改造。

威尼斯圣马可教堂平面图

这座教堂按照希腊十字形平面修建而成，教堂内部包括分划主侧厅的连拱券在内，都采用规则的方柱形式，而且在正立面外部的三面设置了一圈方形墩柱与拱券组合形式的柱廊空间。

区域寒冷多雪，当地的人为了防止积雪压垮建筑，都采用陡峭的坡屋顶形式，因此在这里集中式教堂的半球形穹顶转变为一种洋葱穹顶（Onion Dome）的形式以防止雪的堆积。后来，斯拉夫人在此基础上发展出一种独特的多穹顶教堂形式，其建筑造型已经与圣索菲亚大教堂的形象相距甚远。比如建筑于1052年的诺夫哥罗德(Velik Novgorod)圣索菲亚大教堂，就结合了拜占庭建筑中晚期高耸的建筑比例与具有浓厚东方特色的洋葱顶形式而创造出一种新的造型模式。像这样高峻的建筑在这一时期已经形成了一种独特的建筑风格。

受拜占庭建筑影响较大的地区还有曾经长时间作为拜占庭帝国殖民地的威尼斯。威尼斯诞生了建筑规模最大、装饰最为豪华，也是样式最为独特的圣马可大教堂（St. Mark's Cathedral）。这座教堂体现出浓重拜占庭风格的同时，也体现出了极为大胆的创新设计思想。圣马可大教堂在平面上是以正十字形为基础建造的，而且在十字形的四臂末端和交叉处共建造了5个穹顶，教堂内部除满饰以金色马赛克镶嵌之外，其他装饰物也都是东征的十字军（The

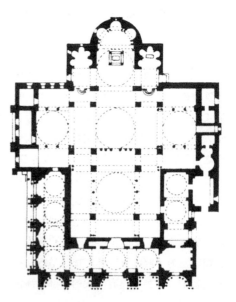

圣马可教堂最具
特色的设置，就是在
十字交叉处和四臂的
端头都设置了穹顶。
圣马可教堂最初被作
为总督的私人教堂而
兴建，直到19世纪才
晋升为主教堂，因此
建筑形式比较活泼。

Crusades）在君士坦丁堡劫掠来的，因而空
间的意蕴高雅、格调奢华。

13世纪以后，由于政治的动荡不安，在
各地兴建起来的教堂在建筑规模上都较早先
的要小得多。这些小教堂不仅在规模上不及
早先的教堂，在建筑的外形上也有了一些变
化，总体来说是建筑形式更加灵活。由于小
教堂中的穹顶尺度较小，因此其结构和造型
也和原来的拜占庭建筑有了较大区别，出现
了一些虽然保留穹顶建筑，但在结构上与早
先的穹顶建筑结构完全不同的新建筑形式。
比如位于希腊萨洛尼卡（Thessaloniki）的圣
徒教堂（The Chucch of The Holy Apostles）就
出现了梅花形平面的穹顶形象。

圣索菲亚大教堂的穹顶在最初兴建完
成之后，也曾经因为结构不成熟导致的支
撑力失衡而塌落过，重修时人们不得不在
底部发券外另外加建扶壁墙来平衡穹顶的
侧推力。这种扶壁墙的形式此后在一些小
型教堂中得到了广泛使用。在修建小教堂
时人们往往不在中心穹顶的四周或两侧像
圣索菲亚大教堂那样，设置半圆室以形成
侧推力支撑穹顶，而是在穹顶周围的建筑
外部修建扶壁墙，既起到支撑穹顶的作用，
又有效降低了建造成本。

另外在一些小型教堂建筑中，由于穹
顶的制作结构和材料多种多样，因此也有
了一种在穹顶与墙面之间建设一段高起的

达夫尼修道院教堂

这种在小型穹顶教堂外部，采用扶壁墙的形式平衡穹顶侧推力的做法，是简单而且有效的结构应用，同时也启发了古罗马风及哥特式建筑结构的建造。

鼓座的建筑形式。虽然鼓座与穹顶的组合并未固定下来，但这种建筑形式却给之后的建筑设计者带来了很多启发，在文艺复兴时期，鼓座在穹顶建筑中得到了广泛的应用。

早期拜占庭建筑外部那种简单而粗糙的形象，在后期许多地区的教堂建筑中也有了改观。建筑外部开始加入更多的雕刻图案、线脚，或者拱券、壁柱、盲窗和镶嵌等装饰，也变得精致了许多。从总体发展上来看，后期的拜占庭建筑比起早期的建筑虽规模上小了一些，但在外观形式上却显得更为精致、多变了。

早期基督教建筑和拜占庭建筑，都是以古罗马帝国分裂之后的建筑传承为设计基础，以基督教的广泛流行为宗教前提的条件下发展起来的。此时建筑和宗教的发展变化与社会环境的变化紧密相关。基督教作为一种迅速崛起的宗教形式，其专用建筑的发展也必然经历后期不断借鉴先前建筑经验进行设计尝试的风格混乱阶段。

基督教建筑在形式和特色等方面的差异，是随着罗马帝国和基督教自身的分裂而自然形成的。早期基督教建筑与拜占庭建筑在形式上的明显区别有：在建筑的平面上，早期基督教建筑采用的是长方形的巴西利卡形式，而拜占庭建筑采用的多是希腊正十字形式；在建筑材料上，早期的基督教建筑选用的建筑材料是三合土和石材为主，拜占庭建筑除依然沿用三合土这种建筑材料以外，则更多地使用了砖块或陶质材料。人们将砖、瓦、陶质物件与石灰、砂子混合在一起营造建筑，而且各地区的

君士坦丁堡地区的小型教堂

君士坦丁堡地区的小型教堂数量较多，而且建筑造型也更加灵活，但越到后期，教堂的装饰就越呈现出程式化和僵硬的特征。

建筑都呈现出不同的风貌。

拜占庭教堂与早期基督教教堂最大的不同之处在于：早期的基督教教堂都建造有钟塔（Bell Tower），而在拜占庭的教堂建筑中则不建造钟塔；早期基督教教堂内部的柱子及木质屋顶的结构样式，呈现出了一种纵深的水平感，在拜占庭教堂中，各种建筑样式和细部则都使人们的视线完全

被集中到了中心的部分，这样的设计所呈现出的是一种强烈的凝聚感和完整性。

总而言之，拜占庭的建筑风格是一种融东方艺术与西方艺术于一体的独特形式。东罗马时期，拜占庭帝国吸收了相当多的希腊文化的养分。这种文化积淀由于东正教而得以流传。譬如东正教的最主要继承者，俄罗斯人的文字就是在古希腊字母的基础上创建的，而不是像西欧国家的文字，是从拉丁字母的基础上发展起来的。在教堂建筑的平面上，拜占庭帝国的教堂以及其后东正教的教堂都是保持了希腊十字的平面形式，而不像西欧国家的基督教堂都是采用拉丁十字的平面形式。

拜占庭建筑所取得的最大成就，是解决了在方形平面上建造穹顶的结构与技术问题。这种通过在四边形墙面上发券，再通过帆拱的过渡建造圆形穹顶的做法中，最突出的新结构就是帆拱（Pendentive）的运用。通过帆拱的过渡，使穹顶可以被建

带半圆形龛室的墩柱

穹顶底部墩柱上开设了半圆形的龛室，且龛室纵向拉伸，通过上部的突角拱与穹顶结构相接，通过这种方式设置的突角拱可以起到减小穹顶侧推力的功能。

圣索菲亚大教堂建筑结构剖视图

为了平衡穹顶侧推力，在大穹顶周围依次设置了半穹顶和单坡顶的建筑形式，这些建筑不仅大大扩充了教堂的内部空间，还形成了一些有层次的回廊。

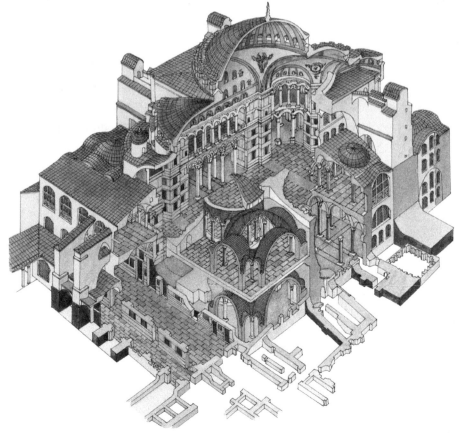

圣徒教堂

位于萨洛尼卡的圣徒教堂约建于14世纪，教堂的顶部除主穹顶外，还有穹顶四角各设置了一座小穹顶，五座穹顶各自独立分开设置，但都有高高突出的、带细长窗的鼓座，建筑外部墙体上还有精美的砌砖图案。

造在四边形的墙体基础上，而且将穹顶支撑力集中于底部的墩柱之上。这种结构虽然也需要建额外的扶壁或半穹顶来支撑，但却解放了建筑底部的墙体，使穹顶可以与更广泛的建筑形式相结合，这就为之后穹顶与巴西利卡式大厅的结合做好了结构上的准备。

除了帆拱之外，拜占庭时期各地仿照这一穹顶结构所做的变体结构也被人们所广泛运用，这种变体的结构是用内角拱取代了帆拱。所谓内角拱，即是在四边形墙体上加入横梁、拱券的结构部分，内角拱的加入可使墙体变成八边或多边形的平面形式，人们可以在这种多边形基础上再设置穹顶或类似穹顶的屋顶形式。帆拱和内角拱结构的出现，使穹顶的建造更加容易，适用性也更加广泛，因此不仅在拜占庭时期掀起了穹顶建造热潮，还使人们对拱券、穹顶和相关力学结构的认识更深入了一步，为此后相关结构的技术进步奠定了基础。

拜占庭帝国在4～11世纪以贸易经济为主，作为欧亚大陆的重要商贸枢纽地，拜占庭除了与西罗马和欧洲各地保持商贸联系之外，还依靠欧洲各地与叙利亚、黑海沿岸、小亚细亚、埃及、阿尔美尼亚、印度、中国、波斯各国之间，在手工业经济及商业方面所起到的中转作用而逐渐繁荣起来。拜占庭人将这些不同地区的经济文化进行了融合，并从中汲取了大量的营养。可以说，拜占庭辉煌艺术的产生，尤其是建筑成就的取得，在很大程度上是得益于其文化上的这种混杂性和交融性。从建筑发展史上来看，拜占庭时期的建筑不仅是为西方建筑的发展带来了一些亚洲建筑的风格气息，还在建筑材料、结构，尤其是穹顶建筑方面取得了相当大的成就。此时的穹顶建造技术、扶壁墙形式和混杂的建筑风气，不仅掀起了继古罗马帝国时期之后欧洲建筑文化复兴的又一高潮，也为此后多个历史时期建筑的发展提供了重要的经验和参考。

第六章 罗马风建筑

第一节 综述

欧洲自罗马帝国衰败以后即陷入相对混乱的发展状态，而且此后拜占庭帝国的兴起，也使欧洲文明发展中心转向东方。在欧洲南部，信奉伊斯兰教的摩尔人（Moor，非洲西北部的阿拉伯人）南下占领和控制了地中海南岸的北非地区，使欧洲一些地区的对外贸易活动受到影响，也直接导致了西班牙沿着伊斯兰文化方向发展的倾向和罗马经济的衰败。

西罗马在5世纪后期被来自海上的野蛮部落（Savages）所攻陷，随着这些来自北方的野蛮部落的入侵，欧洲南部社会发展水平开始下降。在蛮族部落的统治之下，从古罗马时期发展而来的文化艺术、建筑

亚琛皇宫及教堂想象复原图

将圆形教堂建筑作为王宫主体建筑的做法，是中世纪早期各地区建筑的共同特色，无论圆形教堂还是巴西利卡式的各种厅堂，其形制都来自古罗马—拜占庭建筑。

圣马丁教堂

位于西班牙弗罗米斯塔的这座教堂建筑的形制,明显受到了法国教堂的影响,尤其是两边对称设置钟塔的立面,喻示了哥特式风格在后期的产生。

技术等都逐渐失落了,取而代之的则是教会势力的增强。

与欧洲南部以意大利为代表的古典文化中心的衰落不同,欧洲北部、欧洲西部与中部地区的发展开始逐渐活跃起来了。法兰克王国(Franks)的查理大帝(Charles the Great),是卡洛林王朝(Carolingian Dynasty)的第二任国王,他因积极对外扩张而获得了神圣罗马帝国皇帝的称号,这也是自古典时期以来皇帝称号的一次回归。此后,中西欧进入多国割据的封建社会发展时期,除了查理大帝之外,日耳曼民族奥托(Otto)大帝统治的中欧,也在相对平稳的局势下开始发展宗教建筑。

罗马风(Romanesque)也被称为罗马式,同时由于这种风格为哥特式建筑风格的出现和发展奠定了基础,因此也有时被称为前哥特式风格。从6世纪拜占庭文化的衰落到约10世纪左右罗马建筑形式的回归,这之间几百年的时间里,中西欧地区经历了遭受蛮族入侵,地区战乱,异族人的地区同化和接受基督教后政权重组的历史发展过程。"罗马式"这个词最早产生于19世纪初期,它指的是欧洲各国11~12世纪末期这一阶段的建筑风格。在这一时期,法兰西、日耳曼、西班牙、英格兰以及意大利等国家中均可以看到模仿古罗马时期样式的建筑作品,在这些建筑中最重要的

是对于"罗马式"筒形拱(Barrel Arch)的使用和拱券在建筑立面构图上的运用。

在大约1000年左右的世俗社会中,各地区势力之间仍有战争,因此各地区的居民大都集中居住,或居住于土地领主营造的坚固城堡(Castle)之中,形成了以城市为主的生活模式,而这种城市生活,也导致了工商业的发达和形成更细致的社会分工。同世俗世界相反,此时的教会内部虽然也出现了多种不同的教派,但从总体上说,教会已经形成了一个结构严谨的管理组织,成为跨地区的发展体系。城市中专门从事手工、建筑业的工匠群体的形成和宗教的跨区发展相结合,就为新建筑风格的广泛流行奠定了基础,它也使得建筑水平得以在专业从业人员的广泛交流之下提高,成为新结构、新样式出现的前提。

中西欧的罗马风建筑最突出的特点就是对古罗马拱券形式的复兴,而且除了古罗马时期的筒拱与十字拱(Cross Arch)形式,拜占庭时期的拱券技术也有所应用。这一地区的教堂都是在古罗马巴西利卡式大厅和拉丁十字形平面的基础上发展起来的,由于教堂的屋顶改用砖石拱的形式,也带来了一些问题和教堂形象上的改变,即由于屋顶多采用砖石结构的筒拱和十字拱等形式,因此屋顶的重量和侧推力都大大增强,建筑内部的支撑柱不再遵循古典的柱

式比例规则，柱子的雕刻也极大地简略，变成粗壮的墩柱形式。教堂底部墙体的厚度相应增加，开窗面积则被减小，因而导致教堂内部的光线昏暗。

10世纪左右欧洲各地出现的小皇帝，与之前拥有绝对权力的古罗马时期皇帝的权力和统治区域大小是不同的，这些封建割据国皇帝所管辖的国土面积十分有限，而且国家与国家相互之间还可能有着千丝万缕的联系。因此，这些王国之间的经济贸易与宗教活动的流通性也非常强，这也使一些仿罗马风格的建筑易于在西欧各国中逐渐兴起。又由于西欧地域面积广阔，因此建筑物受到了诸如气候、民族、宗教、社会和地质等诸多因素的影响，而产生出了不同式样和风格的建筑形式。

许多建筑样式的特色是具有地区共通性的。比如在南方地区天气比较炎热，建筑中的窗口就被设计得非常小，这样做是为了避免阳光的过多照射，又因为南方的雨雪少而一般均采用平坡屋顶的建筑形式。北方因为天气较为阴湿，所以为了得到更多的阳光照射，窗口开得比较大，由于这里的雨雪多，所以屋顶采用了陡坡的建筑形式。

罗马风建筑的立面，呈现出与古典神庙式建筑的柱廊立面的较大不同。此时的立面变成了以入口大门为主体的形式，教堂立面可以只设置通向中殿的一座大门，也可以设与中殿和两旁侧殿相对应的三座大门，但一般主殿入口大门的尺度要大一些。大门都被雕刻成层叠退后的拱券形式，以便从视觉上拉伸立面的厚度，使大门显得庄重而严肃。按照当时流行的做法，在大门周围的建筑立面上雕刻耶稣（Jesus）、圣母（Maria, Mother of Jesus）、圣徒（Latter-day Saints）等基督教中重要人物的形象以及连续的花纹和花边装饰。这种层叠退缩的形象集中出现在大门和窗口上，也成为了罗马风建筑的一大特色。

在10世纪早期法兰克的查理大帝（Charles the Great）时代，宗教对于政治、

文化、农业等方面都有着巨大的推动作用。然而到了12世纪中叶的时候，宗教却对文化、科学、艺术等方面都产生了制约性，当时作为培养知识人才的学校全部依附于修道院并且专门为其宗教而服务。这种情况导致一些诸如自然知识的科学知识被排除在教会的教学内容之外，知识被限定在了与宗教相关的方面，而被教育者也被限定在宗教的团体成员之中。广大民众，甚至包括领主、权臣和皇帝，都可能目不识丁。

在这种状态之下，基督教作为一种具有政治和文化统领性的宗教，在世俗生活中的地位也日益重要起来。城镇和国家的一些行政事务甚至也均由大主教（Archbishop）所管理，而民众对于基督教的信仰也极度虔诚，这使得各地的教廷文化发展也达到了空前繁荣的程度。

在早期的罗马式建筑中较多地采用了交

圣米格尔教堂

中西欧地区首先引入的是沉重的筒拱结构形式，因此这些地区兴建的早期罗马风教堂建筑都显得封闭而沉重。

退缩式大门及平面示意图

这种利用不在一个平面上的排柱形成的退缩式大门，是罗马风式建筑的一个重要建筑特色，采用这种退缩式大门或窗口形式，可以起到削弱墙体厚重感的作用。

圣马利亚殿

　　位于西班牙纳兰科的这座殿堂建筑，是原有一组庞大建筑群的组成部分之一，由于所在地区曾经被摩尔人侵占，因此这座基督教圣堂建筑中加入了一些伊斯兰建筑特色。

　　又的十字拱顶的样式，后来人们又在此基础上进行了诸多不同拱顶结构形式的探索，并通过在建筑外部加建扶壁的形式增加支撑力，以便能营造更加坚固的教堂。这种拱券与扶壁的组合在罗马风建筑中只是为了弥补事先结构承受力设计不足而做的补救措施，但同时也给人们以结构设计上的启示，在日后成为了哥特式建筑的典型结构特征。

　　不同地区都有其自身的建筑传统，也对新事物存在一定的客观制约性。此时教会势力在各地的统一发展促进了建筑的发展，尤其是宗教建筑在这种地区差异性的基础上得到统一发展。11世纪下半叶起，随着民间的前往罗马、耶路撒冷（Jerusalem）等圣地（Holy Land）朝圣活动的兴起，更

是对各地罗马风建筑统一风格的发展与传承提供了直接动力。这股朝圣热潮不仅使各个圣地的宗教建筑得到很大发展，也促进了朝圣路上各地建筑的发展。朝圣的热潮推动了宗教的兴盛，在休会制度的大背景下，这一时期的教堂建筑又往往以修道院（Monastery）的组群样式出现。

第二节
意大利的罗马风建筑

　　今意大利地区也是欧洲古典文明的萌发地之一，以罗马城为中心的广大地区不仅是古罗马建筑文明的发源地，还同时受到拜占庭和伊斯兰建筑风格的深刻影响。由于悠久的建筑传统和复杂的地区政权更替的历史发展特征，使意大利的罗马风在不同地区呈现出造型差异较大的建筑现象。

　　意大利北部的伦巴第（Lombardy）地区与其境内其他地区的罗马风建筑样式呈现出较大差异。伦巴第地区指意大利北部地区，包括米兰（Milan）、威尼斯（Venice）、拉韦纳（Ravenna）等诸多河口和海岸城市，这些城市都有着发达的对外贸易，同北部各地区的联系更加紧密，因此其罗马风建筑也呈现出更多的混合性特色。

　　以伦巴第地区为代表的北部罗马风的教堂建筑，其平面主要采用巴西利卡形式。教堂内部的主殿与侧殿均采用砌筑拱顶形式，但在拱顶外部仍覆有木结构的两坡屋顶。此时期伦巴第地区教堂兴建的数量和规模都有所扩大，而且其建筑形制更多地借鉴了内陆地区的做法，呈现出与意大利中南部地区不同的特色。

　　米兰是伦巴第地区的中心城市之一，这里所兴建的教堂建筑也颇具代表性。米

兰的一座大约兴建于9～12世纪的圣安布罗乔（St.Ambrogio）教堂，就是保留至今的比较特殊的教堂建筑的例子。圣安布罗乔教堂主体建筑平面呈长方形，但后殿一端由半圆室和它两边的两座小半圆室组成的弧线形墙体轮廓作为结束。教堂最为特殊的是在主教堂之前设置了一个与教堂宽度相同的长方形柱廊院，使教堂形成柱廊围合的庭院与后部教堂紧密结合的形式。

教堂内部空间真正的入口设置在柱廊院的尽头。这个入口立面分为上下两层，并以上层的两坡顶结束。两层立面的设置大致相同，都是在中心大拱券两边对称着各设置两对小拱券，但上层中央拱券门洞要比下层中央的拱券门洞大一些，而且立面两端最外侧的小拱券与两边的柱廊相通，因此从立面上只能看到三联券的门洞形式。

在教堂正立面的两边，还各设有一座方形平面的钟塔。这种从主体建筑向外延伸出的钟塔建筑形式，是法、德等地罗马风教堂常采用的造型手法，而在意大利，更广泛的做法是将钟楼从主体教堂建筑中分离出来，使其成为独立的单体建筑。圣安布罗乔教堂中的这两座钟塔虽然并不位于主体建筑立面的构图之内，而是独立于主体建筑之外，但主体建筑的正立面与两座钟塔组成对称构图的基本建筑形制已经出现。这种造型模式向人们预示了北方罗马风建筑样式将要如何发展。这种在主体建筑两边对称设置钟塔的做法，也被此后的哥特式建筑所继承。

除了伦巴第地区之外，意大利北部产

帕拉蒂尼礼拜堂
内部

位于西西里岛上的帕拉蒂尼礼拜堂，是一座巴西利卡式大厅与拜占庭式拱穹相结合的建筑，建筑内部的蜂巢式穹窿和拱券、铺地上的几何纹饰，都显示出很强的伊斯兰建筑风格。

生的最富创新性罗马风建筑的聚集地是威尼斯。威尼斯最早是拜占庭帝国的重要殖民地，而且作为欧洲与东方重要的贸易中枢，这一地区的文化具有十分混杂和开放的特色。同其他地区在建筑上呈现出一些东方风格不同，威尼斯人有时甚至直接聘用东方建筑师来进行设计，因此威尼斯城的罗马风建筑也自然呈现出更突出的东西方建筑相融合的地区特色。

威尼斯著名的圣马可大教堂在11世纪进行了改建，形成了今天人们看到的立面形象，其立面突出体现了当地的那种将东方风格与西方建筑传统相融合的特色。在新的圣马可大教堂立面中，底层采用当时流行的罗马风建筑处理手法，将入口的5个拱券大门都处理成退缩拱券的形式，并对此进行了突出地表现。经过这种处理后的大门显得深远而厚重，因此在5座大门上设置的半圆形拱券并未显得沉重，反而有一种愈向上愈轻灵的感觉。

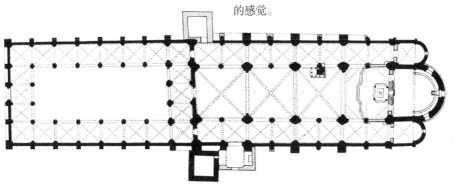

圣安布罗乔教堂
平面

这座教堂是伦巴第地区仅存的一座带有前庭的罗马风教堂建筑，教堂立面两侧的塔楼分别是教堂中的修士与教士两个团体所建，因此在样式上也略有不同。

圣马可教堂立面

威尼斯的建筑风格始终呈现十分混杂和多样化的特色，圣马可大教堂的主体建筑与立面虽然以拜占庭风格为基础建成，但在后世的修建中又加入了罗马风和哥特式的一些特色。

除了北部的伦巴第地区之外，意大利另一处最著名的罗马风建筑是位于比萨的一组宗教建筑群。这个建筑的组群包括比萨教堂（Cathedral of Pisa）、洗礼堂（Baptistery）和钟楼（Leaning Tower of Pisa）与圣公墓（Cemetery）。这组建筑大约从1063年开始动工修建，工程持续了相当长的时间，甚至到13世纪时仍在进行增建和整修，最后成为世界上最著名的建筑集群之一。

比萨教堂是仿罗马式建筑的一个经典代表作品。这座教堂的平面为拉丁十字形，但其内部空间十分宽大，十字形的主殿堂由宽大的主殿与两旁边各两间的侧殿，即宽度共五间的、纵向连通的殿堂构成，而横向的翼殿部分也是三殿的形式。由于建筑殿堂的尺度过大，采用砌筑拱顶的难度较高，因此建筑主殿和翼殿的屋顶都是木结构的坡屋顶形式，只在十字交叉处的椭圆形拱顶和后殿采用了一些拱券。

比萨建筑群

比萨建筑群的洗礼堂、教堂和钟塔建在同一轴线上，而圣公墓则位于建筑组群的边缘，起到围合与界定建筑群的作用。

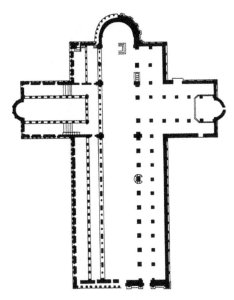

教堂外部采用白色大理石与彩色石材贴面装饰，形成以白色为主的条纹图案形式。大教堂的立面形象很特别，其立面反映殿堂的真正结构形象，随着高度的向上逐渐缩小，最后以一个希腊式的两坡顶山墙结束。立面从上到下被分为5层，最底层是有壁柱支撑的连续拱券形式，但只有主殿和两边侧殿三个真正的入口，另外四个拱券是顶部带菱形装饰的盲券形式。入口上层是四层逐渐缩小的拱廊部分，这些拱廊之后则是一个开有小窗的实墙立面。在教堂的侧立面和横向翼殿部分采用壁柱或壁柱与拱券的组合形式分饰不同层高的墙面，其楼层高度的分划与正立面的拱券相对应。

洗礼堂、钟楼和教堂建筑的分离是与中西欧其他地区将三部分都设置于同一座教堂建筑中的做法不同的，这是意大利地区教堂建筑的一大特色。比萨建筑群中的洗礼堂位于教堂前面，是一座平面为圆形的集中式穹顶建筑，但其外部的半球形穹顶实际上是一个假顶，建筑内部真正的屋顶是一种尖圆锥形状的屋顶，这个真实的屋顶在穹顶上部露出顶端部分。洗礼堂的墙面底部同教堂侧面一样，都是连续壁柱与拱券的形式，上部则开设圆拱形窗，而圆拱窗外部设置的哥特式的尖券装饰，则是在后来添加进去的一种装饰。

洗礼堂内部的穹顶由底部一圈12根柱子和拱券结构支撑。这些柱子除四角的四根为方柱外，都是圆柱形式。在底层柱拱结构之上的第二层，是一圈与底部柱子相对应的方柱，顶部圆锥形的尖顶就建在二层的这圈方柱上。为了增加柱子的承重力，第二层的方柱十分粗壮，而为了抵消圆顶的侧推力，在方柱与墙面之间还另外设置了扶壁。

位于比萨建筑序列最后的是独立的圆柱形钟塔。钟塔的建筑材料为大理石，由于塔身太重，而基础面积不大，这座钟塔在兴建过程中就因为地基沉降而开始歪斜。但人们还是将其建完，只是在柱子高度上

比萨教堂平面图

比萨教堂是这一地区少有的拥有大型厅堂的教堂建筑，这座建筑平面布局的特别之处在于，两个横向的翼殿也各带有一个半圆形的后殿，并在内部形成回廊。

比萨教堂

比萨教堂的内外，都以不同颜色的石材砌筑带条纹的墙面和拱券形式，这是比萨地区教堂建筑呈现出的共同建筑特色。

比萨钟塔

这座钟塔是整个比萨建筑群中最为著名的一座建筑,但由于长期不断地倾斜,使钟塔一度有倒塌的危险。在当代,经过一个国际性修复团队的巧妙维护,这座塔已经不再继续倾斜,也因此得以完整地留存下来。

作了调整,塔的上部稍稍向回矫正了一些,建成后以比萨斜塔之名而成为世界范围内的知名建筑。比萨斜塔是直径约16米的圆柱形建筑,上下共有8层,其中底层采用实墙面,但在墙外加壁柱拱券形式的装饰,上部6层是柱廊环绕实墙塔心的形式,并在柱廊与墙体间形成通廊。最上层的钟室取消了外层的柱廊,实墙面也变成6个墩柱围合的拱券形式,特制的钟就架设在这6个有壁柱和斑马纹砖装饰的拱券内。

至此,这个由洗礼堂、教堂和钟塔所组成的宗教建筑组群构建完成,三座建筑位于同一轴线上,显示出很强的东方建筑布局特色。虽然建筑造型各异,但建筑材料、建筑色调和装饰细节等方面却表现出一种相同的趋向,加强了建筑群的统一性。比萨建筑群的兴建,为此时许多地区的教堂建筑提供了范本。在比萨的周边地区及更远的范围内,斑马条纹的贴面装饰、券柱廊和带壁柱的立面等特色都在被各地的教堂以不同的手法复制。

相比于其他地区,作为古典建筑文化中心之一的罗马,在这一时期的建筑作品显示出一种保守性。从4世纪帝国首都迁

罗马圣保罗教堂中的回廊柱

受东方风格的影响,罗马风时期的一些建筑风格呈现活泼、多变的特点,罗马城外圣保罗教堂回廊院中的柱子,就以多样化的造型和装饰著称。

移出罗马城至君士坦丁堡之后,随着帝国的分裂、异族的入侵和地中海沿岸贸易的衰落,罗马城也日渐荒废,不像其他地区那样有大规模新的建筑活动开展,也因此,许多精彩的古典建筑形式得以较好地留存了下来。新营造的罗马的教堂在建筑形制上的变化显得相当有节制,许多教堂都是在原有老建筑的基础上改建而成的,因此柱廊和古典式的立面被很大程度地保存下来。与建筑构造本身相比,反倒是建筑中的一些传统的装饰有了新的形式。古典建筑中注重的柱式规则在此时很大程度上被抛弃了,但传统柱式的装饰形象,如科林斯柱式(Corinthian Order)中的莨苕叶(Acnthus)、爱奥尼柱式(Ionic Order)的双涡卷(Abacus and Volutes)等形象还是会被引用,此外马赛克拼贴等传统的装饰方法在罗马教堂的装饰中也十分突出。

在古罗马拱券与穹顶建造技术停滞几百年之后,罗马风时期的工匠们试图在研究古典建筑的基础上恢复这种极具空间表

现力的建筑手法。在原古罗马帝国统治的范围内留存下来的各种古迹，为工匠在结构和建筑设计等方面提供了重要的参照。但同时，由于此时建筑的兴建本身还带有很强的宗教象征性，因此使建筑的兴建具有了更细致和复杂的要求。人们立足传统的建筑结构，并在此基础上不断创新。比如为获得更大的内殿使用空间，比萨教堂之类的教堂中殿抛弃了筒拱形式，而是采用木结构，同时通过降低侧殿的方式开设高侧窗，让教堂室内变得更明亮。除了高侧窗之外，意大利境内的教堂立面中已经出现了圆形玫瑰窗（Rose Window）的设置先例，这种极富表现力的圆窗不仅可以令内殿更为光亮，同时也是立面的极好装饰，虽然在此时并未引起人们的关注，但在此后玫瑰窗成为以法国为中心的各地哥特式建筑立面的特色装饰之一。

罗马风时期的建筑，尤其是教堂建筑同世俗的城堡建筑一样，大多是厚重、坚固的外部形象和昏暗内部空间的结合体。造成这种建筑特征的原因，主要有建筑自身和建筑之外的两重因素。从建筑自身来看，由于人们还没有别的方式来削弱拱券的承重和拱顶的侧推力，因此只能依靠加厚墙壁的方式来获得坚固的建筑结构，这直接导致了建筑形体的厚重。除去建筑结构方面的因素，从当时的社会发展状况来看，此时欧洲各地正处于地方势力割据时期，各地的建筑都呈现出很强的防御性，因此教堂建筑也不例外。在中西欧许多地方的教堂中出现的圆塔形钟楼，其形制就很可能来自古罗马时期在城墙上兴建的圆形凸角堡或碉楼的形式。而在罗马和意大利的大部分地区，这种钟楼则演变成了方形平面塔楼，其上开设拱券的城堡塔楼形式。另外的一个重要原因是此时的教会崇尚朴素，认为世俗的装饰和对美产生反应是有罪的，因此教堂内部也主要以毫无生气的粗糙形象为主，有时圣坛部分会稍作装饰，以作为美好世界的象征，与粗陋部

分象征的现实世界形成对比。

总之，罗马风作为一种历经文化黑暗时期之后新崛起的建筑风格，它的出现及向古罗马建筑学习的风格特色本身，也说明了这种新建筑风格与传统的密切关系。同时，由于此时社会政治、经济和建筑发展重心已经从意大利向北移至更广泛的中西欧地区，因此这些不同的地区对传统罗马建筑风格的重新诠释也更富于地区特色。

圣方济各教堂入口

位于基督教中著名的圣徒方济各故乡阿西西的这座同名教堂，是中世纪时期基督徒们重要的朝圣地之一，教堂立面底部开设有罗马风式的大门，上部则开始出现圆窗形式，建筑整个较为封闭，内殿虽然绘有壁画但光线相当昏暗。

第三节
法国罗马风建筑

法国地处西欧的南北之间，是最早在中央高原地区（Central Plateau）和塞纳河流域（Seine River Basin）发展起来的最初的高卢文明（Gallic Civilization）区域。从公元前56年起，高卢文明被罗马帝国所征服，在此后的几百年时间里，这一地区在罗马人带来的先进生活模式的基础上逐渐发展起来，地区人口和经济开始出现了第一个增长高潮。

中世纪城堡

由于战争频繁，因此各地最普遍兴建的便是这种带有坚固围墙和壕沟的城堡建筑。

分别占据各地区
的诸多王国，同时要
面临来自外部国家的
吞并、内部各种势力
的纷争和与教廷力量
的制衡，因此整个地
区的政治、经济和宗
教关系都存在很强的
同一发展特性。

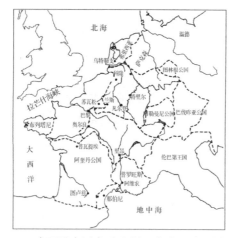

罗亚尔河畔的中世
纪古堡遗址

人们在罗亚尔河
畔最初兴建的，都是
一些具有坚固墙壁的
封闭式堡垒建筑，这
些建筑是中世纪频繁
的王国征战社会发展
状态的产物。

古罗马帝国衰败之际，高卢地区也被外来的日耳曼族人（Germanic Tribes）所征服。此后随着日耳曼民族与当地民族相融合而成的法兰克人（Franks）的崛起，至5世纪左右，高卢地区建立起第一个法兰克人的国家——墨洛温王朝（Merovingian Dynasty）。此后，墨洛温王朝兼并了勃艮第（Burgundy）和莱茵河（Rhine）东岸的各民族，使封建制度代替奴隶制度，社会逐渐发展起来。在此后的加洛林王朝（Carolingian Dynasty）时期，著名的查理大帝将法国的社会发展推向另一个高潮，并建立了以罗马帝国文化和基督教文化为基础的法兰克文化。查理大帝去世后，在经历了一百多年的分裂与征战之后，在10～15世纪的漫长岁月中，法国先后处于卡佩王朝（Capetian Dynasty）和瓦卢瓦王朝（Valois Dynasty）的统治之下，其间虽然也有帝国内部的战争和与英国为主的周边国家的战争，但总体来说社会处于相对平和的发展状态。因此，使得法国的建筑，尤其是早期罗马风建筑的发展取得了一定的成就，并为之后哥特式建筑形制的出现及形成地区特色奠定了基础。

这种区域性封建王权的建立，也催生了城堡防御建筑。城堡建筑适应于当时封建主的生活和防卫需求，因此得到了极大发展。法国在这一时期营造的城堡建筑多集中在罗亚尔河（Loire River）流域，因为那里是王室领地，集中了许多王室成员和高官，许多城堡建筑在这里出现，为之后

在罗亚尔河流域形成可观的城堡区奠定了基础。

这时法国所在的地区还没有形成统一的国家，而是处于地方势力分治的状况，因此罗马风建筑对法国的影响也是因地区的不同而产生不同的结果。但同时，由于法国境内有三条朝圣必经路线穿过，因此也使得这些朝圣路线上的教堂在结构技术、外观样式等方面具有十分相像的统一特性。由于法国所在地区是拜占庭帝国衰败之后欧洲文明的重要发展中心，因此罗马风时期比较有代表性的建筑，也大都出现在这一地区，而且后期哥特式建筑中所沿用的带有双钟塔的西立面形式，也是从此时开始在这一地区的教堂建筑中形成的。

勃艮第是较早接触到伦巴第建筑结构与技术的地区，因此也从很早就为教堂的中殿引入了筒拱形屋顶的形式，此后筒形拱中殿的结构形式流行开来。为了支撑拱顶和平衡侧推力，教堂的侧殿或同样采用筒拱或半筒拱的形式。这样一来，侧殿的墙体高度也提高了，侧殿在内部变成了两层，原本中殿两侧的侧高窗的设置被侧殿代替，虽然外墙上依然可以在顶部横向开点小窗，但教堂内部仍旧很昏暗。勃艮第

地区的建筑营造不仅对法国，甚至对整个欧洲的罗马风建筑都有着重要意义。据说因为最早的罗马风教堂就诞生在勃艮第的克吕尼（Cluniac）地区，而且由此传播到了欧洲各地。

法兰西的仿罗马式建筑出现在 9～12 世纪的时候，表现形式分为南北两种不同的风格类型。除了各地区建筑传统的不同之外，气候原因也是使南北两地建筑形象不同的主要原因。北方天气寒冷且雨雪天气频繁，因此建筑内部即使采用拱顶的形式，在外部也仍然要加以木结构的陡坡屋顶，以利于排水。南方是温热的地中海气候，所以南部教堂的屋面就不考虑排水问题，以平屋顶形式居多，而且窗口面积也相应较小。

在罗马风时期法国以勃艮第以及罗亚尔河流域的内陆地区为代表，成为建筑结构与教堂形制发展的典型性区域。这些地区无论在拱券结构的创新与改进，还是在教堂内外的空间构成设计，以及建筑面貌的完善等方面，都在中西欧地区具有领先水平，也为之后成为哥特式建筑的诞生地作好了准备。

法国罗马风教堂建筑的发展突出表现在教堂拱顶的结构塑造上。罗马风早期，教堂内的中殿和侧殿虽然都开始恢复古典的筒拱形顶，但由于筒拱形顶所导致的墙壁、墩柱粗厚，以及内部空间昏暗、空间狭窄等弊端，使得人们开始将建筑重点放到改善拱顶结构的方向上来。

拱顶改造取得的最大成就就是十字拱和肋拱的使用。最简单的十字拱是由两组筒拱垂直相交形成的，它的出现使穹顶的空间被拓展。肋拱的出现则使以墙体为承重主体的拱顶结构，向以结构框架为承重主体的拱顶结构转变。

最初，人们对十字拱的结构还不甚了解，因此十字拱多被应用于跨间尺度较小的侧殿。后来虽然十字拱被用于建造更为宽敞的中殿拱顶，但侧殿仍采用筒拱来进

行支撑。这样的设置虽然没有发挥十字拱的结构优势，但却使人们认识到十字拱这种新的拱顶形式在拓展教堂空间上的作用。

相对于十字拱，肋拱应用的变化就要大得多了。肋拱最早出现在筒拱上，而且没有实际的承重意义。后来，人们利用肋拱的支撑与力学传导作用，将其作为多段筒拱之间的连接部分，并将肋拱的起拱点与墩柱相连接，以分散筒拱的推力。

在十字拱结构中应用的肋拱，则有着更多的作用。一个最简单的十字肋拱单元

加洛林王朝时期教堂内部结构想象复原图

北方各国已经按照古典建筑形式建造由连拱券分割主侧厅的巴西利卡式教堂，但由于结构技术等方面的原因，这些教堂多采用木结构的屋顶形式。

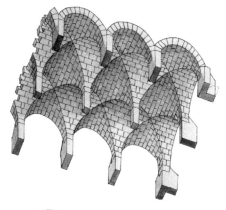

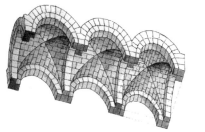

砖砌十字拱结构

当人们掌握了砖砌十字拱的结构之后，便通过将多个十字拱纵横组合的方式来营造大型的建筑空间，但很快也发现了这种结构将内部空间分划得过于细碎的弊端。

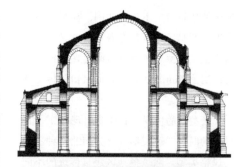

图卢兹教堂结构剖面和室内

这座教堂的主殿和两侧殿都采用了带肋拱的筒拱屋顶形式,逐渐降低的双侧殿拱券结构和肋拱组合,削弱了筒拱的侧推力,使得建筑内部的结构更为通透,通层柱子与肋拱的组合则起到了拉伸建筑空间的作用,这种组合被哥特式建筑所广泛使用。

是由四面的半圆拱与中部的交叉拱构成的,而用以填充拱间的镶板,则相比于用拱券搭建的十字拱要轻薄得多了。这种十字肋拱和镶板构成的拱券形式的出现,将拱券从沉重的形式中解放出来。从结构方面来看,肋拱与镶板的组合本身使拱顶的重量大大减轻,而且十字形肋拱将拱券的压力和重力都集中于四面的起拱点上,因此底部支撑结构可以不再采用厚重的实墙,而是以四角设置的墩柱代替。从外部形象方面看,由于早期十字拱的制作技术还不成熟,因此拱券本身和拱券间的结合处并不规整。而肋拱的加入则起到规整作用,而且肋拱从屋顶上延伸下来,在屋顶拱券与底部支撑的柱子之间形成很好的过渡,不仅使十字形的拱券形象更加流畅和美观,也有效地拉长了空间的纵向空间感。这种通过肋拱和柱式的设置,达到拉长内部纵向空间效果的做法,也是法国罗马风建筑中所凸显出的一大特色,更是之后为法国哥特式建筑所承袭和发扬的建筑特色。

但由肋拱和镶板构成的十字拱券也并不是一种完美的拱顶结构。由于十字肋拱起拱于方形平面四角的结构特色,使得以往连续、狭长的拱顶变成了由一个个相对独立的拱券组合而成的拱顶形式。而且,由于肋拱多以其所在四边形对角线的长度为直径起拱,所以使得十字肋拱所组成的拱券要高于四边半圆形的拱券。这种十字肋拱拱券无论高于四周的半圆形拱券,还是通过降低起拱点的方式使其低于四周的半圆形拱券,都不能在内部形成完美的穹顶形象,而当这些单独的拱券组合成狭长的中殿屋顶时,就会出现拱顶在每间的上部

空间凹进或凸出的情况。这样,虽然教堂内获得了连续而且较大的穹顶空间,但起伏变化的穹顶上部空间整体性并不强,削弱了后部圣坛和后殿空间的主导性。此外,由于支撑屋顶十字拱的墩柱较粗壮,而支撑侧廊的柱子较细,因此分隔中殿和侧殿的两排柱子呈有规律的大小相间形式,这种大小不规则的列柱形式也不如统一的圆柱拱廊美观,而且由于穹顶分划细碎,也影响了声音的反射,使内部音响效果并不理想。

由此可见,十字拱和肋拱(Rib Vaulting)的出现与结合,以及十字肋拱和镶板组合形式的出现,虽然使在建筑内部营造拱

十字拱上的肋拱结构

随着肋拱数量的不断增加,早期以整个拱券为承重体的结构,开始向以肋拱为主要承重体的结构方向转变。

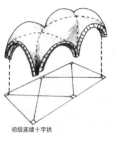

初级连续十字拱

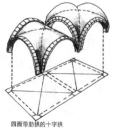

四面带肋拱的十字拱

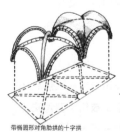

带椭圆形对角肋拱的十字拱

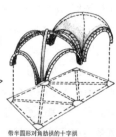

带半圆形对角肋拱的十字拱

顶的目的得以实现，但仍存在着不少问题。在漫长的时间里，人们在十字拱、肋拱的比例尺度安排以及不同组合形式对穹顶形象的影响等方面进行了各种尝试，但直到12世纪中期，人们也没有利用十字拱制造出连续、平滑的拱顶形式。

此时最突出的另一项建筑成就还是出现在勃艮第，因为在11世纪末期的时候勃艮第的一些教堂中出现了尖拱券（Pointed Arch）的形式。这种双圆心的尖拱券（Acute Arch）从结构上说，其自身的侧推力要比半圆形的拱券（Semicircular Arch）小得多，可以满足人们既想得到统一穹顶空间又不加厚墙壁的愿望，因此在哥特建筑时期，尖拱券与飞扶壁相配合，在教堂建筑中得到了广泛的运用。但在此时，这种尖券的形式还未被人们所重视，它只是作为一种创新形式在小范围教堂拱顶中得到了运用。

除了拱顶的一系列结构与形象问题之外，因为此时宗教仪式的发展，法国罗马风教堂在布局上也出现了一些变化。在教堂建筑兴起之初，各地的教堂建筑都遵循着早先由古罗马的巴西利卡式大厅演化而来的拉丁十字形平面形式，但从11世纪下半叶兴起的朝圣潮之后，随着民间朝圣活动的兴起，法国教堂的平面形式开始发生改变。

就如同跨地区朝圣热潮的出现催生了修道院与教堂相结合形式的大教堂组群建筑一样，人们对教堂活动和参观教堂圣坛、圣坛底部地下室的圣人遗迹以及教堂的各种圣物的热情持续增加，也使得教堂内部的空间不得不进行一些调整。最初教堂的圣坛一般多建在地下墓室上部，而且其圣殿和后殿多供奉一些供人们瞻仰的圣物，

因此从十字形平面交叉处的圣坛（Altar）所在地，到后部最东端的圣殿的这一区域，一般都不对所有信众开放，因此早期教堂在东部（也就是最后部）设置一个半圆形礼拜室的结构是实用的。

随着朝圣热潮的到来，教堂后部单一礼拜堂的形式开始显得局促起来。扩大教堂内部使用空间成为满足信众瞻仰需求的基本做法。法国、意大利和欧洲各地的其他教堂一样，人们首先借助发达的拱券技术拓展教堂的侧殿（Transept Aisle）以及两个横向的翼

塔楼和后殿的扩充

随着中殿和后殿空间开始变得重要，在教堂十字交叉处设置钟塔为室内照明的做法也越来越普遍，后殿则同时修建多个半圆形平面的小室以供使用。

放射形教堂平面的后殿主要以加建半圆形小室的方式扩展空间，而阶梯形平面则通过退缩的墙体直接扩大后殿的使用空间。

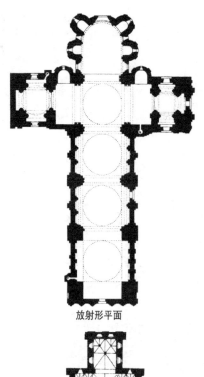

放射形平面

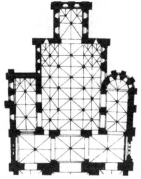

阶梯形平面

放射形平面教堂后殿

设有放射形小室的后殿通常在歌坛部分通过栏墙与中厅分开，人们另外通过侧厅与后殿相连的回廊到达后部空间。

殿（Side Chapel）空间。拓展空间虽然使建筑内部的使用空间更大，但传统的布局并没有改变，集中处于建筑中后部的圣坛及礼拜堂空间仍然满足大量人流瞻仰的需要，在此需要的基础上，法国教堂的中后部以圣坛和礼拜室为中心的布局变化开始发生。

为了让更多参观圣坛后部礼拜室圣物的人员流动更通畅，最直接的办法就是围绕圣坛的周围兴建通廊（Aisle），教堂横翼加宽的开间正好可以作为开设通廊的空间。除了通廊之外，法国教堂后殿部分最大的变化是礼拜堂数量的增加和后殿整个平面形式的改变。

礼拜堂可能是由最初设在横殿东墙处的几个供奉圣物的壁龛演化而来的。法国教堂与意大利教堂只设一个半圆室（Half-Domed Apse）作为后殿的教堂不同，法国

教堂通常要在横殿的东墙和半圆室的外侧，再设置多个半圆形或多边形平面的礼拜室。由于放置礼拜室的位置和平面形式的不同，还可以分为阶梯形或放射形两种形式。

所谓阶梯形，是指礼拜堂主要设置在教堂横翼与后殿之间，这部分空间采用规则的平面形式，但墙面向后殿方向缩进，将横殿的后部与后殿连为一体，在建筑边缘形成平面为阶梯形的轮廓形式。阶梯形的礼拜堂实际上是教堂的横殿与后殿连接在一起进行拓展空间的形式，因此拓展出的使用空间与内部横殿连为一体，增建出来的礼拜堂空间的整体性强。放射形则是直接在半圆形的后殿周围增建多个独立的平面为半圆形或多边形的礼拜室，这种新建礼拜室的空间独立性很强，而且使与之相联的半圆室由殿堂变成了联系各礼拜室的回廊。

无论是阶梯形还是放射形，这两种形式发展到最后，都极大地削弱了后殿空间的自身特点，逐渐向内与横殿合为一体，而且随着礼拜堂和圣坛部分的重要性的日渐加强，教堂两端的横翼向外伸出的也越来越少。这时的教堂形成了西端带双塔，东端侧翼伸出较少，而且后部由多个半圆礼拜堂形成近似半圆形轮廓的建筑平面特点。这一平面特色此后也直接为哥特式教堂所继承，成为法国哥特式教堂建筑的特色之一。

法国在 10～12 世纪这段历史时间里，

虽然仍旧是由一些小的分散的领土国所组成，还没有形成独立、统一的国家，但这一地区在相对平和的局势和城市文明逐渐崛起的背景之下，其建造活动却相对其他地区要频繁一些。而且，由于勃艮第与伦巴第等古罗马历史建筑遗址地区的联系较为紧密，因此法国的罗马风建筑是在吸取了早期古典建筑经验，又针对人们对教堂的使用需求，对结构、平面、内部空间分划等进行了改造的基础上才产生的。

无论在建筑结构、空间设置还是内外建筑形象方面，法国的各种教堂建筑，不仅是此时期欧洲各地建筑中取得成就最高的建筑类型，而且还为以后哥特式建筑结构及建筑形象的形成奠定了基础。总之，法国地区的罗马风建筑为开启新的建筑时代开了一个好头。尤其是此时在建筑中形成的各种拱券形式、扶壁、玫瑰窗等设计元素，虽然还没有形成固定的组合方式，但却已经为周边地区的教堂建筑所广泛借鉴，并为之后哥特式教堂建筑形象的形成提供了充足的准备。

第四节
英国和北方的罗马风建筑

现在人们所指的英国及其所包含的地区，在古罗马帝国时期及之前，都是欧洲北部的蛮荒之地。这块区域虽然在古罗马时期被划归为帝国行省之一，而且也在境内修建了宫殿、广场、神庙和剧场等建筑，但由于整个地区与外部文明联系较少，因此其建筑仍旧以浓郁的地方特色为主。

同相对较晚的建筑历史相比，英国所在地区的基督教发展历史可谓悠久。因为英国地区的基督教传播早在罗马帝国时期就已经开始了，而且由于与外界交流的机会较少，这一地区的基督教一直保持了早

期基督教严谨、朴素的特色。人们在爱尔兰（Ireland）等地发现的一些兴建于8世纪左右的基督教修道院建筑群，仍是采用当地的片石和叠涩出挑的拱顶技术建造的，整个修道院建筑像一个原始部落群，除了教堂建筑中设置的高塔形象之外，人们甚至很难将其与宗教建筑的功能联系在一起。

在罗马人的统治期衰败之后，英国所在地区被盎格鲁–撒克逊人（Anglo-Saxon）和日耳曼部落占领，在此后漫长的征战与混居过程中，逐渐形成了被人称作诺曼人（Norman）的统治时期。英国在1066年被诺曼底（Normandy）地区的征服者威廉一世（Wilhelm Ⅰ）国王所兼并，之后由于局势的稳定，建筑活动也逐渐恢复。因此，从这一时期至13世纪初哥特式建筑风格兴起之前英国的罗马风建筑，都是以诺曼建筑（Norman Architecture）为主体进行发展的。

早期的基督教堂建筑平面和建筑结构都相当简略，而且平面并没有形成固定模式。

英国罗马风教堂建筑遗址

英国的罗马风教堂形式直到12世纪末期仍在流行，而且广泛地采用传统的木构架屋顶形式，但在教堂中已经出现了尖拱券的形式，预示了新的哥特式建筑时代的来临。

早期爱尔兰教堂

由片石采用叠涩出挑的结构兴建的教堂，是由爱尔兰当地的民居建筑演化而来，有时在教堂前和教堂建筑之上，还竖有带锥尖顶的圆柱形塔楼。

诺曼式柱和拱

由于罗马风式建筑并没有能解决中厅拱顶侧推力与重力的传导问题，因此作为主要承重部件的中厅与侧厅之间的墩柱，大多是这种高大、粗壮的造型，柱子上的装饰也很简单。

联排式柱

英国罗马风式教堂中的柱子装饰多样，有时甚至呈现出非常怪异的形象。

伦巴第风格建筑立面

这是法国诺曼底地区残存的一座建于11世纪的教堂遗址，此时期由于伦巴第传教士的到来，而使法国教堂呈现出一些伦巴第建筑特色。

教堂的平面呈近似十字形，这种平面有时是拉丁十字形，有时则是正十字形。早期的教堂在纵横两个建筑部分都是单一空间，没有侧殿，有时为了拓展建筑内部的空间，还在十字相交处（Crossing）加建一些附属建筑空间，因此使十字形的平面形式遭到破坏。教堂建筑中设置的钟塔位置并不固定，在十字交叉处、后殿和侧面都有所设置，但这些高塔多为方形平面其上加四坡尖顶的形式。

英国的天气潮湿、多风、多雨，因此在教堂的建造上设计出了一种又深又窄的门廊（Porch），这种做法可以有效地避免大风的直接侵袭。英国全年阳光照射的时间很短，大多数地处于阴雨的笼罩之下，这就要求加大窗子的面积以尽可能地增加采光量，另外高坡屋顶也起到了很好防止雨雪的作用。

在诺曼人统治时期开始之后，大型的教堂建筑开始出现。虽然各地在教堂兴建方面仍旧存在一些地区性的差异，但教堂建筑基本的构成和形象已经逐渐定形：教堂多采用拉丁十字形平面，在西立面和十字交叉处都设置高塔，后殿有方形和半圆形两种平面形式，但礼拜室的兴建还处于较为随意的状态。甚至12世纪时，英国除了一些大型教堂建筑之外，更多的教堂还普遍采用木结

构的拱顶。而在采用拱顶的教堂中，穹面的重力和侧推力也大多是由墙体和底部的墩柱（Pier Buttress）支撑，肋拱的形象虽然已经出现，但并没有多少实际的功能作用，只是一种勾勒突出拱顶结构的装饰线而已。

由于墩柱承重的功能性使得其造型敦实，不太易于进行外观的艺术处理，再加上北方基督教的朴素教义，使得教堂内部的装饰极少。粗壮的柱子上以曲折纹和菱形纹等线刻纹装饰图案为主，拱券和教堂的其他分大多无装饰，或只有一些诸如锯齿形、曲线形的花边或盲拱的装饰。这种直接暴露砖砌结构的简约风格的教堂内部所呈现出的肃穆氛围，与倡导禁欲主义的教理相符合，因此也成为英国早期诺曼风格教堂的内部空间特色之一。

由于英国的罗马风建筑是在北欧维京（Viking）海盗与诺曼底人相结合的政权基础上发展起来的，因此除了有来自诺曼底地区的建筑传统之外，英国本土和北欧的建筑风格也在此时的教堂建筑中有很强的

表现。这种北欧建筑风格的体现的是与其地区的特点分不开的。北欧地区寒冷，森林资源丰富，所以这里也产生了一种独特的教堂形式——木结构教堂。

这种木结构教堂也是从初期那种聚集教众的大型会堂建筑转变而来的。在基督教传入一个新地区之后，首先借由当地已有的传统建筑作为活动场所，然后再进行教堂的营造。最初的教堂由当地工匠建造，因而形成地区性风格很强的教堂建筑形式，这也是所有新类型建筑产生所必经的初级阶段。

木构教堂的形式在斯堪的纳维亚（Scandinavian）地区的各国都有所发展，并在长时间的营造过程中逐渐形成了此类教堂建筑的特色。在很大程度上，木构教堂的平面逐步向着中西欧大部分地区流行的十字形会堂平面形式转变，其平面开始以主殿为中心，除主殿外还有侧殿、横翼和后殿，在较大型的教堂内部，甚至还通过支柱承托设置在主殿和后殿之间的回廊。教堂内部以木结构为主要支撑结构，但也可以用木材在立柱间做出拱券的形式并加以装饰。屋顶和侧殿、后殿，也都是采用不同交叉形式的木构架建成。虽然这种木结构教堂在内部空间上极力追求与石结构教堂大厅的一致性，但内部空间形象却与石结构教堂大不相同。除了一些木质的雕刻与装饰物之外，教堂裸露的复杂结构屋顶，也是教堂内的一大景观。

这种木结构教堂的外部形象也极富地区特色。由于北欧地区气候寒冷、多风雪，因此教堂外部也像普通住宅那样，由高耸陡峭的坡屋顶覆盖，而位于十字交叉平面中心的穹顶，也大多改成了带有锥形尖顶的高塔形式。出于保护结构材料等目的，这些木构教堂外部多不像石构教堂那样雕刻过多的花饰，而是将带有各种雕刻图案和圆雕形象的装饰集中在教堂内部。在有些教堂的外墙、屋顶或内部结构端头，会加入一些与本地区原始宗教相关联的装饰形象。由此也可以断定，斯堪的纳维亚地区教堂建筑的样式和装

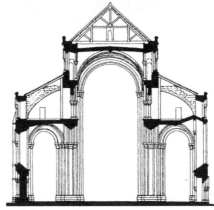

达勒姆大教堂中厅及建筑剖面

达勒姆大教堂是英国教堂中较早在中厅采用尖肋拱的建筑实例，这座教堂的侧厅仍旧采用的是传统的十字拱与半圆肋拱相组合的形式，但在侧厅拱顶上出现了为加固中厅拱顶而设置的扶壁。

饰特色，一定与地区原始宗教信仰有着某种联系性。这种在建筑中体现出的强烈地区色彩和异教形象，也是斯堪的纳维亚地区木构教堂的最大特色所在。

除了木结构教堂之外，在北欧的斯堪的纳维亚地区，由于基督教的传播，各种砖石结构的教堂也开始被兴建起来。这些石构教堂建筑与木结构教堂不同，它们在形制上大部分承袭自外来标准，受诺曼风格影响，教堂的内部空间和外部形象都更加规整了。

这些教堂的平面大都以拉丁十字形为基础，但在实际兴建时因具体要求的不同而导致这些教堂最终形成的平面中的十字形表现并不完整。北欧地区的教堂内部空间虽然也是十字形平面，并分为主殿、圣坛、后殿和两侧翼，但内部这些空间的设置并

奥尔内斯木教堂

斯堪的纳维亚地区以原木结构的教堂建筑最为特别，这种教堂虽然主要受英国和欧洲地区的罗马风建筑影响，但多以锥尖顶和很陡的坡屋顶形式结束，以利于排除积雪，因此具有很强的哥特式建筑意味。

不相同。比如在早期的一些小型教堂中，有的只有一个主殿而无侧殿，而且出于结构需要，有的还有用柱廊将主殿从中间纵向分隔开，形成了奇特的二通廊的主殿形式。有的教堂则十分注重主殿的空间营造，但极大缩略横翼，使教堂平面十分近似早期长方形平面的巴西利卡式大厅。

总之，作为后起之秀的英国，在10世纪之后教堂的建造工作逐渐频繁起来，也像中西欧地区一样，将营造的主要精力集中在修道院建筑群的修建上。林肯（Lincoln）、坎特伯雷（Canterbury）等著名的修道院建筑群都是在这一时期开始修建的。庞大的规模和高敞的内部空间为这一时期修道院教堂的主要建筑特色，细部处理方面还凸显出很强烈的早期盎格鲁—撒克逊建筑风格的影响。虽然到12世纪之后英国砖石砌筑的拱顶已经逐渐流行，在实际应用中也取得了很大程度的发展与进步，但英国这一时期木构屋顶与高大中殿相配合的传统建筑形式也仍旧流行。由于木质屋顶的重量相比砌筑拱顶要轻得多，所以使教堂内部和立面的装饰都可以更加随意和多样。木结构屋顶的教堂在内部主殿与侧殿的分

划方面有着多种形式。由于柱廊几乎只承受自身的重量，而不用去支撑其他建筑部分，所以虽然粗壮的墩柱被保存下来，但柱身和柱间拱等部位的雕刻装饰与线脚都可以更深，由此形成更具光影变化的内殿空间形象。

这种木结构屋顶的形式还使得建筑立面的构图也从结构部件的制约中解脱了出来，成为教堂建筑雕饰最为集中的部位。在英国的一些地区，就出现了一些拥有大量精细雕刻装饰的教堂立面实例，建筑外墙上出现了复杂和密集的雕刻装饰。一些教堂的造型还抛弃了两座高塔的形式，仅以三个层层退缩形式的大门和盲拱、玫瑰窗及各种密集的雕刻装饰相配合，形成极富装饰性的华丽外观形象。

这些装饰精美的内殿和正立面，都体现出一种对横向线条的强调。无论是中殿里三层的券柱廊形式，还是建筑正立面中

丹麦隆德教堂平面

北欧地区的教堂建筑形制，主要模仿法国和德国等欧洲内陆地区的教堂而建成。

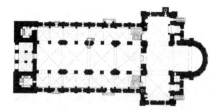

拱券大门、盲拱等装饰因素的设置，都力在突出一种稳定的横向线条的延伸，这与法国地区教堂内部对纵向线条的强调方式形成反差，而这种构图艺术处理手法的反差也体现在之后出现的哥特式风格的建筑上。

这一时期北欧地区的教堂建筑相对于英国和中西欧来说，还处于刚起步的阶段，因此教堂建筑呈现出较为灵活的变化和强烈的地区特色。北欧和英国地区出现的木结构教堂建筑，是这两个地区最具特色的建筑成就，古老的木结构教堂向人们展现了一种极富传统特色和宗教融合性的宗教艺术形式。

除了教堂建筑之外，英国和北欧地区还兴建了许多城堡建筑，如著名的伦敦白塔城堡（Tower of London）就是在 11 世纪以后逐渐修砌成形的。10 ~ 12 世纪这段历史时期里，英国各地修造了大量砖石结构的城堡建筑，这些城堡建筑多是在早先坐落在高地上的堡垒建筑的基础上改建而成的。由于此时拱券技术的进步，这些城堡中大多使用了拱券结构来获得连通又坚固的内部空间，但主要的建筑结构材料仍采用木架构。

12 世纪苏格兰教堂入口立面

这座教堂的立面明显受伦巴第教堂立面风格的影响，但利用高超的雕刻技法，这座建筑的立面显得更富装饰性。

英国和北欧的罗马风建筑多集中以教堂建筑为代表，其发展受到法国地区教堂建筑的一定影响，但在发展过程中也并没有抛弃本地区的建筑传统和特色做法。同其他地区不同的是，英国从 10 世纪起受北欧维京海盗和日耳曼人的入侵，此后这两个外来民族同英国本地民族混居，因此也形成了英国建筑吸取了多种外来建筑传统并自成体系的建筑特色。

伦敦白塔城堡

伦敦白塔城堡以关押众多英国皇室成员而著称，也是英国现存中世纪城堡中最著名的一座。

玛丽亚拉赫本笃会修道院教堂

这座教堂在12世纪中期完成修建工作，建筑最突出的特色是在顶部共设置了六座塔楼，而且建筑西部入口也和东部后殿那样，设置凸出立面的半圆室。

第五节
德国罗马风建筑

德国地处欧洲的中部地区，最早也是古罗马帝国的行省之一。古罗马帝国衰落之后，德国地区处于查理大帝的法兰克帝国统治之下。在查理大帝之后，法国和英国地区都在混战的过渡时期之后逐渐建立了比较统一的地区分治政权，而德国的广大地区，却一直处在地区势力割据的混战之中。在几百年的混战之中，虽然出现过奥托王朝（Ottonian Dynasty）、萨克森王朝（Saxon Dynasty）等具有代表性的王朝统治（919～1024年），但短暂和相对的统一与和平，并不能成为德国历史发展的主流。正是由于德国地区几百年都处于地区战争历史中，因此罗马教廷及各宗教派别，都趁机在德国各地方政权中发展自己的势力，由此导致德国的宗教及宗教建筑的发展，相

对于其他局势安定的地区也毫不落后，甚至在宗教建筑艺术方面还颇具代表性。

由于德国地区历来被作为罗马教廷的重要控制区域，因此各个时期的地区统治者只要有一定的物质条件，都会很注重教堂的兴建。德国地区与其地区的教堂建筑在风格发展上联系紧密。莱茵河流域盛产石料，因此这一地区的教堂以石砌材料砌筑为主；西北地区则以砖和木结构为主。这种建筑材料上的差异，也直接导致建筑形象上的不同。

从6世纪初查理大帝扩张基督教的势力范围，提倡兴建教堂建筑时起，受拜占庭集中式穹顶的教堂影响而修建的圆形洗礼堂（Circular Baptisteries）建筑就几乎遍布德国全境。因此德国早期的罗马样式建筑，出现在具有东方艺术倾向的建筑基础上，并由此建立起了具有经典意义的罗马式建筑。

德国各地区建筑在发展总体上来说要慢于法国和英国地区。一方面是由于各地区间的征战延缓了社会和文化的发展，另

一方面是德国各地的城市化进程发展要比英、法两地慢。这种人口散居的状态不像城市那样有集中的人力和明确的分工，人们对于建筑的需求也没有那么强烈，因此德国大型宗教建筑的兴建也进展缓慢。德国地区真正大规模的罗马风建筑的兴起，是从大约11世纪之后才开始的。德国的罗马风建筑风格的发展，因区域传统的不同，大致可以分为三个中心区，以莱茵河为界划分的上莱茵地区（Upper Rhine）和下莱茵地区（Lower Rhine）以及萨克森地区。

德国罗马风柱头

德国罗马风教堂建筑中的柱头，大多都要进行特别的雕刻装饰，尤其以动植物的变形图案最为多见。

德国南部和上莱茵地区的教堂多采用早先的那种长方形大厅的巴西利卡大堂形式，但建筑模式与常见的巴西利卡式的教堂相比，其平面形式的处理很有自身的特点。具体地说，在主殿两端的平面处理上，又加入了一些新的要素，比如上莱茵地区最重要的施派尔教堂（Speyer Cathedral）。

施派尔教堂最早在11世纪时建成，此后又在12世纪进行了改建，这次改建的最大成果是为中厅覆盖了十字拱的屋顶，同时在长方形大厅的两端都建造了塔楼，使建筑东西两侧均带一对尖塔的奇特形式最终形成。上莱茵地区的大教堂与其他地区那种拉丁十字形带半圆或放射形后殿的教堂平面形式不同，这种平面往往呈近似"工"字形的形式。比如在施派尔大教堂中，教堂西立面为两个对称的平面为四边形的钟塔与一个立面为多边锥尖顶的大厅的组合形式。在锥尖顶建筑的两侧，还各伸出一个短的侧翼，形成独特的造型模式。

教堂的中厅采用带横券的十字拱顶形式，旁边

还有低于中厅的两侧厅辅助支撑中厅的屋顶，同时在建筑内部形成侧厅。在教堂的东端，最后部分的半圆室之前，同样是带有一个短横翼的后殿。这个部分由一个位于中心的平面为多边形的穹顶和两边对称设置的一对高耸钟楼构成。在教堂最后部

施派尔教堂19世纪时的内景

施派尔教堂的内部，至今仍保留着12世纪拱顶改建之后的朴素造型，中厅只有十字拱四边设置肋拱，而且中厅和侧厅的拱顶、肋拱都没有线脚和其他形式的装饰。

施派尔教堂东立面

教堂东立面的钟塔下部，为巩固结构加入了一段扶壁墙，而为了美观在扶壁墙上开设的拱券，则使飞扶壁的结构明确地显现了出来。

半圆室的外墙上，从上至下都是类似于伦巴第式的拱券壁龛、一圈连柱拱廊和带壁柱的盲拱装饰。比较引人注意的还有后殿钟楼的外侧，加入了倾斜的扶壁以加固结构。这对扶壁墙的造型是通透的开上下两层的拱券，已经呈现出很强的后期哥特式飞扶壁的形象特征。

萨克森地区和下莱茵地区的教堂也有着各自的地区特色，并受不同建筑传统的影响。不过这两个地区在总体上都保持了上莱茵地区的这种以会堂式建筑平面为主、侧翼建筑形象不明显和在主体建筑中设置高塔的建筑特点。

下莱茵地区也是多个重要的大教区的所在地，受伦巴第建筑传统的影响较为深远，因此这一地区所建的教堂，是德国地区范围内质量较高，也是取得成就较大的建筑形式。在下莱茵地区最具代表性的罗马风建筑是美因茨大教堂（Mainz Cathedral），这座教堂无论从平面形式、内部结构，或外部形象上来看，都堪称这一时期的最具特色的建筑。

美因茨大教堂的修建与改造工作大约从 11 世纪持续到了 13 世纪。这座教堂的建筑规模十分庞大，其主体部分是由宽大的中殿和每边各两个侧殿构成的。虽然在

西端建有横翼，但横翼向外出挑不大，因此整个教堂的平面近似为长方形。

教堂在主殿的东西两个端头都建有类似普通后殿的半圆室空间，其中东端的半圆室空间较小，西端的半圆室空间较大，半圆室的平面由三个不同方向上的半圆构成三叶形的形式。教堂东西两个端头都建有双塔，还各建有一座八角形的巨大塔楼，因此整座教堂的外部屋顶上有大小 6 座高而尖的塔楼出现。这些塔楼同这一时期出现在德国其他地区教堂建筑中的各种塔楼一样，无论其平面是四边形、多边形还是圆形，在顶端大多以尖细的锥形顶或向高处退缩的形式结束，以便和中央的大尺度塔楼一起，在造型效果上

营造出一种向上的动势。

　　萨克森地区的教堂，也在很大程度上保持着这种在平面上两端侧翼伸出不明显、建筑主殿东西两端都设钟楼与塔楼的建筑形式特征。但萨克森地区的教堂形式并不是固定不变的，在德国地区性的主体建筑两端设尖塔的固定建筑形制下，萨克森地区又发展出一种极具地区特色的建筑立面形式。这种新的建筑立面，有时是通过对西立面的单方面进行突出表现而实现的。

　　萨克森地区的许多教堂，都将建造的重点集中在西立面的处理及塔楼的营造上，而相对于西立面，教堂东端及十字交叉处的高塔反而显得不那么重视。萨克森

地区教堂西立面最突出的特色，就是在构图上将两座高塔与主体建筑之间连接的部分进行突出处理。

　　11 世纪建成的甘德海姆修道院教堂（Gandersheim Abbey），为解释人们如何花费心思进行这种凸出于高塔之间的横翼设计提供了一个典型的范例。这座教堂的西立面几乎完全将后面的建筑部分挡住了，高大的双塔同实墙面般的正立面相比，反倒不显得那么突出。整个正立面墙体的高度比教堂的主体建筑还要高，而整个正立面除了一个简化的伦巴第式大门和横向条纹之外没有过多的装饰，更凸显出这个正立面的奇特性。

美因茨大教堂

　　美因茨大教堂在 11 世纪时建成，但其各种改建与整修工作直到 13 世纪时仍在继续，因此造成教堂十分多样化的形象特征，这也是许多中世纪教堂的共同特色。

甘德海姆修道院教堂

这种具有堡垒般封闭立面的教堂，是萨克森地区所特有的一种教堂建筑形象。

除了甘德海姆修道院教堂之外，还有许多与之相类似的教堂建筑出现。这些教堂建筑都具有震撼人的艺术力量，也就是无一例外地通过抬高西部立面将主题凸显出来了，甚至在有一些教堂建筑中，两座钟塔也与主建筑正立面有机地结合在一起，成为立面的装饰性组成部分之一，整个立面变成了一面上部向中间退缩式的完整墙面形象。可以说，这种独立式正立面的建筑形象在此时开了先例。此后的罗马风发展后期以及哥特式时期，也有一种在教堂正立面构图上做文章的设计实例，但手法已经转为只在正面一侧修建一座尖塔的建筑模式。哥特式时期著名的乌尔姆大教堂（Ulm Cathedral），就是只建了一座尖锋般的高塔而全球闻名。

带三叶形拱券的大门和四叶饰镶板

哥特式建筑中的许多经典的样式和结构，都是从罗马风时期的建筑中沿袭下来的，比如这种三叶形的拱券，和带雕刻的四叶饰镶板形式，在后期的哥特式建筑中就十分常见。

除了西立面的变化之外，值得注意的还有一种三叶形（Trilobal）平面的普及使用。三叶形的平面形式首先在教堂的后殿中得到了很广泛的使用，后来在此基础上发展出了建筑内特有的装饰图案和纵长的拱券窗的形式，并成为哥特式建筑时期教堂中最常见到的形象。

总的来说，德国的罗马风建筑受意大利伦巴第地区建筑艺术的影响较大，其罗马风教堂的建筑总体造型上以突出高大的塔楼为特点。塔楼也是教堂外部最突出的形象特征，它一般设置在主殿的东西两侧、十字交叉处。各地的塔楼在造型上以四边形、多边形和圆形平面为主。塔楼顶部一般都做成陡峭的圆锥形顶，并在塔身上开设有连续的拱券。

德国的罗马风教堂建筑，受其分裂的社会发展状况影响，因而在各个独立的公国相互攀比的情况之下都有所建造，所以相较于法、英两地在分布区域上较广。每一种建筑新风格和新形式的出现，在德国各地的发展都会在比较统一的形象基础上显示出一些地区建筑风貌的特征，这种在统一中又各具特色的发展轨迹，也是德国罗马风建筑的突出特点之一。

第七章　哥特式建筑

第一节　综　述

在10～12世纪的罗马式建筑中，拱顶的结构设计与砌筑方法还处于不断探索阶段。因为拱券大多十分笨重，所以，拱券两边支撑的墙垣也很厚。虽然这一时期已经出现了十字拱的形式，并借助于十字拱将结构的推力与重力从对墙面的侧推力转移到墩柱的承重力上，但这种十字拱券仍在结构形式与使用上存在一系列的弊端，不令人满意。

而且由于受拱券结构的制约，教堂内部的空间十分狭窄，墙上的窗子被建造得很小，室内的光线也因此较为昏暗。总之，罗马风时期的建筑，尤其是各种拱券顶样式的实例，不仅耗费大量的建筑材料，而且在建筑空间造型上显得十分笨拙，建筑使用效果也不理想。

到了12世纪中叶以后，在各种罗马式拱券结构的基础之上，出现了一种更成熟的新拱券结构。伴随这套新拱券结构的不断发展，教堂建筑的内部空间结构、外部样式及墙面、柱子等处的细部装饰，也都发生了一系列的变化。这种新拱券结构所引发的新建筑，被后世称为"哥特式建筑"（Gothic Architecture）。这种新的建筑形式是由仿罗马建筑的风格逐渐演变而形成的，它的出现在整个中世纪的建筑发展史上起到了一个里程碑的作用。因为哥特式建筑不仅是之前人类拱券结构探索的一个重要成果总结，还是新教堂空间和形象逐渐形成的一个重要时期。

在哥特式建筑所引发的一系列教堂空间和形象的改变之中，起着最关键作用，也是

以十字拱为基础的肋拱结构

肋拱有半圆形和椭圆形的形状变化以及肋条数量上的变化，这些变化与不同高度的边肋和十字肋相结合，可以对应产生正方形和长方形两种不同的建筑空间形式。

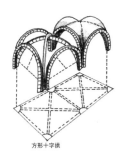

方形十字拱

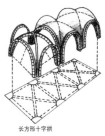

长方形十字拱

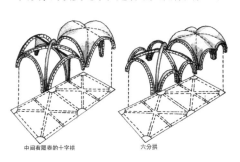

中间有隆券的十字拱　　　　六分拱

哥特式肋拱拱顶

罗马风式的十字拱形式只适用于营造方形或长方形平面的空间,而哥特式的尖拱却可以适用于环形和放射形等各种平面形式,这是哥特式尖拱券形式在结构上的优越性。

拱券与飞扶壁

尖拱券与飞扶壁的结合,是哥特式建筑最大的结构创新之处,这种组合使建筑内部墙面的结构作用减弱,因此可以开设更大面积的窗口。

哥特式建筑最为突出的特点就是尖拱。尖拱(Pointed Arch)也被称为二圆心尖拱(Acute Arch),这是一种由来自两个相同半径圆形中的弧线相交形成的尖拱形式。这种二圆心尖拱在11世纪的一些伦巴第(Lombardy)教堂建筑中就已经出现了。与半圆形的拱券形式相比,尖拱券的结构独立性较强,对两边墙面产生的侧推力较小,因此有可能使建筑墙面不再那么沉重。尖拱券的另一大优势还在于,利用对尖券自身跨度的调节,可以使不同方向上的十字拱券一样高,这样连续设置的尖拱券形式,就可以使教堂的中厅上部得到一个完整、平滑的拱顶。而且,尖券组合的形式,使十字拱券顶中厅的平面不再局限于由数个正方形的开间一字排开的形式,半圆形的后殿同样也采用拱顶的形式,使整个教堂的内部空间更流畅也更统一。

除了标志性的尖拱券之外,哥特式建筑结构中与之配合的还有十字拱、肋拱和扶壁(Buttress),这些建筑结构在罗马风时期都已经出现,但都分散着被用于各种罗马风教堂建筑之中。严格地说,哥特式建筑在单体的结构上并没有多大的创新,但关键的是,哥特式建筑将早先出现的这些建筑结构形式进行了有机组合和综合运用,借助这种有机组合的新的建筑语言,哥特式建筑让不同的结构都得以最大化地发挥出它们的优势。

在哥特式的教堂建筑中,与尖拱架券相配合的是扶壁结构,尤其是一种墙面中部挖空的飞扶壁(Flying Buttress)结构。所谓飞扶壁,是一种连接侧廊外承重墙与主殿的肋架券。这种肋架券设置在侧廊建筑之上,并跨过侧廊悬空架设在空中,因此又被称为飞扶壁。飞扶壁所起的作用是将中厅拱券结构所产生的侧推力传递至侧廊外的墩柱和地面上,在整个传递压力的过程中,拱顶的拱券、飞扶壁及骨架结构柱、墙面,把垂直的重力和倾斜的推力进行了分解。因此,中厅两侧墙面和侧廊作为重力和侧推力主要承重结构的作用已经不再那么重要,而由此也给建筑

形象带来两方面的影响。一是墙面变薄而且开窗面积越来越大，外墙变成了大面积彩窗的承载面，而不是拱券的主体承重结构；二是侧廊由于平衡侧推力的作用被扶壁所取代，因此与中厅等高的多层建筑退缩为只有底部一层的建筑部分，有的侧廊虽然仍旧保留了二层，但二层已经被缩减为狭窄的走廊。

至此，由于尖拱券和扶壁的使用，使得在哥特式教堂中的窗子开始占据越来越大的面积，心灵手巧的工匠们以彩色的玻璃对窗子加以装饰。人们还用彩色的玻璃（Stained Glass）在窗户上镶嵌出一幅幅以圣经故事为主要题材的画面，以达到用形象的画面来传播教义、教育教众的目的。教堂中彩色玻璃窗的形象是随着玻璃制作技术的进步而变化的。早期由于11世纪的时候玻璃的颜色只有9种，而且又以深蓝色为主要的基调，所以图案变化丰富但色彩以蓝色为主，且色调相对统一。此时借助这些彩色玻璃窗照明的教堂内部迷离幻彩，再加上高大的穹顶，使教堂内部形成十分能打动人心的空间效果。

到12世纪的时候，人们能够生产出的玻璃的颜色已经达到了21种之多，玻璃板的面积也增大了，所以玻璃窗画的色调转向以红、紫等明快的颜色为主，但图案变化相对变少。直到最后被纯净的无图案玻璃窗所代替，但从此玻璃的装饰性被消除，只是作

为一种采光的建筑构件元素而出现了。

哥特式教堂外部的装饰形式最初时直接模仿自晚期的罗马风建筑。直到到13世纪的时候，哥特式建筑形成了特有的建筑装饰模式，最突出的是在立面、高塔和扶壁的装饰发展上都日趋尖细，而且这种尖饰的应用变得越来越无束缚和自由化。在窗户的装饰方面，则从最初只是在砖石上面设置简单而粗壮的花式窗棂，发展成为后来的用纤细的石条或铅条在巨大的开窗上拼合成的复杂花式窗棂。

哥特式教堂的外部最初装饰十分简朴。但到了13世纪之后，随着建筑结构上的成熟，简朴的装饰风格被华丽的装饰风格所取代。这一时期教堂的外部出现了各种华盖、小尖塔（Spire）和山花等装饰物，教堂的大门以及大门周围的墙面像罗马风建筑的入口设计风格一样，多以圣经故事和圣徒像为装饰题材，进行密集的雕刻装饰，以达到一种生动直观的宣传效果。

哥特式教堂缀满雕刻装饰的外部，体

沙特尔主教堂飞扶壁细部

随着哥特式建筑结构的不断完善，飞扶壁上的装饰也越来越多，这些装饰以透空的小拱券为主，使飞扶壁显得更加轻灵。

哥特式彩窗

利用玻璃块拼接而成的哥特式彩窗上，多以《圣经》中的故事为主要题材设置不同的画面，以起到更直白、形象地教育教众的目的。

哥特式教堂结构示意图

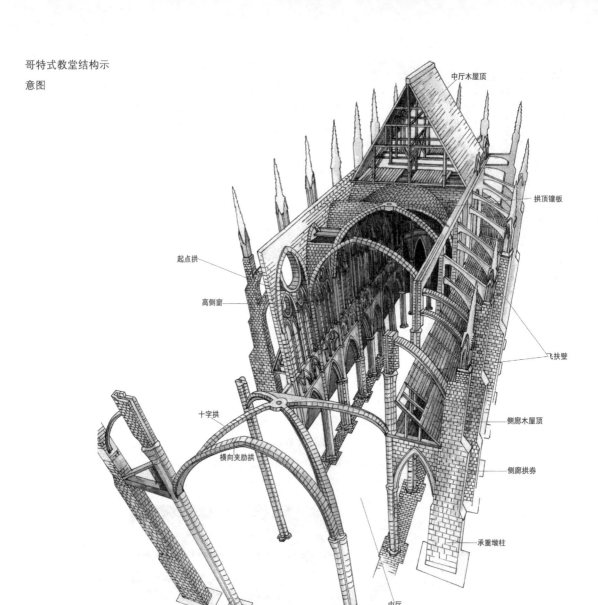

中厅木屋顶

拱顶镶板

起点拱

高侧窗

飞扶壁

十字拱

侧廊木屋顶

横向夹肋拱

侧廊拱券

承重墩柱

中厅

现了它作为城市纪念碑的地位。在哥特风格时期，以英、法、德等地为代表的城市经济及王权逐渐崛起，成为社会发展的主流。作为城市及王权象征的教堂建筑同之前宣扬神学与教廷力量象征的教堂建筑意义不同，此时的教堂建筑不仅反映出市民们对于城市的忠诚和拥护，表现出了雕刻工匠们非凡的技艺水平与创造力，还表现了一种浓郁的世俗生活之气。

哥特式建筑在内部空间的设计上以中厅为主。由于中厅采用尖拱券系统，所以平面

进深通常都被建造得很长，但其宽度受拱跨限制则较短。随着建造技术的进步，中厅被建造得越来越高，以四五十米最为常见，这样教堂内部形成峡谷般的狭长而高深的空间。随着中厅建筑高度的上升，厅两边墙面壁柱上的柱头的装饰设计也开始渐渐淡化，两窗之间的支柱被做成束柱的形式仿佛从地下生长出来的一般，从地面一直冲到拱顶两边的落拱点上。这种连续束柱的设置，更加强了教堂内空间的高耸感。

哥特式大教堂也成为城市中最为重要

的建筑。它通常都位于城市中专门开辟的广场上，在那里，教堂不仅是人们用来举行各种宗教仪式的场所，还成为城市审判、演出及一些公共集会的场所。总之，哥特式以教堂为主要代表的建筑，除了在结构上更先进之外，还拥有了更多使用功能和象征意义，它成为城市的象征和一种城市实力竞赛的标志。也因为这个原因，使得各地区的哥特式建筑在保持基本艺术共性特征的基础上，也体现出很大的差异，形成自己的特性。哥特式建筑的主要流行区就在王权统治兴盛的法、英、德等地，而在教廷为主导和拥有悠久古典建筑传统的意大利地区，则没有真正流行过哥特式建筑。

第二节
法国哥特式建筑

　　法国在 12 世纪之后，其王权逐渐加强。法国王室的强大不仅表现在不断对外扩充其领土方面，还表现在此时诸多建筑被营造，尤其是大型教堂建筑的建造方面。法国是哥特式建筑的发源地，法国又将哥特风格称为 "Style Ogivale"，这种建筑风格在法国的发展大约经历了三个时期。第一个时期是 12 世纪的发展早期阶段，这时的建筑中已经普遍使用尖拱券的结构形式，建筑外部的装饰还受早期罗马风的影响，以带几何图案的格子窗为主。第二个时期大约是 13 世纪中期，这时期的建筑结构并无太大创新，但出现了辐射状的花式窗棂图案，所以人们将这一时期的哥特式建筑风格称之为 "辐射式风格"（Rayonnant Style），同时这一时期建筑的高度开始大幅度地增加。第三个时期是在辐射风格基础之上发展出的 "火焰式风格"（Flamboyant Style）时期。火焰式风格也是法国哥特式建筑发展晚期的最后一种风格，大约在 16 世纪之

后随着哥特式建筑发展的衰落而衰落。

　　除了早期结构与风格探索时期的发展之外，法国哥特式建筑之后发展出的辐射式和火焰式两种风格，都是针对以窗棂为主的雕刻装饰样式而言的。可见在哥特式建筑结构体系确立之后，建筑发展的重点就转移到了装饰方面，而这也与教堂作为城市荣誉象征的社会功能相符合。因此可以说，哥特时期教堂装饰的精美感被大大增强了。

　　在法国，哥特式建筑有南北之分。同样，法国的民族也有南北之分，南部为罗马族，北部为法兰克族。在南部出产的一种火山岩可以作为建材，以丰富的色彩增强了建筑物的观赏性。北方因为天气十分潮湿，为了加强室内空气的流动性，于是在建筑造型上采用了大格子窗的设计。总之，北方建筑主要强调了设计的原理及构想，这一点近似于其他的欧洲国家。在北方建筑的特征上，表现为高坡度的屋顶、西面的塔楼、塔尖、尖细的阁楼、飞扶壁和形状高大的格子窗，这些从垂直方面表现出来的特征，显示出了建筑结构件之间的合理的作用力和高度与垂直之间的倾向性。

　　位于法国巴黎正北方向的圣丹尼斯修道院教堂（St.Denis），是由苏戈尔（Suger）修道院的院长设计并主持建造的，也被认为是

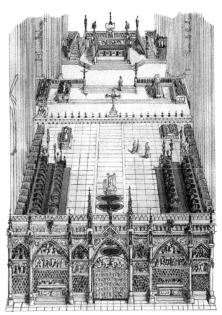

圣丹尼斯修道院圣坛隔板

　　圣坛隔板是一道分隔圣坛与中厅其他空间的栏墙，这种栏墙一般有木制和砖石制两种形式，隔板的样式与装饰风格通常与教堂建筑相统一。

虽然侧廊的墙体被提高，但由于采用了双层的扶壁结构，因此并不影响主厅的采光，反而使主厅的墙面结构更加通透、墩柱也更加高细，使室内呈现出轻灵、通透的空间效果。

圣丹尼斯教堂回廊

创新的尖肋券拱形式，正好满足圣丹尼斯教堂放射形的回廊对不规则拱顶的结构要求。

哥特式风格出现的开端。圣丹尼斯修道院教堂采用尖拱的形式获得了大面积的玻璃窗。其中最富新意的结构部分在后殿，因为教堂的后殿平面是由呈放射形设置的九个礼拜堂组成的半圆形，而且这个不规则平面的后殿在内部完全由柱子与拱券结构支撑。支撑尖拱肋与柱子相结合的方式，使整个后殿都没有实墙分隔，还形成两条明亮的回廊，因此内部可以最大限度地采用自然光照明，比之前任何一座教堂的内部都要明亮得多了。

圣丹尼斯修道院教堂改建之后利用新结构形式又得到了更加明亮的建筑内部效果，也在当时受到了其他地区人们的关注。因此，人们通过聘请修造圣丹尼斯修道院教堂的工匠和模仿与复制相同结构的方式，将始于圣丹尼斯修道院教堂的新结构传播开来。

法国各地在哥特式时期都兴建了教堂建筑，在结构的框架设计与修造技术等方面都已经相当成熟。在哥特式建筑几百年的发展过程中，也产生出了多座具有突出成就的哥特式教堂建筑。法国最具代表的哥特式建筑有巴黎圣母院（Notre-Dome）、拉昂大教堂（Laon Cathedral）、兰斯主教堂

（Reims Cathedral）、亚眠主教堂（Cathedral Notre-Dame of Amiens）、傅韦主教堂（Cathedral St.Pierre of Beauvais）和沙特尔主教堂（Chartres Cathedral）等，其中最后四座被称为法国四大哥特式教堂建筑。

法国的哥特式建筑在长期的发展中逐渐形成了一些比较固定的建筑特色。

首先是教堂的立面。法国教堂的西立面也是正立面，通常都要建造成对的高塔。高塔间的建筑立面底部是三个带有尖拱的大门，上部横向设置壁龛和栏杆的雕刻装饰带。正立面主体建筑的中央上方则设置一个大玫瑰窗。由于西立面的钟塔都被设计成了非常高的独立塔式建筑，需要很大的工作量和较高的建造技巧，因此大多哥特式教堂西立面的双塔都没有完全建成，只留下修建到不同程度的塔基。

巴黎圣母院是法国早期哥特式建筑的代表，其西立面就突出地表现出了这一特色。由于教堂西立面的尖塔没有建成，因此形成平齐的立面形象。圣母院立面是典型的"三三式"分划，即整个立面纵横两个方向上都由三部分构成。巴黎圣母院的西立面构图纵向由两个钟塔和中厅三个元素构成，通过纵向墙壁很明确地分划出来，横向则由底部较窄的连续人物雕刻壁龛和

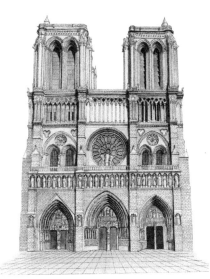

较宽的栏杆层，将立面分为底部入口层、中部玫瑰窗层和上部的塔基层三部分。

玫瑰窗是哥特式建筑中最具观赏特色的一个组成部分。巴黎圣母院除正立面设置的直径达 10 米的玫瑰窗之外，在其南北翼殿还各设有一个玫瑰窗，这两个玫瑰窗都以精美的彩绘玻璃画而闻名。除了巴黎圣母院之外，在沙特尔教堂和其他法国哥特式教堂中，在立面和翼殿也都设置了玫瑰窗。设置玫瑰窗的做法很普遍，而且玫瑰窗都被作为重要的部分进行装饰设计，有着精美的窗棂和彩绘图案。

其次是教堂的结构。哥特式教堂建筑除了正立面突出之外，最具特色的就是精巧的结构。体现其结构特色的主要是塔楼和扶壁两个部分。塔楼的设置主要集中在建筑的西立面两侧和平面上的十字交叉处上方，一般是西立面对称设置两座高塔，十字交叉处设置一座高塔。不过，像沙特尔等教堂，在教堂后部两侧翼的端头立面中也对称设置双塔，由于双塔在技术性上要求较高，因此这部分的双塔在造型上比较简单，高度也有限，远不如正立面上的塔楼。

教堂的高塔以西立面的双塔为主，而十字交叉部分的高塔无论在高度和规模上都不及立面高塔。西立面部分的两座钟塔多被设计得玲珑高耸，但也是因为塔的高度被设计得过高，往往需要高超的技术来

建造稳固的结构，因此许多教堂西立面的高塔往往是塌了建，建了又塌，整个修造过程往往历经百年以上，最终能够建成不倒的极少。这种情况也导致了法国和许多其他国家的教堂西立面钟塔，都如同巴黎圣母院的西立面钟塔一样，只建成了高塔座而没有上面的塔身和塔顶。沙特尔教堂是西立面两座高塔都建成的教堂范例，但

巴黎圣母院

巴黎圣母院不仅是法国早期哥特式教堂的突出代表之作，其建筑在平面布局、空间设置及结构等方面，都对后期法国和其他周边国家兴建的教堂具有很深的影响。

巴黎圣母院屋顶尖塔结构

位于圣母院十字交叉处的小尖塔，实际上在内部采用木结构建成，木结构尖塔不仅可以大大减轻底部结构的承重力，而且还有绝缘作用，避免被雷电击中。

飞扶壁结构的发展

飞扶壁和扶壁墩柱的结构，也随着哥特建筑结构的发展而变得日益轻透，而且扶壁墩柱上也被加入了带有雕刻的尖塔形象，以加强建筑的升腾感。

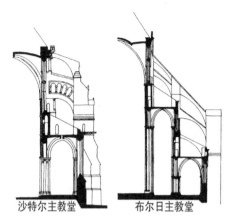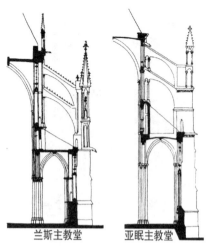

沙特尔主教堂　　布尔日主教堂　　兰斯主教堂　　亚眠主教堂

尖拱顶与扶壁结构图

成熟的哥特式建筑结构中，以肋架券和扶壁为主组成的框架结构代替墙面承重结构，从结构体系上颠覆了古典建筑。

这两座高塔是分别在13世纪初和16世纪建成的，因此在高度和外观样式上都不相同。

再就是飞扶壁。除了高塔之外，哥特式建筑外部最突出的建筑形象就是满布在教堂四周的飞扶壁。扶壁早在古典文明时期就已经出现，在拜占庭时期的代表性建筑圣索菲亚大教堂中已经被作为支撑穹顶侧推力的结构使用，但那时的扶壁只是一堵由底部向上略有缩减的实墙。此后扶壁在罗马风建筑中被作为一种有效的支撑结构而被广泛使用。到了哥特时期，扶壁则成为教堂建筑中最基本的结构，而且也是营造出哥特式建筑独特形象所必不可少的造型元素。

在哥特式教堂建筑中，中殿采用尖拱肋的穹顶形式，底部墙面除保留一些承重部分之外，全部开设大窗，而穹顶结构的侧推力则主要由建筑外部的飞扶壁承担。飞扶壁一

法国教堂平面特点

以巴黎圣母院平面为代表的厅堂式教堂平面，是法国哥特式建筑中最突出的特色之一。

端与建筑内部尖拱扶脚柱的部分相连，另一部分与外部的墩柱相连，将推力与部分重力传导到建筑外部的墩柱上，以保证不在建筑内部设置支撑结构，维护内部空间的统一性。

哥特式教堂除中殿之外，带放射形礼拜室的后殿也采用尖拱顶结构覆盖，因此除建在主殿外部的支撑墩柱之外，还围绕后殿建造。后来在主殿部分，侧廊由于不再起到支撑作用而被削减为一层或干脆取消，以使中殿上部的侧墙可以开窗，中厅内部直接采光而更加明亮。再后来，飞扶壁墩柱与主殿之间的侧廊空间被保留，而且这样侧厅也可以利用飞扶壁将其分割为一间间单层的祭祀或礼拜室，这些分布在主殿两边的小室满足了教堂额外的空间需要。这样也导致了教堂拉丁十字平面两边的横翼伸出大大缩短，几乎使教堂平面还原为最初的长方形巴西利卡式大厅外加后端的半圆形礼拜堂的形式，这种较短横翼的建筑平面形式，也成为法国哥特式教堂建筑的另一大艺术特色。

最后是内部空间，哥特式建筑的内部空间受新的拱券与扶壁结构的影响极大，并呈现出几个共同的特色。

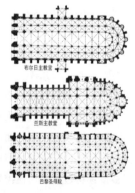

布尔日主教堂

兰斯主教堂

巴黎圣母院

尖拱结构造成中厅的长方形平面跨度有限，因此哥特式教堂建筑中厅的宽度一般都不大，但却高而长。沙特尔教堂的中厅宽约16.4米，而巴黎圣母院的中厅宽度则只有12米多一点。在高度与宽度上，沙特尔教堂的中厅高约32米，长度达130多米；巴黎圣母院的中厅高约35米，长度也达到130米。其他几座教堂的情况也近似，亚眠主教堂的中厅宽15米，高42米，兰斯主教堂中厅高约38米，长约138.5米，而中厅最高的傅韦大教堂的中厅高度更是曾经达到了48米，但因为结构问题，包括中厅穹顶在内，傅韦教堂在兴建过程中历经多次倒塌，日后除了东部之外，其他部分终未建成。

为了与哥特式教堂狭长高深的中厅相配合，教堂内各组成部分的形象也有了很大变化。首先是中殿拱券结构的支撑柱因为不再需要承受先前那样的压力和推力，因此柱身开始变得细高，而不是像罗马风建筑中的柱子那样的粗壮。其次中殿与侧廊之间的连拱廊也变成了一排尖券的空间形式。尖拱券之间的墩柱样式变化较多，以束柱的样式最为多见。早期的柱子多顺应楼层的二层或三层分划，也被简单的出檐口截成两段或三段柱子的形式。后来柱子的连贯性越来越强，甚至变成了从底部一直上升至柱顶的起拱点，再向上分成多条肋拱支撑墙壁的形式。

在法国哥特式流行后期出现的所谓的辐射风格和火焰风格，则主要是针对拱券、窗棂等处的雕刻装饰以及扶壁的形象而言的。辐射风格的建筑立面、窗棂上大都采用一种细尖券的盲拱或与纤细窗棂相搭配的形式。此时建筑外立面和窗棂、拱券等处的装饰相较于前期简单的尖拱形象要显得通透和轻盈了许多。辐射式装饰风格是通过立面石材雕刻和一些装饰性细尖拱券的加入，使建筑或拱券的立面形象变得更加纤细，同时这些装饰物的形象和特征上，都注重对纵向线条和垂直纵向感的突出，因此辐射风格是一种着力突出玲珑的拱券形象和上升的纵向感的装饰风格。

柱式的演变

当柱子由古典时期的主要承重部件变成壁柱时，它也就成为了一种富于装饰性的室内部件，因此可通过柱身凸出墙面的比例和线脚、雕刻来对其进行美化。

辐射风格的雕刻装饰中大量使用到了三叶形（Trefoi Decoration）、四叶形（Quatrefoil）、五叶形（Cinqufoil）和八叶形（Octafoil）的装饰，并通过曲线和尖细的拱券形象来达到增强纵向视觉效果的目的。辐射风格发展到一定阶段以后，随着雕刻技艺和装饰意识的提高，人们开始寻求一种更华丽、更繁复的装饰风格，于是火焰式风格便由此诞生。

火焰式风格的雕刻在玫瑰窗和窗棂中的表现最为突出。在外立面集中雕刻的区域，以往辐射式的几何图形和直线都被曲线构成所代替，工匠们利用精湛的透雕手法，在立面、墩柱、拱券和窗棂等各个部

法国哥特式教堂中的圣坛隔板

法国哥特式发展后期，无论教堂建筑本身还是内部的各组成部分，都布满了精细的雕刻装饰，呈现出非常奢华的建筑形象。

火焰式栏杆

这种火焰式栏杆，被广泛地应用于窗棂和建筑立面的装饰中，具有很强的动感。

布满尖塔装饰的香博堡

香博堡主体建筑上不仅设置了意大利式的天窗用于采光，还林立着数量众多各种样式的小尖塔，这些小尖塔多是底部天窗、上部烟囱的装饰。

老圣保罗教堂复原模型

英国很快就接受了源自法国的哥特式建筑风格，并开始仿照法国样式兴建教堂建筑，但在立面中以大形尖券窗代替玫瑰窗的做法，却是英国的本土教堂特色之一。

分遍饰通透且充满曲线变化的花式。同辐射式风格的装饰相比，火焰式风格的装饰更具动感和灵活感。但当教堂内外遍饰这种繁复、华美的装饰之后，反而给人一种繁缀的感觉。密布的火焰式图案如蛛网般铺满教堂各处，也暗示了此时哥特式教堂建筑已经沾染了浓郁的世俗之气。

除了教堂建筑以外，此时最突出的世俗建筑便是城堡。防卫性极强的堡垒（Fort）建筑一般都建在河堤之上，它最为突出的特点就是将墙壁建得十分坚硬厚实。受哥特式建筑风格的影响，许多城堡中的角楼都建成哥特式教堂中的塔楼样式，只是城堡中所设置的塔楼多为圆柱造型，在顶部也设置密

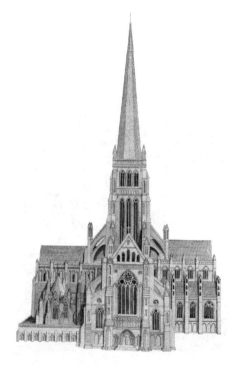

集的尖券围绕顶端圆锥形的尖顶进行装饰。

法国作为哥特式建筑的发源地，其建筑成就以哥特式教堂艺术为主。哥特式教堂建筑无论是在拱券和扶壁等结构方面，还是玻璃窗的彩绘、雕刻等装饰方面，都是在罗马风建筑的基础之上进行的诸多创新，并取得的新的艺术成就。法国哥特式教堂伸出较短的侧翼平面布置，后殿部分放射形的礼拜堂设置以及扶壁的设置等方面都颇具本地特色。虽然其他地区的哥特式教堂并未将法国教堂的建筑特色全部沿袭过去，但在建筑结构和内部空间设置等方面，却是直接模仿法国教堂的做法来进行建造的。虽然在哥特式建筑风格流行时期，法国和其他国家的罗马风建筑仍在兴建，但也开始吸纳哥特式建筑的先进结构和装饰经验，为哥特式建筑风格的流传和成熟起着推动作用。

第三节
英国哥特式建筑

哥特式建筑风格产生之后，因为其先进的结构和动人的教堂形象，而在法国境内广为流行，同时也通过此时工匠的流动被传播到其他更广泛的地区。哥特式建筑风格首先影响并对其建筑发展产生重大影响的法国以外的地区是英国。

英国是较早受到法国的哥特式建筑影响而改变建筑风格发展走向的地区，来自法国的泥瓦匠威廉姆（Mason William），将法国已经发展了30年的哥特式风格带入到了英国，他参与了1174年开始修建的坎特伯雷大教堂（Canterbury Cathedral）的建筑工程。英国的哥特式建筑发展大致也可以分为四个时期：第一个时期为11世纪起的诺曼哥特时期（Norman 1066～1200年）；第二个时期是从威廉姆将哥特风格带入英国之后到13世纪的英国哥特发展早期（Early

English 1200～1275年）；第三个时期是从13世纪中后期开始的盛饰风格哥特式时期（Decorated 1275～1375年）；第四个时期是14世纪中后期的垂直哥特风格发展时期（Perpendicular 1375～1530年）。

英国哥特式建筑风格的发展时间，相较法国和其他欧洲国家都要长得多，而且对于艺术的影响也深入得多。英国哥特式建筑风格在其后出现的文艺复兴、新古典主义建筑风格的大发展时期也一直存在，并同这些建筑风格相混合发展。哥特式建筑风格在英国发展的这种持续性，在其他国家是很少见的。

早期英国哥特式建筑的代表，也就是法国的威廉姆来英国所建造的坎特伯雷教堂的歌坛（Choir-Stall）部分，此后这座教堂虽然在14世纪由英国本土的工匠进行过整体改建，呈现出了英国哥特式教堂建筑的一些特点，但其他建筑部分也仍旧保持了很明显的法国哥特式建筑风格的痕迹。

这种受法国哥特式建筑影响而带有一些法国哥特式教堂建筑特征，同时又具有英国教堂特色的建筑发展状态，也是英国哥特早期许多教堂所共同呈现出的建筑特点。在整修完成后的坎特伯雷教堂中，法国教堂中的那种带双塔的西立面，放射状的后殿形式都得到了保留、继承和突出表现。教堂的中殿肋拱结构也是法国式的，即只由结构肋拱组成，只在拱顶和起拱点处稍有雕刻装饰。这种简单的装饰手法与之后法国本土教堂中殿的拱顶形象相比，是最为简单的形式了。

在英国早期的哥特式建筑中，也已经在建筑平面、内部空间设置及装饰、立面

及外部形象等方面显示出了一些本土的建筑特点。这些特点被后世的英国哥特式教堂建筑所继承，并发展成为英国哥特式建筑的地区特色。

从平面上来看，英国哥特式教堂大多都像坎特伯雷教堂那样，拥有两个横翼，教堂的长度也要比法式的长得多，比如坎特伯雷教堂的长度为170米。因此英国教堂在内部往往有着狭长的中厅（Main Vessel），这也是英国哥特式教堂建筑的一大特色。当人们进入教堂之后，在朝向圣坛的行进过程中，纵长的步行距离可以有充分的时间让教堂建筑所营造的玄幻空间氛围感染自己，强化了哥特式教堂对人精神性的影响作用。

除了双横翼（Double Transepts）之外，英国教堂平面与法式教堂的最大不同还有后殿的设置。法国哥特式教堂的后殿因为采用尖拱肋穹顶的形式，所以其后殿往往呈放射状向外伸出多个相对独立的半圆形礼拜室，这也就造成法国哥特式教堂的后殿平面多呈不规则的半圆形。英国哥特式教堂的一些早期的例子，如坎特伯雷教堂和伦敦西敏寺就在后殿加入了这种放射形的礼拜室，但此后的大部分教堂后殿都是英国式的，即后殿以规则的长方形空间结束。即使有些教堂在后殿处设置了凸出的小室，也是规则的方形平面。

牛津修道院餐厅的木结构屋顶

采用悬臂梁结构建成的木结构穹顶，也是英国哥特时期最具特色的建筑形式之一，而且在木结构的屋顶上，通常还有非常精美的木雕装饰。

韦尔斯大教堂内部

韦尔斯大教堂在建筑十字交叉处的建筑外部设置了方形平面的塔楼，建筑内部则设置了四面带有巨大交叉的拱券围合，显示出英国哥特建筑后期的创新精神。

索尔兹伯里大教堂

索尔兹伯里教堂两个横向翼殿，以及强调立面横向性的设置，都显示出英国本土化哥特教堂的建筑特色。

英国哥特式柱头
（中、下图）

由于英国哥特式教堂中多设置花样变化的肋拱，因此束柱上的肋拱起拱点与之相配合，也大多进行雕刻装饰，这种雕刻装饰可以是包括整个束柱的连续带饰，也可以是只在柱头雕刻的断续形式。

这种方形后殿的建筑形象是英国哥特式教堂发展出的本土特色之一。方形的后殿使建筑整体的形象更加规则，同时也使内部穹顶的结构更加规则。采用穹顶的后殿也像中厅那样，在建筑两侧设置飞扶壁，而且有些建筑由于调整了后部的结构，甚至可以不设飞扶壁，而只以扶壁墙支撑。这种扶壁的缩减，使英国哥特式教堂建筑的后殿更加简洁，而不像法式教堂那样，整个后殿被一圈飞扶壁包围起来。

从内部空间设置及装饰上来看，英国哥特式教堂的内部也有十分突出的特色，那就是拱券与券柱的变化。英国哥特式教堂内部最具特点的是集中式束柱的运用。这种束柱仿佛由十分细小的诸多柱子组成，而且细小柱子之间是用横向的带条来捆扎成一束。在建筑底部分隔主殿与侧殿的尖券柱廊中，墩柱的束柱形式与层叠线脚装饰的尖拱券相配合，是英国教堂中常见的雕刻装饰手法。

从顶部拱券延续下来的券柱装饰上，主要有连续性和不连续性两种做法。连续性券柱形式中最简单的做法是采用光滑的圆柱形式，这种圆柱从地面一直向上延伸

到顶部柱头上的起拱点，整个细长的柱身间断也没有装饰，突出明确的结构性。但在英国哥特风格发展的后期，随着顶部肋拱的装饰性越来越强，券柱也随之由单一的圆柱外观变成了由众多与顶部枝肋相对应的细柱构成的束柱外观形式。这种由密集细柱形象组成的束柱从地面升起后直冲到墙顶的起拱点上，再加上与底部层叠券柱和屋顶枝肋的形象配合，使密集的细柱形象在建筑内部营造出很强的升腾之感。不连续的肋券形式则是去除了底部的支柱形象，使屋顶的拱肋结束于两边墙面的起拱点处，并以花饰的梁托支架结束。比如韦尔斯大教堂（Wells Cathedral）的中厅就采用的是这种从墙体上半部分直接起拱的形式。这种不连续的肋券形式十分简洁，使屋顶与底部形成分明的层次变化。

然而这种券柱上的变化还不是英国哥特式教堂内部最大的变化，英国教堂内部最有特色的构件是极具装饰性的拱顶部分。

由于尖拱肋券柱结构上的成熟，使得人们在顶部拱肋结构上变化出的花样也越来越多，而这些变化都起始于更富于装饰性的拱肋的加入。

这种装饰性的拱肋有多种称谓，如枝肋、边肋、装饰肋等。这些装饰性的枝肋是由主肋上伸出的，它们在拱顶上相互交织成各种图案，其装饰图案的发展是由简单到复杂的。到盛饰风格哥特式时期，肋架装饰图案已经发展为一种必不可少的装饰，不仅图案构成变得十分繁复，最终还发展出一种纯粹装饰性的扇形拱形式（Vaults Were Elaborate Fan Shapes），将真正的承重拱遮盖了起来。

这种枝肋在顶部形成的复杂图案装饰，也是英国哥特式建筑最突出的特色。因为随着肋拱结构的成熟，人们在解决了结构支撑问题之后，自然开始在结构肋架券上进行装饰，也自然地加入了枝肋。最初加入的枝肋数量很少，造型也是以直线肋为主构成的简单形式，这在早期兴建的一些教堂穹顶中明晰可见。早期兴建的索尔兹伯里大教堂（Salisbury Cathedral）有中厅，仍是简单的十字拱肋与横拱肋相间设置的形式。到了稍后修建的林肯大教堂（Lincoln Cathedral）主厅和西敏寺（Westminster Abbey）主厅的穹顶中，从两边每个起拱点伸出的肋拱逐渐分成四股，在穹顶上左右起拱点的四股枝肋相交，而且连续的四权拱和四权拱之间的雕饰在顶部连续起来，形成密集肋拱分隔的穹顶形式，同时也在穹顶正中留下了一条雕饰带。

在林肯大教堂之后，英国哥特式教堂建筑中厅穹顶上的枝肋变化更加多样。最简单的变化是用纵横两种直线枝肋构成的

花格形式，这在后期重建的坎特伯雷教堂、约克大教堂（York Minster）、伊利大教堂（Cathedral Ely）礼拜堂中都可以看到。

在英国哥特式建筑风格发展的后期，枝肋所组成的图案成为教堂内部最主要的装饰。随着此时一种被称为扇形拱的新结构形式的出现，作为结构部分的尖拱肋架

拱顶的形象变化

在大多数哥特式教堂中，多样化的肋拱装饰变化多出现在中厅拱顶之中，而侧廊因为还要承担对中厅的支撑作用，因此拱顶形象相对简单。

装饰肋拱与结构肋拱结构剖面示意图

装饰肋拱依托真实的结构肋拱而存在，但在顶部将真正的结构肋拱遮挡，因此越大型的装饰肋，就越需要坚固的结构肋作为支撑。

装饰肋拱与结构肋拱结构俯视示意图

除了真实的尖拱券起到支撑装饰肋的结构作用之外，扇形拱上的肋拱也能够起到一定的支撑作用。

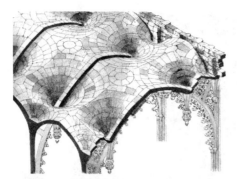

林肯大教堂的装饰肋

利用直线的穿插与组合形成的装饰肋，呈现出一种简明、轻快的穹顶形象。

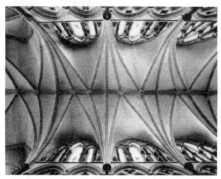

格罗塞斯特教堂扇形拱

位于格罗塞斯特柱廊院中扇形拱装饰的柱廊，是英国最富于表现力的拱顶装饰之一。

券开始被纯粹的装饰肋拱所掩盖，呈现在人们面前的是呈蜘蛛网状的密集而复杂的枝肋形象，甚至在有些教堂中为了追求单纯的装饰效果，在平顶结构的室内塑造复杂和大型的扇形拱形象，使扇形拱和装饰性枝肋布满整个屋顶。扇形拱的形象也被塑造得更加自由和随意，不仅加入曲线和更多雕饰的图形，还加入了从屋顶倒垂下来的花饰。这种布满屋顶和带有倒垂饰的屋顶形象，对于站在教堂底部向上观看的人群来说，呈现出一种轻盈、通透和脆弱的美感，而对于实际的结构来说，却是十分沉重的。

采用这种近乎无度的扇拱进行装饰的教堂以格罗塞斯特教堂（Gloucester Cathedral）和剑桥国王学院礼拜堂（King's College Chapel）为代表。在被巨大扇形拱铺满的格罗塞斯特教堂的回廊中，扇形拱以大尺度和深刻雕刻的形式出现，在带给人一种强烈震撼的同时，却不免显得有些沉重。而在剑桥国王学院礼拜堂中，这种扇形拱的运用和轻灵形象效果得到了最淋漓尽致的表现。

在这座长方形平面的大厅式建筑中，细长的束柱从地面一直通到上面的起拱点，

然后伸出像伞骨一样的肋。这些肋在平屋顶上延伸和交织，再搭配肋拱间的博思（Boss一种在多条石肋交叉处设置的雕刻装饰）雕刻装饰。在建筑两边的束柱与高大尖券之间，是密集排布的大面积彩绘玻璃窗，所以当阳光透过玻璃照射进室内时，密集、纤细的雕刻装饰就像是长满细密枝条的棕榈树林，使人们仿佛走在林荫路上一般。

以国王礼拜堂为代表的哥特式建筑，也是英国哥特式建筑发展后期垂直哥特风格的代表作品。垂直哥特式也被称为直线式，它的主要特征是通过对建筑各部分线条的设计，着力突出垂直的竖向线条感。垂直哥特风格是哥特式在英国发展后期阶段的产物，它直到16世纪仍在广泛流行，如著名的剑桥国王礼拜堂就是在约1515年时才建成的。而在英国垂直哥特风格流行的同时，其他欧洲国家的哥特式建筑风格发展已经结束，以意大利地区为主的许多地区和国家正处于文艺复兴风格发展时期。

最后，除了建筑内部的变化之外，英国哥特式风格最突出的特色还表现在建筑的外部形象上。英国哥特式风格教堂也以西立面为主立面，而且最早也是模仿法国式教堂的那种双高塔形式，如坎特伯雷教堂、约克教堂的西立面，就都如同法式教

堂的西立面那样，在两边留有未建成的两截方形塔基。而在利奇菲尔德教堂（Lichfield Cathedral）中，这种法式教堂的形象较为突出，因为这座教堂的立面双塔和十字交叉处双塔都被建成了。但在这座教堂的正立面中，法国教堂双塔之间的玫瑰窗被英国式的尖券窗所代替。这种在立面设置尖券窗而不是玫瑰窗的形式，是此后英国哥特式教堂立面一大特色。

在早期的法式立面阶段之后兴建的教堂，则逐渐显示出削弱双塔的主体形象而加强对横向水平线条表现的特色。在林肯大教堂中，立面的双塔虽然被保留，但整个立面的宽度远大于双塔界定的范围，而且整个立面通过双层连券廊的设置，强化了横向线条。在这里，法式立面中的双塔、圆窗和三券门的形式虽然都出现了，但显然已经不是立面的主要构成部分，而是成为了一种装饰性的组成部分。另一座大约修建于 13 世纪中期的韦尔斯大教堂（The Cathedral of Wells）中，整个立面在造型上就已经明确分为双塔和中部三个部分，但双塔部分显然没有再加高的趋势，而是与中部构成了既分又合的横向立面。而在整个立面中，又通过瘦高的开龛突出了一种纵向的垂直效果。

这种横向立面的形象在索尔兹伯里教

堂（Sallsbury Cathedral）的立面中表现得更加突出，双塔在形体上已经缩小为立面两边的装饰性塔楼，一种英国本土诺曼式的二联拱与三联拱形式的窗（Staggered Triple Lancet Window）占据主导地位。大门是近似法式的三尖券形式，但尺度也被大幅减小了。整个立面最突出的是横向设置的带有人物雕塑的壁龛，以及在后部十字交叉处设置的高达 123 米的高塔。

英国哥特式建筑风格与法国哥特式最大的不同，就是建筑外部形象和内部的肋拱结构，尤其是装饰性枝肋的大量使用，突出了英国本土哥特式教堂的特点。此外，由于英国哥特式建筑多由两个横翼组成，平面上类似汉字"干"字，所以中厅很长，使得教堂内部空间感染力更强。

在建筑外部，从英国不同时期的哥特式教堂立面中，可以清楚地看到其建筑立面从模仿法国教堂立面，到逐渐形成英国

这种带有凹凸墙体变化的雉堞，经常被用在窗户的底部和墙顶上，与尖拱和尖塔组合使用，是垂直哥特式建筑中所特有的一种装饰。

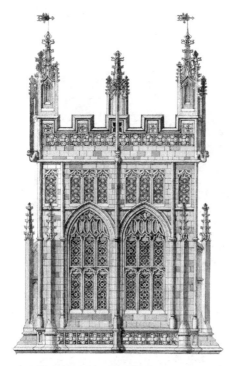

斯特拉斯堡大教堂

按照法国哥特式教堂形象兴建的斯特拉斯堡教堂，对德国哥特式教堂建筑的发展具有很重要的启发作用。

本土特色的过程。英国教堂立面以强调水平延伸的横向立面形象为主，将双塔的形象削弱，立面上不再设玫瑰窗，而是设置纵向三个尖券形的大玻璃窗，而且随着结构的成熟，立面开窗的面积越来越大。教堂的高塔由法式的立面双塔变成了十字交叉处的单塔，但这些塔依然被建得很高，因此也导致出现了一些与法国教堂相类似的情况，有的教堂只在屋顶上留有一段未建成的塔座。

英国哥特时期的建筑以宗教建筑为主，其发展轨迹与法国教堂不同的是，法国教堂越到晚期，越注重内外的雕刻装饰，而在拱肋上无太大创新，这也导致盛饰风格的法国教堂因雕刻装饰过多而略显繁缛。而英国教堂则越到后期越注重一种垂直效果的强化，甚至连外立面的扶壁上都建有细瘦的尖塔装饰，主建筑的外立面也因此不常采用深厚的雕刻图案。

哥特式风格对英国建筑的影响很深远，这不仅表现为其他欧洲国家已经进入文艺复兴建筑时期，而英国境内仍处于哥特风格发展晚期这一个方面。还因为到了18世纪，当全欧洲重又兴起古典建筑复兴热潮的时候，英国首先恢复的也仍旧是哥特风格，而且哥特式建筑风格不仅局限在宗教建筑一个类型，它还全面渗透进世俗建筑之中，并对其他欧洲国家的建筑艺术也产生了不小的影响。

第四节
其他地区的哥特式建筑

除了法国和英国之外，哥特式建筑风格这种极具外部宗教象征性和内部空间感召力的建筑形式，还凭借着独特的建筑魅力随宗教在一些地区传播，在更多的地区兴建。在以法国和英国为中心的哥特式建筑发展范围内，产生了诸多优秀的哥特式教堂建筑，世界上著名的一些哥特式建筑范例，也多是由英、法两国，尤其是从法国的著名教堂建筑选拔出来的。同时，由于各地区不同的社会发展状态和建筑传统，也使得哥特式建筑在不同地区和国家又呈现出更多的变化。

其他地区哥特式建筑风格与法国最贴近的，也是在地理上与法国邻近的日耳曼语系地区。在德语系地区，哥特式教堂建筑兴建最突出的则是今德国和包括奥地利（Austria）、维也纳为主的地区，这一地区在中世纪时属于科隆大主教所管辖的范围。位于法德边境的斯特拉斯堡大教堂（Strasbourg Cathedral）大约于 1276 年左右完成基本的建筑部分，就是座完全按照巴黎的哥特式教堂标准兴建的教堂建筑。这座建筑给德国教堂建筑风貌的改变带来很大影响，但总体来说德国的哥特式建筑在 13 世纪中期之后才逐渐兴盛起来。

德国的哥特式建筑显示出很强的法国特质。德国哥特式建筑的平面与法国哥特式教堂很像，都在拉丁十字形的东端设置放射形的礼拜室，后殿部分也是近似半圆形的平面，内部由环廊来连接各个礼拜室。德国哥特式教堂的横翼部分伸出比较大，形成明显的十字形平面，但也有一些教堂

马格德堡大教堂是具有哥特风格发展倾向的罗马风教堂，教堂后部在回廊外又兴建放射形的小室，这些小室正好成为回廊十字拱结构的有力支撑。

采用的是传统的巴西利卡大厅形式。

德国哥特式教堂的外部形象更加冷峻。法国的哥特式建筑是在发展到辐射风格时期传入德国的，可能是受此影响，也可能是一向严谨的日耳曼民族不喜欢法兰西民族的浪漫装饰主义风格，所以德国哥特式教堂的立面及其他建筑部分，都尽可能突出一种纵向的线条感。因此在建筑外部，深刻林立的纵向雕刻线与较少的装饰、高耸的建筑相配合，就形成了德国哥特式教堂尖耸和冷漠的外部形象特征。

乌尔姆大教堂

乌尔姆教堂的修建历史延续了大约 400 年，教堂西立面虽然只建成了一座高塔，但塔的高度达到了约 161 米，成为中世纪哥特式教堂中建成的最高的塔楼。

德国最具代表性的早期哥特式建筑，是大约在 14 ～ 16 世纪建成的乌尔姆大教堂（Ulm Cathedral）。乌尔姆大教堂是哥特时期造型比较特殊的一座教堂，因为这座教堂在西立面是单钟塔的形式，而且其塔高达到了 161 米。除了西立面的独塔之外，在乌尔姆教堂的后部还对称建有两座小尖塔，这两座小尖塔与立面的独塔一样，都采用方塔基与细长锥尖顶的形式组成，而且塔身都采用透雕的围栅形式，使这些尖塔显得玲珑通透，与法国盛饰时期的塔尖形象相似。

科隆大教堂

科隆大教堂仿照法式教堂建成，是最具法国建筑特色的德国哥特式教堂，也是哥特式教堂建筑中将主立面双塔全部建成的罕见建筑实例。

德国最著名的哥特式教堂建筑除了乌尔姆教堂以外，还有科隆大教堂（Cologne Cathedral）。科隆大教堂是科隆教区的主教堂，在其基址上建造的教堂历史可追溯到9世纪，因此这座教堂的设计规模庞大。科隆大教堂长约148米，其中厅高度约43.5米，由于建筑规模太大，因此修造时间也相对很长，从大约1248年大教堂动工修建开始，直到19世纪末期才彻底完工。在几百年断断续续的教堂修造工程之后，呈现在人们眼前的是一座极其宏伟和富有代表性的教堂建筑。

科隆大教堂平面为拉丁十字形，后殿部分遵循法式传统，由七个放射形的礼拜堂结束。教堂的修造虽然经过几个世纪，但总体上保持了兴建时设计的基本风格特征，也就是一种接近法国辐射式的风格。教堂的西立面直接来自法国哥特式教堂的双塔形式，但水平方向上的壁龛、拱券廊和玫瑰窗被纵向开设的细窄窗所代替，整个立面对纵向线条感的强调体现出德国哥特式建筑的特色。立面上的两座尖塔样式一致而且都被建成，其高度也达到了157米，这在哥特式建筑时期的教堂建筑中是不多见的双塔范例。

德国哥特式教堂的内部也同法式教堂一样，多采用简单的尖肋架券形式，而且除了结构性的肋架券之外，很少再加入装饰肋。在有些教堂，比如乌尔姆教堂，即使中厅和侧廊顶部的肋架券有一些出于装饰性所作的变化，其肋拱也依然以直肋为主，而且装饰图案的变化幅度也不大，基本上都保持着理性、规则的风格基调。科隆大教堂内部拱顶的建筑构造和比例极为完美。由于侧廊上升到和中厅等高的高度，所以屋顶的覆盖面将中厅和侧廊整个包含了进去，规模也很庞大。在拱的建造上，它采用了较为简朴的设计。柱头的设计则十分精致，葡萄叶式的雕刻细巧而细致，极为生动逼真。

和德国哥特式教堂相比，维也纳（Vienna）、布拉格（Prague）等其他德语系地区和国家的哥特式教堂在规模上并不创新，但在装饰方面却更加丰富。在外观形态上以维也纳大教堂（The Cathedral of St.Stephen）最具代表性。这座教堂是在早先的一座罗马风建筑基础上扩建而成的，因此教堂西立面双塔的形象并不突出，甚至还带有一些异域特色。教堂外部最具特色的部分是屋顶带花纹的铺装，以及横翼南部建成的一座高约133米的钟塔。

可能是由于西立面可供后人发挥的余地较小，所以人们在之后的改建中，在主立面的入口大门、窗口和内部大厅等处加入了大量哥特式的尖拱和尖券的形象。这些后期添建的尖拱券的形象，都是精雕细琢而成，尤其是建筑外部惟一的南部高塔和侧面上层的尖拱券、三角形窗棂均有华丽的雕刻装饰。在教堂内部，中厅是简单的尖券肋形象，侧廊的穹顶则有一些格网的变化，但相对也比较简单。倒是内部精细的雕刻随处可见，而且通过与样式简单的尖拱券相对比，更显示出雕刻的奢华风格。

除了紧临法国的德国之外，此时期欧洲南部的意大利和西班牙等地也因共同的宗教信仰而沾染到了内陆地区的哥特式建筑之风。由于这些地区或者有着悠久的古典建筑发展历史，或者曾经有着长时间被外族统治的历史，因此哥特式建筑风格在这两地的发展也最具地区特色。

西班牙的地形为半岛形，它北临比利牛斯山脉（Pyreness），南临直布罗陀海峡（Strait of Gibralter），地处欧洲的西南部与非洲相对。它受北部的法国和南部的摩尔影响，其中被摩尔人所占据的格拉那达（Granada）是西班牙境内土地最为富饶的

威尼斯金宫

哥特式建筑风格在古典建筑文明中心的意大利，更多的是被作为一种装饰风格，与其他古典建筑形式混合使用，这一特点在威尼斯建筑中表现得最为突出。

地方。基督教文化在西班牙社会中占据着极为重要的地位，人们对于它的重视程度甚至远远超过了对于国事的重视。西班牙利用联姻的手段与英国建立起了盟国关系，并且还与北部的法国、意大利等国建立了外交关系，同时它又受到南部摩尔人的伊斯兰艺术风格影响。因此，西班牙这一时期的社会情况和艺术风格都十分复杂，在

维也纳大教堂

维也纳大教堂是在原有罗马风教堂的基础上改建而成的，因此外部呈现出多种风格混合的建筑特色。

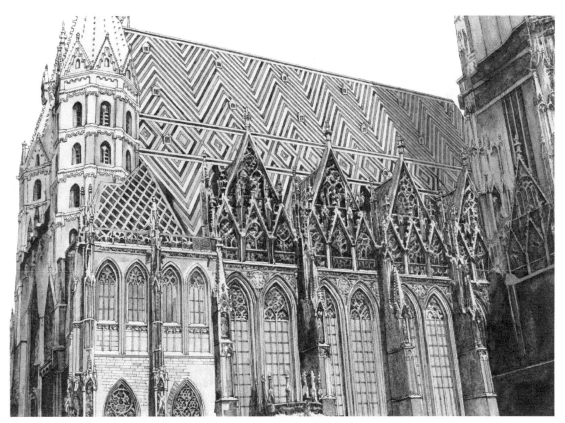

西班牙地区的许多教堂立面，都将圆窗、尖拱等哥特式建筑元素的形象或结构，与原有的伊斯兰教建筑形象相混合，形成极具装饰性的建筑形象。

由于受伊斯兰教风格的影响，西班牙地区的建筑多在结构上加入了更多的装饰，如图示的星形肋拱采光塔，不仅显示出摩尔艺术的影响，还与后期的巴洛克建筑风格十分相近。

建筑上出现了多种风格相互融合的特殊的哥特式艺术形式。

西班牙作为著名的朝圣地之一，其领域内的教堂建筑兴建与建筑潮流贴得比较近。继法、英等地之后，13世纪时西班牙也开始出现了哥特建筑营造的小高潮。西班牙哥特式教堂的兴建，因其地域上曾经分为摩尔人统治区和基督教区的历史背景而分为两种风格：一种是与法式哥特式教堂相近的比较纯粹的哥特风格，一种是带有浓郁伊斯兰教特色的哥特风格。

比较纯粹的哥特风格建筑产生在北部长期处于基督教文化统治的地区。在莱恩（LeUn）和布尔戈斯（Burgos）两地的主教堂建筑中，都呈现出很明确的法式哥特式建筑面貌。莱恩地区教堂的形象与设计都与法国教堂十分相像，这座教堂与一个方形的环廊院共同组成庞大的建筑群。教堂的平面也是法式教堂的形式，横翼伸出极少，后殿由放射形设置的礼拜室结尾。教堂的立面也是法式的双塔夹峙中部三个退缩式拱券大门的形式，而且正立面的中央上部还设置了玫瑰窗。整个正立面的基本组成部分都是法国式的，只是双塔并不与

中厅所在的主建筑相接，而是在中厅的两边独立设置，在造型上看中厅的立体建筑与双塔建筑是各自独立的，在中厅的主立面两旁还各有一座小的尖塔设置。

到了布尔戈斯教堂时，这种带有双尖塔的法式立面表现得更为纯正了一些，尤其是西立面的那两座方形基座和尖锥形顶的高塔，法国风情浓郁。但在这座教堂中部的拱顶却是全新样式的，在法国、英国和德国等其他地区均没有这种设计。这是一座高塔形的穹顶，而且为了与教堂本身的哥特风格相协调，在高塔的上部和四周又设置了许多尖细的小塔。这种设计使高塔具有极高的技术含量和欣赏性，也是西班牙哥特式建筑发展出的新特色之一。

除了像北方的那种在法式哥特风格基础上发展出新形象的教堂建筑之外，在11世纪之后，随着天主教国土收复战争的胜利，西班牙中南部被重新纳入天主教文化发展的地区，这里也出现了一些混合了浓重摩尔风格的哥特式教堂建筑。这其中最突出的代表有托莱多大教堂（Toledo Cathedral）和塞维利亚大教堂（Seville Cathedral）。

西班牙在12～16世纪的建筑中受摩尔艺术的影响较大。在哥特式建筑中单跨拱的建造尺寸较大，这是一种典型的西班牙风格

的建造形式。除了外部的建筑形象之外，在西班牙各地，尤其是南部地区的许多教堂建筑中，教堂的精美雕刻装饰和细部构件，诸如复杂多变的几何图案、华丽的装饰、石刻花格子、马蹄形的发券、水平线条的运用上，可以看出是典型摩尔伊斯兰教风格的建造形式。

另一个极具地区性的哥特式建筑发展之地是意大利地区。意大利地区有着悠久的古罗马建筑文化传统，虽然 13 世纪起这一地区也受到了哥特式建筑风格的一些影响，但其影响时间较短，从 13 世纪中期兴起到 15 世纪被文艺复兴风格所替代，大约只有 200 年的时间。

在此期间，意大利地区也修建了几座采用典型哥特式建筑结构建成的教堂建筑，如锡耶纳大教堂（Siena Cathedral）、米兰大教堂（Milan Cathedral）、佛罗伦萨大教堂（St.Maria del Fiore）的主体建筑部分等作品，都是借由哥特式的尖拱券结构而兴建起来的教堂建筑，但这些教堂外部所呈现的艺术形象却与法、英等地的哥特式建筑立面迥然不同。最突出的是米兰大教堂。这座教堂外部以 135 座密集的尖塔作为装饰，另外还搭配诸多雕刻形象，使整座教堂犹如一件精巧的艺术品。

意大利教堂的钟塔一般建在教堂建筑之外，与教堂建筑分开独立修建，而且这些教堂的立面多以罗马风式的带三角山墙的三个圆拱券门为主，其上再设置尖塔、三角山墙、玫瑰窗等构图要素，而且连同外墙在内通常用彩色大理石和密集的雕刻、绘画进行装饰。经由这种装饰的意大利哥特式教堂与英、法、德等地的讲求垂直性与宗教气势的教堂建筑形象完全不同，而是呈现出一种斑斓和瑰丽的风格效果。

从严格意义上说，哥特式建筑风格在

塞维利亚大教堂
俯瞰

这座教堂无论从面积还是体积上来说，都是中世纪建筑规模最大的教堂代表，而且整个教堂的布局与伊斯兰教的清真寺十分相像。

意大利并不是作为一种建筑风格流行，而更多的是作为一种装饰风格在流行。因为在意大利北部地区所流行的尖拱肋券、飞扶壁等结构大部分没有被正统的教堂建筑所接受，而是哥特式建筑中的三角山墙、尖券、高塔等建筑形象与意大利地区的罗马风建筑做法，如层叠退缩的圆拱门等相结合，被用来修饰教堂或其他大型建筑的外立面。比较著名的如奥维多大教堂（Oviedo Cathedral），就是在外部采用哥特风格进行装饰的，而在这些教堂的内部，仍是按早先的做法采用木结构的平屋顶形式。

米兰大教堂

米兰大教堂以密集的高塔和雕刻装饰著称，这座教堂一共有 135 座大小不同的尖塔，而且建筑上雕刻的各式人物与怪兽形象也多达 2200 多座，堪称一座石雕艺术的博物馆。

佛罗伦萨圣十字教堂平面及中厅内景

圣十字教堂是意大利少数具有哥特风格倾向的教堂之一。教堂中引入了尖券等一些哥特式建筑的形象，但总体上仍旧保持着古典的建筑平面与空间布置传统。

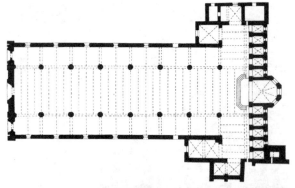

锡耶纳大教堂立面

锡耶纳大教堂是意大利最具哥特风格的教堂建筑，其立面糅合了哥特式、罗马风和本土建筑的三种风格建成，内部以华丽的马赛克镶嵌装饰著称。

计和立面构图形式、装饰图案纹样等都因地域的不同而产生很大的变化，这种变化有时还是由结构的重组所引发的较大变化。但总的来说，哥特式建筑所开创的尖拱肋架券结构、高耸的建筑形象，尤其是内部狭长的中厅、外部林立的扶壁和上部各种尖塔的装饰，都在很大程度上成为各地哥特式建筑的共同特色。与哥特式建筑形式相配合，此时期建筑中的雕刻及绘画等艺术风格，也追求细瘦和拉长的比例和尺度，并在各地都取得了这种变化的纤细风格的统一。哥特式建筑风格的出现，虽然是在整合罗马风时期的建筑结构基础上产生的，但它却真正确立了一种代表新时代的新建筑风格，而且这种建筑风格还与雕刻和室内装饰等其他艺术风格一起，构成了颇富特色的哥特历史时期。

这种装饰性哥特风格的独特形式在意大利各地都很常见，如罗马风式的代表建筑比萨建筑群，就受意大利当时哥特式装饰风格的影响，在教堂和洗礼堂外部增加了哥特式风格的通透雕刻尖饰。而在威尼斯，这种哥特式装饰之风表现得更为突出，无论是总督府（Government House）还是私人府邸，都将这种外来风格作为一种新奇的装饰来美化建筑的立面，因此富于装饰性的盛饰哥特式风格在这里十分流行。这与内陆地区的那种借由哥特式建筑的结构形式营造出的肃穆、神圣的教堂形象与氛围的现象完全相反。

哥特式建筑风格虽然在法国和英国的地理范围之外的全欧洲流行，但其总体的造型设

　　总的来说，从中世纪晚期的法国开始发展出的哥特式建筑，是欧洲建筑史上的一次极大的建筑创新运动，这一运动将一直以来的建筑文明中心从欧洲南部的希腊、罗马转移到了英、法、德所在的欧洲内陆地区。虽然哥特式建筑只是将拜占庭和罗马风时期的扶壁、尖拱、十字拱和肋拱等结构特点组合在一起进行了重新的应用，但这种组合却并不是机械性地相加，而是在一种崭新的设计理念的指导下，利用过去的技术重新加以调整和尝试，从而在建筑结构形式上产生了新的突破，并形成了一种新的造型模式。这种新的结构体系及借助扶壁传导拱券受力的方式，是哥特式

伊利大教堂内景

哥特式教堂建筑既重视建筑外部形象，又注重内部空间氛围神圣感的营造，尤其是利用采光塔与玻璃窗组合，在室内形成的光影变化，极富感染力。

建筑最大的特色之一。

而且，哥特式建筑的创新还不仅仅是对以往现成的结构模式进行组合的方面。随着结构上的不断完善与进步，哥特式建筑逐渐形成了一整套固定的建筑体系特征。建筑外部因为扶壁的加入而呈现出纵向扶壁柱林立的视觉形象，与教堂追求的高耸形象的理想模式相配合，哥特式教堂外部的装饰特色也以表现纵向线条为主，这种对纵向线条的表现在不同国家和地区的表现也不相同，其中尤以在德国表现得最为突出。

在教堂外部，哥特式教堂的立面以西立面为主，而且西立面的构图模式也大致相同，即底部有三个拱门，中部有雕刻带，上部有钟塔，只是这三个基本组成元素在各地区的表现形象也不尽相同。在法、英、德等地区，立面底部的拱门是带退缩壁柱的三个尖券拱门形式，而到了意大利则变成了半圆形拱。法国教堂的西立面，尤其是火焰风格的立面中，通常要带有圆形的玫瑰窗，而且雕刻的层次深厚，装饰密集。而在英国的教堂中，玫瑰窗被三联拱或单尖券的大窗所取代，雕刻带也很浅。双钟塔的形式是法国教堂立面的标志，英国教堂虽然也多做双塔的形式，但其正立面的顶端多是平的，强调一种整齐和水平之感。德国则以设置一个钟塔的正立面形象为主要特色。

在教堂内部，哥特式教堂的内部大多以高敞的中厅为主，通过立柱、肋拱和窗的配合表现出一种通透、狭长而高深的神圣空间氛围。但各地哥特式教堂的内部形象又不尽相同：法国教堂的内部与外部比起来，其装饰显得十分简约；英国的哥特式教堂内部则以繁复和具有诸多变化的扇形装饰拱而著称，而且一些地区直接裸露精巧木拱的结构也十分具有地区特色；在意大利的哥特风格建筑中，中厅大多仍采用木结构的平屋顶形式，因此室内的空间比其他地区要宽大得多。

哥特式把过去希腊建筑的柱式与山花的特点放在一边，把罗马建筑的圆拱和穹隆的特点放在一边，把拜占庭建筑的高穹顶、帆拱、集中式空间的特点放在一边，而完全以从未有过的艺术风格及建筑形象向世人展示了一种新的建筑模式。这种建筑模式不需要任何解释，就向人们说明了建造者向往天国，追求与天上的上帝对话的崇高理想，展示了世俗社会的人们为精神理想所能够营造出的最大化的高耸建筑的实体形象，使世界建筑艺术的发展又一次达到一个前所未有的高度。

以经院文化（Scholasticismus）为主导的哥特时期就像它本身名字的来源一样，是一种被认为是野蛮与原始的文化与建筑风格。从实质上说，虽然哥特式教堂都是进献给上帝的产物，但也是从哥特时期起，人类才又继古典时期之后真正凭借自身的探索和实践，创造了新的结构和新的建筑文化，也让人们再一次明确看到了其自身力量的所在。而对于哥特式建筑风格来说，它本身既是包含着复杂结构进步的标志，也是人类建筑发展史上最为独特的一种建筑风格。

第八章　文艺复兴建筑

第一节　综　述

　　文艺复兴（the Renaissance）运动开始于14世纪的意大利，文艺复兴在这一时期产生是有其独特的社会历史背景的。从13世纪起，欧洲大部分地区经历饥荒和黑死病（Black Death）的洗礼，使社会人口锐减，经济和文化发展趋于停滞。但同时，随着海上贸易的兴起，在意大利水上交通发达的地区，如威尼斯（Vnice）、热那亚（Genoa）等地却产生了依靠经营粮食、棉花、羊毛、食盐等生活必需品而富裕起来的最早的资产阶级（Bourgeoisie）。而随着这种带有资产主义性质的贸易活动的深入，以港口城市为中心，又产生了一系列与贸易活动紧密相连的产业或行业，如银行业、商人、行会等。

　　这种新兴资产阶级以自由贸易活动为基础，无论在制度上还是思想上资产阶级的利益都与中世纪以教廷为中心、以神学为主旨的社会大环境相冲突。在这种背景之下，新兴资产阶级为了自身的发展，开始兴起了摆脱中世纪神学文化的运动。与此相对应，中世纪后期的世俗社会也处于教廷的黑暗统治之中。教廷所做的以出售赎罪券为代表的各种敛财活动和教廷内部的腐败与堕落，都激起了人们对于中世纪以来的宗教传统与教廷的反感。但丁（Dante Alighieri）从1304年起开始创作的《神曲》（The Divine Comedy），对教廷和教职人员进行了无情的批判。而此之后出现的彼得拉克（Francesco Petrarca）、薄迦丘（Boccaccio）等倡导人文主义（Humanism）的文学家，以及主张宗教改革的马丁·路德（Martin Luther）等思想先进的学者的出现，为文艺复兴这场新文化革命贴上了反对教会

《发疯病人的治愈》局部

　　这幅15世纪末期绘制的作品，生动地向人们展示了建筑密集、社会生活繁忙的威尼斯城景象，而社会经济的繁荣是文艺复兴运动产生的基础之一。

圣洛伦佐教堂中厅

伯鲁乃列斯基设计的圣洛伦佐教堂中，包括侧翼、后殿及中厅等主体空间，都是采用一种尺度的正方形空间为基本模数兴建的，这是早期具有严谨比例关系教堂的代表。

《鞭挞》

这幅15世纪50年代意大利画家的画作，不仅运用了新的透视法则，而且创新性地将透视点放在画面中间，暗示出此时艺术风气的开放和对透视法应用的重视。

与复兴古典文化的双重标签。而意大利地区，当具备了迫切需要新社会制度和新文化的资产阶级，和悠久的古典文化这两大先决条件之后，文艺复兴运动便始发于此，这是社会发展到这一时期必然会进入的一种状态。

随着社会学、文学等前沿学科古典复兴风气的日渐浓郁，建筑上的文艺复兴风格的产生就是很自然的事了。意大利地区本身有着悠久的古典建筑发展历史，并且直到文艺复兴时期在各地还留有大量古罗马建筑遗迹。另外，再加上古罗马时期的宫廷建筑师维特鲁威（Vitruvius）在罗马奥古斯都大帝统治时期所写的《建筑十书》的流行，都使得文艺复兴时期的建筑师直接回到古罗马的古典建筑传统去汲取营养。此外，由于1453年君士坦丁堡被土耳其人所占领，东罗马帝国灭亡，所以导致了一些希腊学者来到了意大利，他们的开放性思维也促进了文艺复兴的发展，这样便无形中使得意大利的古典文化改革步伐大大领先于其他欧洲国家。

发生在建筑艺术领域中的文艺复兴，指的是建筑形式上的复兴与建筑主题上的复兴，古典派建筑的复兴

开始于15世纪的意大利。文艺复兴时期的建筑并不是单纯的对古典建筑规则与形象的模仿，而是一种综合性的建筑发展阶段。一方面，文艺复兴时期的建筑采用了哥特时期的先进建筑结构，另一方面则使古典文明时期的一些建筑造型的构成规则和建筑形象，尤其是柱式得到了重新使用。

自古罗马之后，欧洲建筑的发展经历了早期的基督教建筑（Early Christian Architecture），罗马风建筑（Romanesque Architecture），再到中世纪的哥特式建筑（Gothic Architecture）。文艺复兴建筑的兴起，使欧洲原本的以意大利文明区但后来被中西欧诸地区取代了的建筑发展序列得到了重新修正。发源于意大利的文艺复兴建筑发展体系发生了风格上的巨大转变，从创新的哥特风格又转回到以古典建筑规则为基础的发展道路上来，而且意大利地区的建筑一直都保有不同程度的古罗马建筑遗风，再加上此时期意大利地区一些共和国经济的大发展和建筑活动的兴盛，都使意大利无可争议地成为了文艺复兴建筑时期的中心。

文艺复兴时期的建筑虽然打着复兴古典建筑的大旗，然而这一时期的建筑实际上却是按当地的气候、环境、场地空间和使用要求，在结合当时各种建筑技术和透视学（Perspective）等科学成果和多方面新知识和新要求的基础上而建造的。

意大利在文艺复兴时期仍处于各地区分治的社会状态之下，因此其新文化艺术

罗马市政广场上的建筑

米开朗琪罗为罗马市政广场设计的附属建筑，大胆地采用通层的巨柱式，这种巨柱式与小柱式组合应用的做法在之后被文艺复兴和巴洛克建筑师所广泛采用。

的发展也在几个重要的城市和共和国范围内传承。意大利文艺复兴早期的发展集中在以佛罗伦萨为代表的几个海外贸易繁荣的共和国内，这里的新兴资产阶级或贵族占据领导权，其建筑发展不再局限于教堂，而是扩展到公共建筑、权力建筑和私人府邸等更广泛的建筑类型中。

意大利文艺复兴发展盛期的中心转移到罗马。罗马城虽然是教廷所在地，但此时也受文艺复兴之风的感染，开始大量兴建古典风格的各种新建筑，在诸多新建筑之中，尤其以梵蒂冈（Vatican）的圣彼得大教堂（St Peter's Basilica）为代表。而且罗马受其作为教廷中心的独特功能影响，还被人们按照古典的比例进行了全城的重新规划，虽然最后这一全新的规划并未实现，但其以教堂和公共建筑为中心，以大道联系各主要建筑和规则的比例设计思想，却在之后对其他城市的规划和建筑产生了较大影响。

而且在米开朗琪罗（Michelangelo Bu-onarroti）的影响之下，一种更为自由和表现力更强的建筑风格，使此前严谨的文艺复兴建筑规则和风格受到了挑战。米开朗琪罗之后的一些建筑师，将源自米氏的这种更

加大胆表现装饰性和在局部通过叠致设置组成元素，以及曲线、弧线和断裂等夸张的做法发扬光大，最终促使文艺复兴风格转化为更富于装饰性的巴洛克风格（Baroque）。

而在罗马之外，来自维琴察（Vicenza）的建筑师帕拉第奥（Andrea Palladio）则为伟大的文艺复兴运动在后期创造了最后的辉煌。虽然帕拉第奥的建筑设计作品绝大部分都集中在小城维琴察，但并不妨碍帕拉第奥及其建筑理念与具体做法影响的扩大。帕拉第奥和文艺复兴的许多建筑师一样，都在建筑设计实践和对古罗马建筑遗迹进行测量与研究等活动的基础上撰写相关的建筑理论书籍。而这些学术著作和各地的文艺复兴建筑的优秀实例，则成为了后人的珍贵历史遗产，不仅对此后的新古典主义（Neoclassicism）时期，甚至在现代主义（Modernism）时期和当代仍对建筑师们具有很大的影响。

文艺复兴风格在意大利地理区域内的传播与发展是迅速和广泛的。但在这个地理范围之外，文艺复兴建筑风格对其他地区的影响是滞后于其在意大利的发展的，而且由于此时期意大利以外地区建筑的发展不像罗马

佛罗伦萨洗礼堂、
教堂和钟塔

佛罗伦萨大教堂
的这三个主要组成部
分的建成时间不同，
但由于统一采用白色
与绿色为主的大理石
面板贴饰，因此保持
了很强的一体性。

佛罗伦萨市政广场

佛罗伦萨市政厅
及市政厅前的广场，
不仅是佛罗伦萨市民
及各种组织讨论城市
政策的场所，也同时
以设置有多座精美的
雕像而著称于世。

那样单纯以教廷（Holy See）势力为主，而
是处于宗教势力（Religious Forces）与王权
（Power of a King）两种力量为主导的状态之
下，所以文艺复兴建筑风格的影响在不同地
区和国家所呈现出的差别较大。

文艺复兴时期是人类社会发展从古典
时期过渡到现代时期的转折点，文艺复兴
建筑风格也是世界建筑史上的一个非常重
要的组成部分。文艺复兴时期对于古希腊、
古罗马建筑文化的恢复大大推进了古典建
筑中关于建筑各部分与整体，建筑整体之
间以及建筑、城市等关系之间的比例与尺
度关系，建筑规范的制定在一定程度上统
一了各地的古典建筑的发展方向，并对之
后欧洲各地的建筑发展起到了积极的影响
作用。更重要的是，文艺复兴时期建筑中

所强调的协调比例与审美要求，反映了真
实的人类自身的需要，是一种人文思想的
产物。虽然从根本上看，文艺复兴时期的
建筑还未摆脱神学思想（theological think-
ing）的牵绊，但它仍是欧洲建筑发展历程中
最具突破性的一种建筑风格。

第二节
意大利文艺复兴
建筑萌芽

佛罗伦萨（Florence）位于意大利的中部，
仿罗马式建筑及哥特式建筑都曾在此盛行。
佛罗伦萨的原意是花朵，所以佛罗伦萨又有
花都之美名。这座城市虽然位于内陆地区，
但因为有阿尔诺（Arno）河穿城而过，因此
航运发达，正好作为海上与内陆贸易的中转
站而兴盛起来。在14世纪的时候，佛罗伦
萨已经成为了一座著名的金融之城，是一座
银行家和有钱人的城市，也是一个富庶而强
盛的共和国，其在艺术、文学和商业等方面
的发展水平都居当时意大利各城市之首。

在新的社会状况之下，佛罗伦萨各行业
工匠的地位也有所提高。在佛罗伦萨，包括
商人、手工作坊的工匠、画家、建筑师等各
种行业，都不再是处于社会底层的劳动者，
而是对城市发展具有贡献、对城市生活具有
影响力的市民（Citizen），各行业组成同业
行会（Guild），通过行会协调内部事宜和统
一对外争取权益。可以说，在佛罗伦萨除了
像银行家、贵族为主导的统治阶层之外，行
会和普通市民组织也有参与城市政治生活
决策的权力，他们作为城市发展的主要推动
力在社会上占有相当重要的地位。虽然民主
自由权力有限，但这里人们的社会地位比起
其他地区和国家却要好得多。因此，这种宽
松的政治和社会生活体制也极大地激发了

人们作为佛罗伦萨市民的共同责任感与荣誉感。这种市民的荣耀感一方面表现在团结一致，坚决地捍卫共和国的意志上，另一方面就表现在此时修造的各种建筑中。因为在佛罗伦萨，修建教堂等各种纪念性建筑不再只是教廷的专利，各种行会、富商、贵族和市政府当局，都是建筑活动的积极赞助者，因此在佛罗伦萨城，包括府邸、教堂、市政厅和各种公共建筑在内的多种类型建筑都在此时被修造或改建。

在诸多工程中最为著名的是对于佛罗伦萨主教堂穹顶的修建。位于佛罗伦萨城的主教堂——圣玛丽亚教堂（St.Maria del Fiore）是佛罗伦萨的标志，其凸出的穹顶也是文艺复兴建筑时代开始的标志。这座教堂建筑本身兴建于13世纪晚期，到14世纪中后期时主体建筑已经建成。值得一

提的是，这座教堂建筑的钟塔。这座钟塔主要由文艺复兴初期的著名画家也是建筑师的乔托（Giotto di Bondone）设计，钟塔虽然遵循意大利的传统与主教堂分离建造，但却没有遵循钟塔一般建造在教堂东端的传统，而是将其建造在西面显著的位置上，采用中世纪堡垒的那种塔堞样式。这座教堂虽然是秉承哥特式的拉丁十字式平面的建筑，且主殿也是采用尖架券结构建成，但外部却并未采用哥特式风格，而是在十字交叉处按照古典集中式教堂那样设置大穹顶，而且西部的主立面也按照罗马风式的立面形式设置的，虽然整个立面直到19世纪时才建成，但其总体风格并无太大变化，仍旧与早先建造的部分相协调。

教堂在十字交叉处设置了穹顶，在平面和结构上都是一项创新，但也给当时的设计

佛罗伦萨主教堂后殿

主教堂的后殿被设计成三个半圆形小室组成的三叶式平面，这三个凸出的小室及其半圆形穹顶，起到了分散主穹顶侧推力的加固作用。

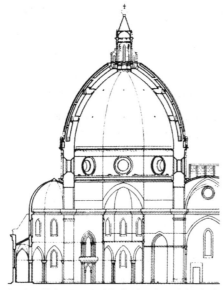

将拉丁十字形的建筑平面与集中式穹顶相结合的做法，是开放的社会风气与新结构技术相结合的产物，也为此后的教堂建筑竖立了新的造型范例。

与施工带来了一系列的难题。由于在教堂端头设置穹顶，因此横翼和后殿的尺度被缩减成三个半圆形的空间，形成像拜占庭穹顶底部那样的半圆形支撑结构，同时也为了增加支撑力，还在底部正方形平面的对角设置了另外的支撑墩柱，使穹顶底部形成八边形平面。由于在离地面50多米高的地方，这个穹顶平面的对边跨度也在42米以上，所以穹顶的结构和建造难度都很大。

为了解决穹顶建造问题，支撑教堂建造的佛罗伦萨羊毛行会举行了公共设计竞赛，而来自伯鲁乃列斯基（Filippo Brunelleschi）的设计最后被选中。伯鲁乃列斯基原本是一位善于雕刻的金匠，但在1401年进行的佛罗伦萨洗礼堂铜门设计竞赛中，他的设计败于运用了透视法创作而成的罗伦佐·吉尔伯蒂（Ghiberti）的设计。所以，这次失败后他去了罗马旅行并做一些古典建筑的测量与研究工作，从此将自己的主要精力转向了建筑设计方面。

在对古典建筑的长时间研究基础之上，伯鲁乃列斯基提出的穹顶设计方案，是一种结合了古典穹顶建造方法和哥特式尖券结构优势的创新之作。伯鲁乃列斯基为佛罗伦萨主教堂设计的穹顶位于顺着墙面砌起的一段约12米高，5米厚的八角形鼓座上，这段鼓座将穹顶的高度增加，让整个穹顶

完全显现出来，同时鼓座每一面开设的圆窗也为教堂内部增加了自然采光。

在穹顶的设计上，为了最大限度地降低穹顶的重力和侧推力，伯鲁乃列斯基采用哥特式的二圆心尖拱形式。这种尖拱具有更强的独立性，可以将穹顶的侧推力大大减小，而穹顶本身则采用双层空心的结构建成。每层穹顶的主要支撑结构都以主辅两套肋架券为主，主肋架最为粗壮，从八角形平面的每个角伸出，辅助肋架稍细一些，它们每两个一组均匀地设置在八角形的八条边上。主辅肋架向上伸展成尖顶的骨架，最后在顶端收束于采光亭之下。除了主辅两套纵向肋架券之外，穹顶肋架还设置横向肋，这些横向肋一圈圈密集分布，既收拢了纵向肋拱，减轻了侧推力，又将立面分割为小方格状，方便后面的覆面。

双层穹顶结构的底部由石材覆面，上部则改用砖砌，而且穹顶越向上越薄。除了这些主要的结构部分之外，穹顶的底部和中部还设有铁链和木箍来联系穹顶中部，而且在穹顶中空的两层结构间还设两圈走廊，这些都是减小穹顶侧推力所做的加固设施。在穹顶的最上部是一座白色大理石采光亭，这个小采光亭压在穹顶肋拱收拢环上，也起着为内部采光和坚固结构的双重作用。在穹顶下部后殿和横翼建筑半圆形屋顶的侧面，也都另外设置了三角形的扶壁墙以加强支撑力。经过这种从穹顶自身结构到外部结构、从底部扶壁墙到上部采光亭的细致的结构设计而成的大穹顶，不仅坚固耐用，还有着完整的视觉效果，因而在建成之后即成为当时穹顶建筑结构的代表之作，也成为文艺复兴建筑时期开始的标志。

佛罗伦萨大穹顶的建成，也暗示了文艺复兴时期的建筑特点：文艺复兴建筑虽然是以复兴古典建筑为主，但它并不是单纯的建筑风格的复兴，而是在综合之前建筑成果的基础上又在结构、建筑规则和表现形式上有所创新后形成新的建筑发展体系。

伯鲁乃列斯基除了佛罗伦萨主教堂

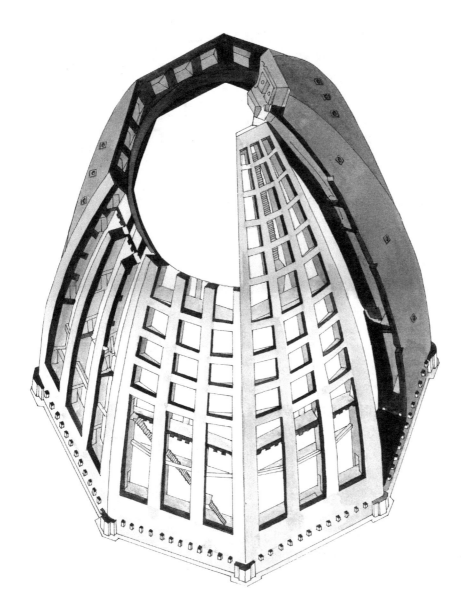

佛罗伦萨主教堂穹
顶结构示意图

双层的尖穹顶结
构，主要依靠一套主
辅肋拱相结合的框架
结构体系提供坚固的
支撑，这一结构被同
时期和后期的许多教
堂穹顶所模仿使用。

穹顶的设计之外，还设计了一些其他的穹顶建筑，比如圣洛伦佐教堂（Chiesa di San Lorenzo）和圣灵（Holy Spirit）教堂。伯鲁乃列斯基设计的圣洛伦佐教堂是对一座 11 世纪时营造的罗马风建筑的改造，而圣灵教堂则是由他重新设计建造的。这两座教堂都采用了拉丁十字形的平面为基础，在十字交叉处设置穹顶的形式。伯鲁乃列斯基在此时可能受到了古典建筑严谨比例的思维影响，因此在这两座教堂中都以穹顶所在平面为基数设置翼殿和中厅的具体尺度，这种中心穹顶对应的正方形空间与中厅长度的比例在圣洛伦佐教堂中是 1∶4，

而且这种规整的比例数值关系设置在他设计的圣灵教堂中也得到了突出的体现。

除了这两座教堂之外，伯鲁乃列斯基在他设计的小型帕奇礼拜堂（Pazzi Chapel）中，则基本实现了建设一座集中式教堂的理想。帕奇礼拜堂的建筑总平面除了缺了一角之外，几乎是正方形的，不仅中心由穹顶覆盖，而且在后殿和入口处，即大穹顶前后还都各设了一座小穹顶。建筑外部的门廊是希腊的柱廊式与罗马拱券相结合的新奇形式，内部空间则是白墙加灰色壁柱、假券的素雅形象，是一座既具有古典特色，又具有新奇结构的建筑特例。

在伯鲁乃列斯基设计的圣洛伦佐教堂和圣灵教堂中，他都运用了简单的比例关系来处理各建筑部分平面尺度之间的关系，使教堂建筑显示出较强的理性特征。

在文艺复兴初期古典建筑研究风气刚刚兴起的时期，许多建筑师不仅像伯鲁乃列斯基一样深入古典建筑遗迹中进行实地测量和考察，还积极地进行古典建筑理论的研究与编纂工作，而在这方面文艺复兴初期最著名的人物就是阿尔伯蒂（Leon Battista Alberti）。

阿尔伯蒂是一位自学成才的建筑理论家。他像文艺复兴时期的诸多大师一样，是一位精通戏剧写作、数学与艺术等多种知识的博学之士。虽然阿尔伯蒂所提出的建筑师（Architects）是一种高贵职业的说法未免有孤傲之嫌，但他对建筑设计者必须具备多方面才能的论述，却确实是成为一位优秀建筑师的必要保证。阿尔伯蒂的建筑知识主要来自他对古典建筑的研究，而且与伯鲁乃列斯基相反，阿尔伯蒂主要以建筑设计原理与柱式体系的研究为主，而较少进行建筑设计实践，但他撰写的《论建筑》（De re Aedificatoria）却同佛罗伦萨大教堂穹顶一样，不仅长久地留存了下来，还成为后人进行古典建筑设计的重要参考书。

阿尔伯蒂进行设计的建筑项目不多，最终建成的更少，但通过佛罗伦萨圣母堂（Church St.Maria Novella）和马拉泰斯塔（Malatestiano）两座教堂建筑的改建作品，能够明确地看到阿尔伯蒂及其建筑设计思想的特色。他早期在里米尼（Rimini）地区为马拉泰斯塔家族设计的一座中世纪教堂的改建工程中，大胆引入了古罗马凯旋门的样式，但

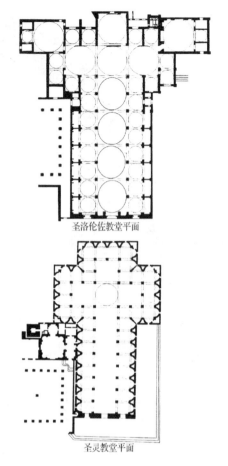

圣洛伦佐教堂平面

圣灵教堂平面

阿尔伯蒂为马拉泰斯塔家族设计的这座教堂立面改建虽然没能完成，但新奇的凯旋门式立面在当时却产生了很大影响，被人们所竞相模仿。

教堂立面的三个拱券只有中间一个是真正的入口，旁边的两个拱券都采用盲拱形式，作为保持立面完整形象的装饰。可惜的是，马拉泰斯塔教堂并未最后建成。

另外一座建成的阿尔伯蒂设计项目是佛罗伦萨圣母堂的立面。这个立面加诸在一个中世纪的教堂之上，因此阿尔伯蒂顺应建筑本身的构造特点，将立面分为上下两层，而且上层收缩，只在两边设置了涡卷形的三角支架遮挡后部的建筑结构。

整个圣母堂的立面采用两种色彩的大理石板镶嵌而成，虽然在立面上加入哥特式的圆窗、凯旋门式的三拱门和希腊式的三角山墙等多种形象，但这些细部连同装饰图案一起，被统合于一个各部分比例严谨的立面之内。这个立面主要以正方形和圆形两种图形的交叉与组合构成，而且在各部分比例中也遵循简单的整数倍率关系，如立面高度和宽度比例为1:1，底层是由两

个正方形按照 1：2 的尺度组合而成等，因此整个立面虽然细部变化多且装饰丰富，但通过和谐的比率和明快的节奏，却给人以沉稳和严谨的古典建筑之感。

阿尔伯蒂的建筑设计注重对古典建筑的借鉴以及对比例的遵循，他所取得的突出成就也并不在建筑设计方面，而是在建筑理论书籍的撰写方面。阿尔伯蒂不仅深入古典建筑遗址中进行实地勘测和考察，还深入研究古罗马时期惟一的一部建筑典籍——维特鲁威（Marcus Vitruvius Pollio）所著的《建筑十书》（The Ten Books on Architecture）。阿尔伯蒂撰写了大量建立在对古典建筑进行研究基础上的建筑论文与书籍，这其中既有对维特鲁威著作的解释与翻译，也有在柱式、拱券和建筑整体等方面的建筑法则的重新修订，尤其是他借鉴古典建筑比例原则对建筑各部分与整体、城市等各方面建筑的比例都做了规定。

古典的柱式（Order）这一名词以及柱式的使用规范等，是自古罗马时期之后就被人们逐渐抛弃，并在漫长的中世纪建筑中被忽略的古典建筑精髓，而这些经阿尔伯蒂及其他文艺复兴时期的建筑师或建筑理论者翻译或撰述的建筑原则，都成为文艺复兴时期许多建筑师遵循的建筑原则，并对古典建筑的复兴起到了积极的促进作

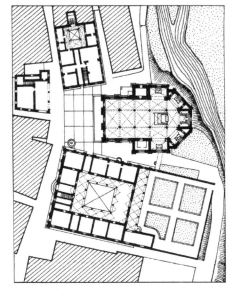

用。但有趣的是，此后的许多建筑大师，甚至包括阿尔伯蒂本人在实际的建筑设计中，却不总是遵循这些固定的比例和规则。

除了单体建筑上的复古之外，规划整齐的城市和以城市为主导设置建筑的设计特色，也影响到当时的城市设计领域。乌尔比诺（Urbino）在新城市的规划上表现比较突出，虽然这是一座小城，但由于小城的统治者倾向于文艺复兴思想，因而使乌尔比诺一度成为与佛罗伦萨声名比齐的文化中心。乌尔比诺城最具代表性的是轴线明确和由柱廊庭为中心建造的总督府，而且在这里建筑墙壁上所绘制的一幅理想城市的壁画，也向人们展

皮恩扎市政广场平面图

这座市政广场上的建筑及广场本身，都显示出受文艺复兴理性主义思想和透视学影响的痕迹，尤其是网格形广场铺地的加入，更强化了这一区域的理性设计思想。

佛罗伦萨圣母堂立面

阿尔伯蒂设计的这座建筑立面，不仅在各组成部分之间包含着复杂的比例关系，而且还隐含着复杂的几何图形关系。

理想城

这幅绘制于乌尔
比诺总督府墙上的壁
画，反映出古典的建
筑形象和严谨的透视
法则，也表现出了文
艺复兴初期人们对于
理想古典城市形象的
美好想象。

示了当时人们对古典建筑形象、轴线和中心明确的城市的向往。

可以说，伯鲁乃列斯基的结构创新和阿尔伯蒂的新建筑理论体系，都是建立在研习和修正古典经验的基础上产生的。这种建立在古典建筑规则基础上的创新，也是文艺复兴时期建筑发展的特色所在。在轰轰烈烈的文艺复兴运动中，除了建筑和城市规划之外的许多学科，都是在寻求与新的人文思想和科学发现、技术创新相结合之后的全新发展，而文艺复兴初期人们的探索，无疑就在这方面开了一个好头。

第三节
意大利文艺复兴建筑的兴盛

虽然文艺复兴最早起源于佛罗伦萨、热那亚等具有先进的早期资产阶级的城市共和国中，但在其产生之后所掀起的文化复兴热潮也影响到了罗马等天主教廷统治的城市和地区。所以，在新兴的城市共和国和教廷所在地罗马，都兴起了复兴古典建筑风格的热潮，包括城市公共机构，富商和高官，教廷和包括教皇在内的高级神职人员，在此时都是建筑的重要委托人，他们通过资助教堂和其他公共建筑、私人府邸的兴建或改建，来达到彰显权力或财富的目的。在这种兴盛的建筑背景之下，继伯鲁乃列斯基和阿尔伯蒂等崇尚古典复兴风格的建筑师之后，又出现了大量热衷于复古和创新的艺术家，这其中就包括众多在世界建筑发展史中非常著名的人物，如布拉曼特（Donato Bramante）、米开朗琪罗（Michelangelo Buonarroti）、帕拉第奥（Andrea Palladio）等。

布拉曼特是文艺复兴时期又一位重要的建筑师，他热衷于对一种类似古罗马万神庙的穹顶集中建筑形式的研究。布拉曼特最著名的建筑设计有两项，都位于罗马，一座是建在一间修道院后院中的小型建筑坦比哀多（Tempietto），另一座是罗马新圣彼得大教堂（New St.Peter's Basilica）的最初设计方案。

坦比哀多是文艺复兴时期又一座著名的建筑，但它的实际建筑尺度很小，而且被建设在一座修道院的后院中，这里据传说正是圣彼得（St.Peter）被钉死于十字架的所在。坦比哀多的修建明显是为了纪念这一块圣地，它是一座古罗马灶神庙（Temple of Vesta）式的圆形围廊建筑，但建筑上部加盖了一个带高鼓座的穹顶。这个穹顶层在上部内收，通过一圈镂空栏杆作为过渡，既保持了底部围廊在上部的通透性，又使穹顶和鼓座更完整地展现出来。

但更为重要的是，这座带半圆穹顶和围柱廊的小神殿式建筑打破了此前以拉丁十字平面为主的建筑传统，将纪念性建

1586 年在罗马圣彼得广场竖立方尖碑

将重约 327 吨的方尖碑运输和竖立在圣彼得广场上的事件表明，人们已经在大型施工的计划与组织施工方面有了很高的水平，这为一系列大型建筑活动提供了保障。

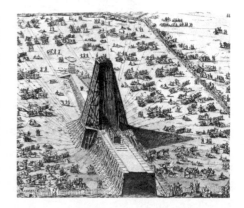

筑拉回到古罗马时期的传统上去了。也正是因为如此，由于这座建筑模仿的是古罗马时期供奉各种神灵的万神庙而建，而且建筑样式明显是一座古典时期的神庙建筑而非以往的拉丁教堂建筑，所以才获得了Tempiett（坦比哀多）的称号。

这种集中穹顶式建筑的真正高潮是在布拉曼特设计圣彼得大教堂时达到的。16世纪初在古典文化复兴声势正盛之时，教廷选中了布拉曼特设计的新圣彼得大教堂方案。布拉曼特的建筑方案完全颠覆了此前天主教堂的拉丁十字形平面传统，新教堂采用长臂的希腊十字形平面，而且在十字形的四个立面都相同，各端头还都有一样的方塔。主体建筑上的穹顶几乎是坦比哀多的放大版本，巨大的穹顶坐落在带有一圈环廊的鼓座上。布拉曼特设计的这座教堂建筑，虽然建筑外部形象和内部空间都十分宏伟，但并没有解决天主教仪式对空间的使用问题。此外，作为天主教廷的中心，这种取材于古罗马和拜占庭正教的建筑形式本身，就已经对人们具有较大的冲击力，再加上此时的天主教派正在与资产阶级所倡导的文艺复兴思想和宗教改革思想作针锋相对的斗争，因此布拉曼特的这个集中式穹顶建筑并未能够最终建成。此后这座教堂的建造虽然历经挫折，而且大穹顶也在米开朗琪罗的设计下建成了，但最初的设计终究被天主教派传统的拉丁十字形所取代，穹顶并不像布拉曼特当初设计的那样具有很强的中心统领性。

虽然布拉曼特设计的集中式穹顶建筑只有小型的坦比哀多建成，但布拉曼特的设计，却启迪了此后文艺复兴时期的许多建筑师。尤其是坦比哀多的建成，使古典建筑思想真正深入人心，而且这座建筑本身也成为最生动的建筑教科书，成为许多建筑师设计新风格建筑的重要参考。

虽然文艺复兴时期建筑师们对古希腊、古罗马建筑风格的复兴都是建立在创新基础之上的，但毫无疑问的是，创新之中最具突破性的建筑师代表非米开朗琪罗莫属。米开朗琪罗是文艺复兴时期典型的全才型艺术家，他在雕刻、绘画和建筑领域都取得了卓越的成就，而他在各艺术领域所取得的这些成就的共同特色，就在于大胆突破传统的创新。

米开朗琪罗最早在他为当时的教皇朱里斯二世（Julius Ⅱ）所设计的陵墓中采用了古典的拱券与雕像相组合的形式，流露出他

坦比哀多

这座集中穹顶式建筑在罗马的建成，拉开了罗马文艺复兴建筑发展的序幕。

圣彼得大教堂的三个平面

通过平面可以看出，米开朗琪罗在很大程度上保留了布拉曼特最初的集中式平面设计，但后期兴建的巴西利卡式大厅则破坏了这一平面特色。

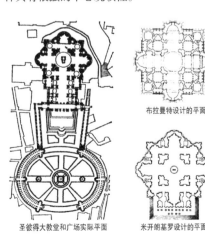

布拉曼特设计的平面

圣彼得大教堂和广场实际平面

米开朗基罗设计的平面

米开朗琪罗在圣洛伦佐圣器室中雕刻的洛伦佐和朱利亚诺两座陵墓，是建筑与雕塑相结合的产物。

位于卡皮托里山上的市政厅广场，是附近建筑群中位置最高的一组建筑，这种将重要权力建筑建在山丘上的做法，是源自古希腊时期的古老建筑传统之一。

对古典建筑的研究以及他作为一位雕刻家的才华。此后这座陵墓并未建成，但从他所设计建成的圣洛伦佐教堂圣器室（New Sacristy of San Lorenzo）中，仍然可以看到这种建筑特点。在圣器室中，米开朗琪罗利用建筑外立面的形象手法来处理陵墓祭坛的形象，同时加入写实性和抽象性的人物雕像，因此既获得了雄伟的气势又极具纪念性。

此后，这种将建筑外立面的装饰手法用于室内的做法，又在他1523年起设计的劳伦先（Laurentian）图书馆阶梯中再次被运用。这座图书馆是一座有着狭长长方形平面的建筑，入口前厅位于建筑的一端，但由于前厅与主要图书馆之间存在较大落差，而且前厅面积有限，因此室内大部分都被陡峭的楼梯所占据。为此，米开朗琪罗首先在室内墙壁上设置了占据大约2/3空间的通层巨柱，再通过在柱下的檐线和柱间小壁龛的配合，突出室内的高敞之感。此后设计了一个巨大尺度的缓坡阶梯，这个阶梯十分宽大，而且有对称设置的栏杆自上而下呈放射形设置，将整个阶梯分成三份，主阶梯本身的台阶宽而缓，并采用向外凸出的圆弧形轮廓，因此呈现出一种开放之势。这种阶梯与巨柱的配合，

极大拓展了前厅的空间，不仅有效掩盖了局促的空间，还使入口显得气势非凡。

米开朗琪罗突破了古典建筑规则，尤其是柱式使用规则的传统，将古典建筑元素与梯形、圆形等更广泛的元素相配合，因此获得了极佳的建筑效果。除了劳伦先图书馆之外，他在罗马卡皮托里山（Capitoline Hill）上设计修建的罗马市政广场（Rome Municipal Square）上表现出的创新性更强烈。他顺应广场原有两座建筑的斜向布局，在另一侧也斜向建设了一座建筑，这样反而形成了一个平面为梯形的对式建筑群形式。此后他又利用檐线使主建筑形成建在台基上的假象，再加上和两侧建筑通层巨柱的使用，有效提升了主体建筑的地位，而在广场上他则利用椭圆形的铺地图案，使广场获得了同样规整的效果。这种利用不规则图形来达到对称效果，以及对古典建筑元素更加自由地运用的做法，此后也成为手法主义（Mannerism）风格的基本特色之一。

米开朗琪罗真正取得的最大成就是他晚年对罗马圣彼得大教堂穹顶的设计。米开朗琪罗受委托完成大教堂的修建设计任务时已经70多岁了，他晚年的主要精力都花费在大穹顶的建造上。他力主恢复布拉曼特的集中穹顶式设计，并且为教堂设计了一座九开间的古典式柱廊。在结构上，米开朗琪罗也采用佛罗伦萨穹顶的双层尖拱顶形式，但结构上更加成熟，不仅穹顶外层采用石材覆面，还形成饱满的球面形象。米开朗琪罗还为穹顶设计了带双壁柱的高鼓座，并为穹顶

和屋顶设计了精美的雕像装饰，虽然大穹顶是在米开朗琪罗去世后才建成的，但此后的建筑师基本按照米开朗琪罗事先设计的结构施工，保证了其设计的延续性。

除了单体建筑上的这种古典复兴之外，古典城市中以广场为中心的城市布局特色也在很大程度上被复兴了。无论是佛罗伦萨还是罗马，亦或是诸如皮恩扎（Pienza）、乌尔比诺（Uibrno）这样的小城市，都开始通过在城市中开辟出一些城市广场，以作为城市生活和荣誉的象征。

在文艺复兴时期的城市广场建设中，尤其以威尼斯的圣马可广场（Piazza San Marco）改造最具代表性。威尼斯的建筑文化发展相对独立于罗马和佛罗伦萨的传统，因为威尼斯从很早就是连通欧亚各地的商业重镇，这里的建筑同时受到欧洲建筑传统与浓郁的东方风格影响，因此呈现出很强的混合风格特色。

威尼斯的城市景观大多是以13世纪的建筑为主形成的，这些建筑在漫长的历史和建筑风格的交替中不断加建和改建，因此以建筑形象丰富多样而著称。比如在15世纪晚期兴建的圣玛丽亚奇迹教堂（St.Maria dei Miraceli），这座教堂采用巴西利卡式的长方形平面搭配筒拱屋顶的形式建成，其立面既有古典式的拱券和壁柱，也有哥特式的圆窗。这座教堂的规模较小，而且采用多种建筑风格元素相混合的形式建成，它在建造上甚至完全抛弃了风格与规则的限制，整座建筑宛如一个小巧的城市珠宝盒，而这也正体现出了威尼斯建筑的特色，即可以包容多种建筑风格，较少风格与规则的制约。

这种特色也同时反映在威尼斯的私人府邸建设上。在富商们各自不同喜好的背景之下，威尼斯兴建了许多不同风格的府邸。威尼斯的府邸与佛罗伦萨和罗马等内地的封闭宫堡式宅邸不同，而是多采用柱廊的开放形式，而且建筑的立面和柱廊院内部往往极尽装饰之能事，除了雕刻装饰之外，还加入哥特式的尖券、壁龛等元素，使建筑形象显得更丰富。

圣马可广场俯瞰

文艺复兴时期的整修，让圣马可广场形成了现在的拐角形平面形式，并且突出了圣马可教堂的主体地位。

文艺复兴时期威尼斯最大的变化是圣马可广场的整建。圣马可广场以中世纪所修建的圣马可教堂所在地而命名。圣马可广场由圣马可教堂正对着的东西走向的大广场与另一段与其垂直的南北走向的小广场组合而成，通过圣马可大教堂和总督府作为转折。其中大广场东西两个长边分别采用连拱柱廊的形式保持开放，小广场与大广场相接的内侧立有一座方形平面的钟塔，这也是广场的高度标识物。小广场与运河河口的码头相通，一边是总督府，另一边是由珊索维诺（Jacapo Sansovino）设计的圣马可图书馆。这两座建筑是风格完全不同的建筑。总督府是15世纪早期建成的庭院式建筑，其正对小广场的立面底部两层采用火焰式哥特式拱券廊，上

圣玛丽亚奇迹教堂

这座同时糅合了多个时期和多个地区建筑风格的教堂，也突出地表现出了威尼斯建筑的多元化与混杂化风格特色。

威尼斯圣马可图书馆立面局部

经过整修的图书馆与总督府之间，形成宽阔的广场，此后在广场周围的建筑底层设置开敞的柱廊形式，也成为广场建筑的一种重要的传统。

部墙面除开设有尖券窗外，墙面还有织锦式的花纹装饰，东方气十足。圣马可图书馆则是珊索维诺按照古典样式设计的，其立面采用双层连拱廊的形式，显得开放而庄重。

圣马可广场这种聚集了总督府、城市主教堂和市厅建筑围合而成的广场，与古罗马时期权力建筑围合成广场的传统很像。圣马可广场也是拥挤的威尼斯最为开阔的陆地空间，它内部禁止车辆通行，是完全为人们在此举行各种仪式活动而设置的，因此有"城市会客厅"之称。

在圣马可小广场斜向通过运河相隔的对岸，有一座带穹顶的教堂，这是文艺复兴晚期的代表性建筑师帕拉第奥设计的圣乔治马焦雷教堂（St.Giorgio Maggiore）。这座教堂虽然遵循天主教传统采用拉丁十字形平面，但却在十字交叉处设置穹顶，教堂的横翼很短而且是半圆形平面形式。在教堂的正立面上，帕拉第奥采用了巨柱支撑三角山墙的神庙样式，但同时也经由主立面两侧带半山墙而且高度降低的部分，直接显示了主侧厅高度上的落差。

帕拉第奥在威尼斯设计建成了两座教堂建筑，都是穹顶与拉丁十字形平面的组合形式，显示出帕拉第奥对古典建筑风格创新方面的独特理解。帕拉第奥的这种将古典元素

维琴察巴西利卡

帕拉第奥对维琴察巴西利卡建筑的设计，明显来自于威尼斯的圣马可图书馆，只是帕拉第奥创造了一种新的大小柱组合形象，为立面赋予了更自由、美观的形象。

或古典形象与实际建筑传统相结合的做法，使古典建筑复兴风格所适用的范围更广，因此无论对当时的建筑师还是对后世的建筑师，都有很大的影响。但就是这样一位在文艺复兴后期享有盛名的建筑师，他的建筑作品除了威尼斯的两座教堂之外，竟全都集中在隶属于威尼斯的一个小城维琴察（Vicenza）。

帕拉第奥的建筑设计虽然主要都是来自维琴察地区的委托，但是其建筑设计的类型却是十分多样的，从公共建筑到私人府邸无所不包。帕拉第奥最著名的设计之一是他为维琴察设计的巴西利卡式大厅建筑，在这座建筑中，帕拉第奥运用了威尼斯广场上最具特色的双层敞廊的建筑形式，也由此产生了一种经典的建筑立面形式。

这种以带壁柱相隔的方形开间为基础，在每个开间中又再通过小支柱与拱券的组合分隔开间的做法，使整个立面既保持了通透性，又具有很强的节奏感，而且在此后作为一种立面模式而被广为使用，人们将这种立面构成模式称为帕拉第奥母题（Palladian Motif）。

除了带敞廊的公共建筑立面成为一种固定模式而被后世广为应用之外，帕拉第奥为另一座度假别墅式府邸建筑设计的建筑和立面形象也颇为经典。这座名为圆厅别墅（Villa Rotonda）的建筑位于维琴察郊外，由于主要用于业主短暂的度假时使用，因此使用需求简单，给予建筑师以较大的设计自由度。

帕拉第奥所设计的这座建筑是平面正方形顶端带有一个锥形穹顶的形式，建筑四个立面的形象都一样，由一段大阶梯和一个有希腊山花（Triangular Gable）的六柱

门廊组成。从地面到门廊入口，也就是阶梯上升的那一部分由连续的横向檐线标出，形成低矮的底层，这个底层采用拱券结构支撑，是建筑的储藏与服务空间所在。从门廊进入的建筑内部共有两层，都围绕穹顶所对应的圆形大厅而建。

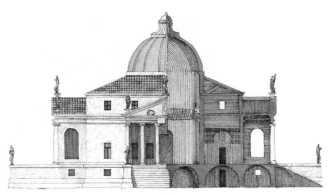

帕拉第奥所设计的这座圆厅别墅，其建筑形象上的意义远比使用功能要大得多。帕拉第奥在建筑中将穹顶为中心的建筑空间与神庙式柱廊入口的设置，都是古典特色明确的手法，但他在建筑四面设置相同立面，以及在建筑内部不均等设置空间的做法却是大胆的创新。此外，在这一座建筑中，同时出现了正方形、三角形、圆形等多种形状，而且无论是借助四面楼梯形成的十字形平面，还是圆形穹顶大厅所形成的明确中心，都使建筑呈现出很强的内聚性，这种既保留浓厚的古典意味又具有很大创新性的做法，也是帕拉第奥最突出的建筑设计特色之所在。

除了进行具体的建筑设计之外，帕拉第奥还像许多同时代的建筑师一样，热衷于建筑理论书籍的撰写工作。以其对古罗马遗址的测量、对同时期其他建筑师作品的解析以及他自己设计的建筑为基础，帕拉第奥撰写了许多论述古典建筑与古典建筑元素新应用规则的论文与书籍，这其中以他 1570 年发表的《建筑四书》（I Quattro Libri dell' Architettura）最为著名。这本书所写的内容与之前发表的，文艺复兴后期著名建筑理论家塞利奥（Sebastiano Serlio）、维诺拉（Giacomo Barozzi da Vignola）等撰写的书一起，都根据他

们自己的测绘、研究以及在实际中的应用，制定出一套以五柱式比例尺度为基准的建筑法则，这些法则中不仅依照古典模式制定了柱式与不同类型和不同风格建筑之间的配套，还制定了一套严谨的柱式使用规则。这些建筑专业著作被后世建筑师视为入门教材，所制定的柱式规范也被很多建筑师所遵守。但反观文艺复兴时期有所成就的建筑师，其最大的特点恰恰就在于对传统和既有规则的突破。

意大利的文艺复兴建筑运动从 15 世纪创新性地恢复古典穹顶建制开始，在此后的 200 年发展历程中先后涌现出像伯鲁乃

圆厅别墅结构示意图

由于追求建筑内外结构的完整性，因此建筑内部的中心以贯通二层楼的穹顶中厅为主，实际两边的使用空间并不大。穹顶中厅在二层设有围廊，可通向周围的房间。

五柱式

文艺复兴时期的许多建筑师，都热衷于研究古典五柱式的样式与比例，这组由维诺拉研究出的五柱式及其比例关系，是被后世建筑师引用较多的一套柱式规则。

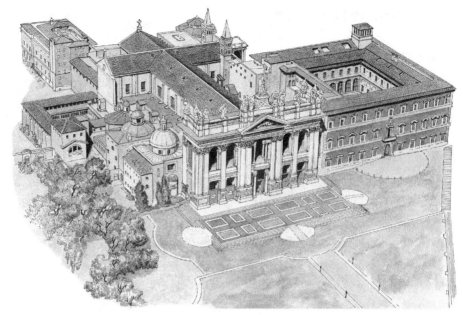

拉特兰宫

拉特兰宫早在古
罗马君士坦丁时期，就
已经作为重要的教廷
而存在，此后，这座
包括教堂、教职人员
办公建筑的庞大建筑
群，在不同时期被不
断加入新的建筑风格，
这种建筑风格的混合
性，也是古罗马城许
多建筑的共同特色。

列斯基、布拉曼特、米开朗琪罗、帕拉第
奥这样的著名建筑师，同时也出现了像阿
尔伯蒂、塞利奥和维诺拉这样在建筑理论
探索方面取得突出成就，并对后世建筑发
展极具影响力的人物。而且，在米开朗琪
罗等注重个性化和自由建筑手法运用的建
筑师的带动下，不仅使意大利文艺复兴建
筑风格逐渐走向更加活泼和多样的手法主
义建筑发展方向，还直接导致了之后新的
巴洛克建筑风格的出现。

意大利文艺复兴建筑运动的最突出特
点，是建筑师们在恢复和研习古典建筑传
统基础上的创新。因为此时在许多地区，
如佛罗伦萨、热那亚、威尼斯，甚至是在
教廷中心罗马，建筑的委托人都不止限于
教廷和宫廷，还包括市政厅、救济院等各
种公共机构和主教、高官、富商、地方总
督等个人，因此建筑的类型从大型教堂、
市政厅到私人的乡间别墅无所不包。这种
建筑需求的多元化，也是导致此时的建筑
对古典风格多样化解读与再现的重要原因。
从文艺复兴时期起，随着城市资产阶级的
产生和中西欧地区王权的逐渐强化，建造
雄伟的建筑已经不再只是教廷的专利，而
是成为满足社会更广泛需求、表现不同建
筑诉求和内涵的标志物。这种现象不仅导

致了文艺复兴时期及其之后建筑风格的多
元化发展局面，也导致了各地区建筑风格
发展的分化。

意大利在 200 多年时间内逐渐发展和
成熟的文艺复兴建筑风格，不仅极大影响
了意大利地区各城市建筑风格的发展，还
传播到了意大利之外，在其发展过程中和
意大利文艺复兴建筑风格发展结束之后，
都长时间地对欧洲许多地区和国家的建筑
发展起到了深刻的影响和作用。

第四节
意大利文艺复兴建筑的影响及转变

在意大利的文艺复兴之后，这种古典
复兴的建筑风格又继续向周边国家和地区扩
散，对很多国家的建筑风貌发展产生了影
响。各个国家和地区在政治、经济与社会文
化、建筑传统等方面的发展情况与背景各不
相同，因此对于这种源自古典文化的文艺复
兴风格的态度也各不相同。更重要的是，意
大利地区，尤其是罗马作为文艺复兴风格的

发展中心，使文艺复兴这种古典的建筑风格蒙上了一层浓郁的宗教气息，这也使得意大利地区以外的各地在对文艺复兴风格的借鉴和引用上的态度与意大利存在差异。

从时间上说，其他国家和地区的文艺复兴风格发展，在时间上要晚于意大利本土，当文艺复兴风格于16世纪之后在英国、法国和西班牙等国流行之时，意大利已经进入巴洛克建筑风格发展时期，而且在各地区所发展出的建筑样式也各不相同，这其中受文艺复兴建筑风格影响最大的就是法国。法国的文艺复兴风格在16世纪后才逐渐兴起，因为当文艺复兴在15世纪的佛罗伦萨等发达的城市共和国兴起之时，法国还处在分裂状态下，并未形成统一的国家，而直到16世纪初期，法国所在的地区才在弗朗西斯一世（Francis Ⅰ）的统治之下形成统一的国家。在15世纪末至16世纪初期，由于法国人对意大利北部伦巴第（Lombardy）地区的几次侵略，使法国人对于意大利文化产生了极大的兴趣，尤其是对于意大利城市中文艺复兴式的建筑风格十分向往。当时的国王弗朗西斯一世更是把许多意大利的艺术家召集到了法国，比如著名的全才型艺术家达·芬奇（Leonardo da Vinci）。

在国王的推动之下，法国掀起了一股学习意大利文艺复兴风格的建筑热潮。到16世纪20年代末期，大批的意大利建筑师来到法国，同时法国也派了很多的建筑师到意大利进行学习。意大利文艺复兴时期出版的各种建筑理论书籍也就被大量地引入并翻译成法语，以供更多的建筑师参考。因此，产生了意大利人"用书籍和图画把古典建筑的知识教给了法国"的说法。法国的文艺复兴时期的建筑主要集中于巴黎附近的乡间和罗亚尔河畔的城堡（Loire Castle）建筑中。

从中世纪时起，罗亚尔河流域就兴建了许多坚固的城堡建筑，到16世纪弗朗西斯一世统治的相对和平的时期到来之后，这些城堡也纷纷开始改建和扩建，而且其改建和扩建主要采纳的风格就是来自意大利的文艺复兴风格。

作为哥特风格的发源地，法国各地的建筑都长时间地保持着浓厚的哥特式建筑风格

罗亚尔河城堡

罗亚尔河畔的城堡，是法国对意大利建筑风格反应最强烈的地区之一，这一地区的城堡以其将本土的哥特式风格与意大利的文艺复兴、巴洛克风格相混合而著称。

《维特鲁威人》

这幅手稿也是达·芬奇最著名的手稿之一,手稿上阐述了达·芬奇对人体比例在建筑、绘画等其他领域应用的心得。

雪侬瑟堡与长廊室内剖视图

雪侬瑟堡的主体建筑是法式的哥特风格,而长廊上的建筑则是按照文艺复兴建筑风格兴建的,以变化的装饰而闻名。

痕迹,因此在各地改建的建筑中最常见的景象,就是文艺复兴风格与哥特式两种风格的混合之作。这种混合风格表现最明确的建筑是罗亚尔河的香博城堡(Chateau Chambord)。

这座城堡是在一座中世纪修建的堡垒建筑的基础上重新兴建的,也是一座从开始就本着实现文艺复兴风格与法国传统风格成功结合这一目标而兴建的城堡。这座城堡的建筑总平面是长方形的,被一圈单层的建筑围合,而且在平面的四个角上都建有一座圆形平面的塔楼。主体建筑位于长方形的一条边上,仍旧是四角带圆形塔楼的建筑形式,只是建筑平面变成了正方形,楼层也加高至三层。无论是单层还是多层的建筑部分,其立面都采用壁柱、拱券与简单的长方形窗相结合,形成简洁、规则的古典立面形象。在三层的主体建筑内部,以中心的螺旋楼梯为交叉点形成十字形的联通空间,这个连通空间是建筑内部的主轴,并且在建筑内部各层分划出四个方形的使用空间,体现出很强的对称性与规则感,这种布局明显沿承了文艺复兴的古典建筑规则。

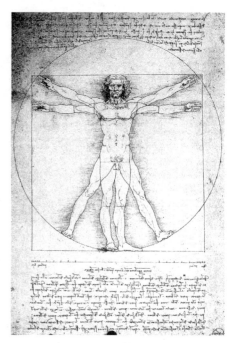

而在建筑外部,尤其是屋顶的部分,却体现很强的法国本土建筑特色。首先是建筑中设置在四角的几座圆塔都采用尖锥形顶的形式,而且在主体建筑部分的圆塔上还单独设置着一些小尖塔,这些小尖塔有采光窗和烟囱等不同的使用功能,因此其样式有方形

小塔、带穹顶的小亭等多种形式。由于法国受寒冷气候的影响，因此建筑不是平顶，而是采用不易积雨雪的坡顶形式，屋顶侧面还往往开设老虎窗，而这些窗的上楣也往往带有尖饰。这样，整个建筑大小尖塔林立的顶部就与朴实、简洁的立面形成了一种对比，使建筑表现出一种垂直的动态效果，同时也呈现出法国文艺复兴建筑的特色。

除了香博城堡之外，罗亚尔河流域的许多城堡也都不同程度地进行了文艺复兴风格的改造，但其呈现出的共同特色就同香博堡一样，都是文艺复兴风格与哥特风格的混合。这种传统风格与新风格的混合发展状态是一种文化发展的必然现象。另外文艺复兴风格在不同地区所呈现出来的风貌也是存在很大差异的，这是由于建筑的地区性特征所造成的，其中包括了传统影响、气候因素和材料供应等多方面的因素影响。譬如在法国，文艺复兴风格呈现出与哥特风格的混合特征，而在西班牙发生的文艺复兴运动则同时呈现出两种截然不同的建筑形象。

西班牙人从 15 世纪末起不仅成功驱逐了南部信奉伊斯兰教的摩尔人，而且在美洲的殖民活动也进展顺利。此后，在西班牙国王菲利浦二世（Philip Ⅱ）时期，西班牙人大败法国人，使西班牙帝国发展至鼎盛时期。作为国家兴盛发展的直接表现，大量的建筑活动开始兴起，而且由于西班牙王室是虔诚的天主教徒，与罗马教廷关系密切，因此西班牙的文艺复兴风格直接来源于罗马，但这种严谨的建筑风格并不适用于西班牙的所有地区。总的来说，在西班牙，一种是在欧洲建筑传统和古典建筑风格复兴基础上，受严格的宗教信念影响而形成的严肃的文艺复兴的建筑风格，另

一种是在长期被摩尔人占领的西班牙南部伊斯兰风格影响下形成的，掺入了更多伊斯兰风格而形成的极富地方特色的综合风格。

西班牙王室崇信禁欲主义（Asceticism）的天主教信仰，因此虽然全面引入源自罗马的古典复兴风格，但却抛弃了意大利建筑师那些自由随意的装饰创新，而只保留了简化、典雅的古典建筑基调。这种严肃的文艺复兴风格表现最突出的是建于今马德里（Madrid）附近的埃斯科里尔宫（Escurial）。

埃斯科里尔宫是一座为王室所修的多功能的复合型宫殿建筑群。这座庞大建筑群的平面大约是一个 204 米 × 161 米的长方形，只在一条长边上略有突出，那是主教堂的后

银匠风格的建筑立面

文艺复兴时期，西班牙正处于哥特式风格、摩尔风格与文艺复兴风格三种风格混合发展时期，因此建筑呈现出多样化风格发展趋势。

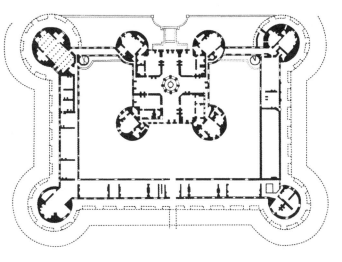

香博城堡平面图

香博城堡是在中世纪防御性很强的建筑形式基础上，按照文艺复兴的古典建筑规则兴建而成的，其建筑同时呈现出本土哥特式建筑风格和规整的文艺复兴风格。

埃斯科里尔宫外墙

　　埃斯科里尔宫的外墙都采用无装饰的花岗石与行列整齐的长窗构成，因此在外部显示出壁垒森严的封闭感。

埃斯科里尔宫平面

　　由于这座宫殿是西班牙王室献给圣洛伦佐的，因此为了纪念这位被烧烤致死的圣徒，整个宫殿的平面也被设计为炉算的形式。

殿部分。长方形的建筑平面被一圈两层或三层的建筑围绕，这些围合建筑全部采用花岗石建成。而且，除了简单的长窗列之外毫无装饰，因此整个宫殿从外部看给人冷峻、封闭之感，宛如一座守卫森严的监狱。宫殿内部包含有各种功能的空间，但装饰性的设置很少，仍以简化、肃穆的总体风格为主。宫殿内部以教堂和教堂所对的广场为轴，在这个轴线两侧对称地设置有宫殿、神学院、修道院和大学、政府办公和其他附属建筑，此外教堂的地下室还是皇室陵墓的所在地。

　　埃斯科里尔宫整体的布局规则、严谨，花岗石与简化立面和强烈的规则性相配合，营造出冷漠而雄伟的建筑群形象。也正是因为埃斯科里尔宫在形式上的这种鲜明的艺术特点，建成后在当时的社会中引起了巨大的轰动与反响，引得各地的君主都纷纷开始效仿建造这种能够彰显自己实力的大型宫殿建筑群。

　　而在西班牙的世俗建筑之中，文艺复兴风格则

与此前长期流行的伊斯兰风格相结合，衍生出一种银匠风格（Plateresque），萨拉曼卡大学（University of Salamanca）建筑是这种风格的突出代表。在萨拉曼卡大学约16世纪中叶时整修的建筑的立面中，整体的构图设计是按照文艺复兴的古典风格确定了横向分割的构图，并利用雕刻带与壁柱明确划定了立面的范围。但无论是壁柱的形象还是雕刻装饰图案本身，都呈现出一种建立在伊斯兰的细密纹饰风格基础上的形象。虽然雕刻的图案和人物都是西方的，

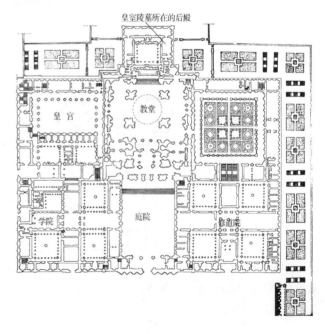

但表述方式和最后的形象却极具东方特色，这也是西班牙所独有的一种文艺复兴风格的变体形式，并为其后流行的巴洛克建筑风格拉开了发展的先声。

相对于王权逐渐加强的法国和西班牙，文艺复兴中心区北部的德国和英国的文艺复兴风格发展要更晚一些。在整个16世纪到18世纪之间，现在版图概念上的德国及其周边地区正处于封建诸侯混战时期，因此生活在这里的人们在思想上以封建专制的守旧思想为主导，这一点连宗教改革的新教派也不例外，在行动上各地势力忙于征战。因此，整个地区经济发展近乎停滞，社会凋零，除了坚固的城防建筑之外，人们无心也无力在建筑风格的问题上进行深入探索，营造建筑时，只是示意性地引入了一些来自古典的柱式与拱券等标志性元素。

英国在16世纪初形成集权制的国家，并在全国范围内推行新教（Protestant），与罗马教廷水火不容。在政治和宗教方面英国保持独立性，因而受文艺复兴建筑风格的影响也较晚。英国的文艺复兴，大约从16世纪后期才开始，至17世纪时逐渐成熟，而且文艺复兴风格的建筑实例以大型府邸和宫殿建筑为主。在文艺复兴建筑风格的引入方面，英国以伊尼戈·琼斯（Inigo Jones）最具代表性。

伊尼戈·琼斯曾经两次亲身到意大利进行学习，因此对古典建筑遗址和意大利流行的文艺复兴风格都有很深入的认识，并受意大利文艺复兴晚期的著名建筑师帕拉第奥深刻影响。他回国后主要担任宫廷建筑师的职务，因此其设计也主要以宫殿建筑为主。琼斯在格林威治（Greenwich）为詹姆斯一世（James Ⅰ）的皇后设计的女王宫（Queen's House），就明显是采用帕拉第奥式的设计手法来进行设计的，整个建筑的前立面像帕拉第奥的圆厅别墅一样，横向分为三层，并以上两层为主，背立面虽然转向为两层，但通过在建筑中部开设柱廊阳台和密集的开窗，因此也在纵向分为三个部分。

琼斯所注重学习和在英国发扬的文艺复兴风格，是一种建立在严谨与和谐的基调之上的典雅建筑风格。这种建筑风格摒弃了意大利文艺复兴后期那种自由和追求变化的装饰手法，仍然是以均衡的比例与构图营造出清丽的建筑形象。而此时在文艺复兴运动的原发地意大利，建筑风格已经转向了华丽和扭曲的巴洛克风格发展方向上去了。

萨默塞特宫

位于伦敦的这座大型府邸建筑，是后人仿照文艺复兴风格设计的。其建筑带有开敞拱窗和粗石贴面的底层是威尼斯商业住宅的一般做法，而上两层的巨柱式则源自米开朗琪罗。

女王宫

女王宫是一座拥有规整与肃穆建筑风格的宫殿建筑，这种简洁的建筑形象在当时是十分少见的。

源自意大利的文艺复兴建筑风格，虽然只在15世纪到16世纪流行了近200年的时间，但对欧洲建筑发展的影响却是深远的。意大利文艺复兴风格的建筑是应当时复杂的政治、经济和社会发展情况而产生的。对古典建筑形式与规则，如柱式、拱券、比例以及对古典神庙、凯旋门等建筑样式的复兴，都不仅是一种简单的形象与规则的重新运用，更多的是反映出一种人们在结构技术和设计、审美理念上的创新与进步。这一点，以佛罗伦萨大穹顶的建造成功为标志。

文艺复兴建筑风格在各地的不同发展，也同样是其所在地综合社会发展状况的反映，而且这种反映还加入了本地建筑传统的因素。文艺复兴风格对各地建筑的影响，并不仅仅体现在16和17世纪各地文艺复兴风格兴起之时的建筑设计上，还在于影响和教育了各地新一代建筑师对古典建筑传统的再认识。在16世纪之后，意大利的教廷势力

崛起，因此其建筑发展转向以炫耀财富与技巧的装饰手法为主的巴洛克风格上去了，这种新风格也像文艺复兴的建筑风格一样，随着各地区间频繁的联系而流传到其他国家，并对许多国家的建筑产生了影响，但此后各地对新建筑风格的接受态度更为谨慎。因此总的来说，没有哪一种风格能够像文艺复兴风格那样，全面唤醒人们重视古典建筑传统并推动新建筑风格的发展，而且还在欧洲产生了如此广泛的影响。

劳伦先图书馆阶梯

米开朗琪罗在文艺复兴时期的许多创新设计，以其较强的感染力，不仅启发了巴洛克风格的发展，还被其他各国建筑师所广泛采用。

第九章
巴洛克与洛可可风格建筑

第一节　综述

巴洛克（Baroque）风格同样产生在意大利，它脱胎于文艺复兴后期发展出的一种叫做手法主义（Mannerism）的建筑风格之中，形成于16世纪的最后25年，到18世纪结束。"巴洛克"一词源于葡萄牙语"Baroco"，原意是畸形的珍珠。巴洛克风格是夸张的、不自然的，具有很强的修饰性，然而它却有着很强的说服力，使人能够很容易接受它。

主要发展于17世纪的巴洛克风格，是由16世纪后期的"手法主义"风格发展而成的，它所表现出来的特点是注重装饰性，并以变形、艳丽、豪华的装饰为主。巴洛克艺术最主要的资助者是反对宗教改革的罗马教会，而此后洛可可风格的主要资助者则是像法国王室这样的权贵，而且二者都追求强烈的艺术效果，力求一下子就刺激到人们的神经，并由此传达一种宗教和权势的震撼性。在这种思想指导下，文艺复兴时期盛行的约束、克制、协调、注重关系的原则被完全打破。人们把巴洛克的建筑风格按照自己的意志大量应用到了教堂建筑中，使那些原本朴素的教堂设计理念变成了以色彩绚丽的金、银、大理石以及雕刻、绘画等作为大量装饰的建筑设计新概念。

西班牙从菲利浦二世（Philip Ⅱ）国王时期起，就是忠实的罗马天主教廷的崇

德国教堂中的祭坛

德国著名的建筑师组合阿萨姆兄弟这种将建筑、绘画和雕塑组合在一起，带给观者强烈视觉与心理震撼的做法，是巴洛克艺术的突出特色之一。

洛可可风格的装饰

洛可可风格虽然是在对传统建筑风格的反叛基础上产生的，但并不是完全不遵从古典建筑规则，它有时也表现出与传统很强的联系性。

洛可可风格的托座

家具、壁炉和建筑边角处的支座或支撑腿，经常被雕刻成裸体人像或曲线的贝壳样式，其构图有对称和不对称两种形式，以深厚的雕刻线脚和高浮雕为主。

拜者。因此，当西班牙舰队登上美洲大陆，并顺利地从美洲殖民地掠夺来大量的黄金、白银和其他物资的时候，罗马教廷自然成为受其供奉的最大受益者。当罗马教廷有钱以后，首先想到的便是营造教堂，以彰显自己的实力和权力，因此从16世纪末到17世纪的这段时期里，罗马城内大兴土木。而与此同时，以往经济繁荣的一些共和国，则处于经济转型和因贸易路线改变所带来的发展低潮中，因此建筑活动相对较少。

在此背景之下以罗马地区新建的建筑为代表所采用的巴洛克风格，可以说是一种信仰化了的建筑艺术，其建筑形式具有强烈的情感震撼性。巴洛克建筑风格虽然仍是在古典建筑元素的基础上发展起来的，但添加了更多新风格的装饰。不仅如此，巴洛克风格的建筑对于各种建筑构成元素的组合与运用也变得更随意、灵活和尽兴，人们在建筑内外大量堆砌夸张的装饰、柱子和山花，在有些建筑的立面，对柱子的叠加设计甚至已经到了一种歇斯底里的状态。

建筑中的各种构成元素甚至是结构体都和装饰一样，变成了一种可以按照建筑师的意志灵活运用的词汇，任意地组合成各种语式，以更贴切地反映出此时浓厚、昂扬和尊贵的宗教气息。巨大而叠加的柱子、断裂式的山花和带卷边或涡卷的镶板，再加上梯形、椭圆形等以往在文艺复兴时期因形状不规则而被弃之不用的几何图形以及各种繁复的装饰被巧妙地拼凑在一起，大量出现在巴洛克建筑中。

巨柱式是巴洛克建筑中的一个分支，是指直立于建筑立面的独立性圆柱或壁柱，上下贯穿几乎整座建筑的正立面。另外还

有一种情况，即柱子真正的尺度并不高大，但与其所应用的建筑在比例值上超出了正常的构图关系，因此柱子在与建筑其他部分的对比中显得过于高大，给人以强烈的巨柱印象。巨柱式建筑中柱子本身的比例有的与古代神庙中的柱式比例十分相似，只是尺度超大，有的则完全是出于视觉需求而制作，不太讲究其柱子本身的比例尺度，这种巨柱式的采用就像是音乐总是采用强烈的高音一样，给予了建筑立面一种神圣感和威严感。除了巨柱式之外，巴洛克建筑中最常出现的还有一种将古典建筑的立面截断成多块，再有意错动后重新组合成一体的样式，或像用软蜡烛螺旋和扭曲之后形成的柱式。这些怪异的柱子本身就极具表现性，展现了巴洛克风格的一种扭曲的美感。

断裂式山花是巴洛克建筑风格最具代表性的特征之一。所谓断裂式的山花，就是指三角形或半圆形山花基部或是顶端部分的中间开设有缺口，并在缺口部分用人物、花朵、像章等雕饰来进行填充，尤其以一种椭圆形带卷边或涡卷的镶板形式最为多见。这种断裂式山花不但可以使各建筑构件之间留有空隙，而且还为建筑的立面增添了动态感和情趣感。

巴洛克建筑除了加入更多活泼的装饰之外，还寻求戏剧般或音乐般的结合。建筑外立面不再是在整体效果上追求统一、平整的感觉，而是利用柱子和壁龛等建筑部分的凹凸变化与平面上的凸出、退缩变化相配合，使建筑立面也产生起伏的韵律感。此外，建筑立面中除了对拱券、壁柱

和山花的尺度与形象运用得更加自由之外，还加入更多的雕像、涡卷式支架和椭圆形像章图案，因此巴洛克风格建筑的正立面从平面上往往是外凸的弧线，而立面构图上在细部装饰处理都充满了变化。

在巴洛克教堂的内部，除了通过随意的开窗和结构上的视觉创新设置来创造独特的空间氛围之外，还要在建筑内部加入大量绘画、雕刻的装饰。透视效果明显的绘画与建筑空间的配合，可以营造出极具纵深感的空间效果，而真实的雕刻与绘画的结合，则可以更大程度上模糊真实空间与绘画空间的界限，增加空间的戏剧性效果。因此可以说，绘画、雕刻与建筑等多种艺术形式的紧密结合，也是巴洛克建筑的一大特色。

然而巴洛克建筑风格也并不是一种单纯的装饰风格，其中也包含着结构技术上的创新。无论是在建筑的外部还是内部，为了得到新奇的建筑形象和营造独特的空间氛围，人们都会要求在当时的结构形式上要有一些相应的变化。只有这样，才能使巴洛克风格真正不同于以前所出现过的任何一种建筑风格。因此也可以说，巴洛克风格的独特建筑形象的获得，是装饰与结构相互配合的结果。

巴洛克艺术风格在整个西方建筑发展

已经出现过的建筑风格中，是最具世俗性和戏剧性的。巴洛克形式主要发源在意大利的罗马，因为罗马教廷在这段时间内受到西班牙的贡奉而有足够的财力使建筑方面保持兴盛，而意大利的其他地区则面临经济下滑。在意大利以外，巴洛克风格首先被西班牙宫廷所继承，其次是素来崇尚意大利建筑文化的法国。法国此时正处于历史上最著名的皇帝路易十四世（Louis XIV）统治期间，王权统治也到达了巅峰。因此，华丽和富于装饰性的巴洛克风格在法国作为一种彰显强大王权的手段而被大量运用。而且在法国，人们又在巴洛克风格的基础上发展出了更为矫揉造作的洛可可（Rococo）风格。

洛可可风格纯粹是一种纤弱、华丽的装饰风格，它在建筑结构方面并没有多大创新，而只是一种炫耀财富与营造奢靡氛围的装饰，即使是有一些结构上的创新，也是为了达到特定的建筑形象或空间效果而被特地建造出来的。比如牧师瓜里诺·瓜

圣彼得教堂与教皇住所之间的楼梯

这座由伯尼尼设计的楼梯，是利用建筑和雕塑营造戏剧化空间氛围的成功之作。

凡尔赛宫中的王后寝殿

这个房间的内部装饰展示了一种具有古典倾向的巴洛克装饰风格，在奢华的装饰中还保持着庄重的风格基调。

通过瓜里尼设计的这个富于表现力的新穹顶形象可以看出，巴洛克风格除了注重装饰之外，在结构方面也有所创新。

里尼（Guarino Guarini）的代表作品，建于意大利都灵的圣尸衣礼拜堂（Chapel of the Goly Shroud），就是一座无论装饰或者结构都极为精致华丽的建筑。传说在这座礼拜堂之中有象征着耶稣身体的圣尸衣的陵墓，因此瓜里尼在教堂的设计上遵循了古典传统，在位于陵墓的上方设置了一个形状极为复杂的阶梯形穹顶。这个穹顶以复杂的肋拱交叉而闻名，显示了高超的结构设计与建造技巧，也是巴洛克时期具有突出代

表性的结构创新。这种结构上的创新也在教堂内部被直接表现了出来，复杂的穹顶肋拱与光线和色彩相配合，仍旧获得了异常华丽的结构效果。

这种追求华丽装饰效果的风格也主要是在教廷和宫廷中流行，除了罗马之外，就尤其以发源地法国为其代表。在路易十四时期初具规模的凡尔赛宫（Palais de Versailles），是洛可可风格最主要的应用之地。

洛可可风格的装饰中很少用直线，而是以S形和其他形式的曲线为主，到了后期则以波浪形的贝壳饰、火焰饰与扭曲变化的植物、水果和怪诞的人物形象相结合，而且不仅被应用在建筑的装饰上，还有此类风格的家具、壁画、铺地、壁龛相配合。以凡尔赛宫镜厅（Galerie des Glaces）为建筑范例，各地也都开始兴建起一种由大窗、镜子与精细装饰相配合的居室。这种居室中不仅铺满装饰，而且通常还要用金色、银色和各种鲜艳的色彩与之相配合，由此营造出一种富丽堂皇又充满幻想性的空间氛围。

除了在罗马教廷和法国宫廷之中被广为使用之外，洛可可风格的装饰在法国贵族宅邸和德语地区也得到普遍应用。德语地区此前经过长时间的混战，已经形成了诸多分立的小城邦，各城邦在相对稳定、和平的发展状态下也纷纷大兴土木以彰显国力，因此无论是教堂还是宫廷建筑，都很自然地接受了洛可可风格。

巴洛克和洛可可风格，尤其是洛可可风格，是一种专注于装饰和炫耀的建筑风格。这两种风格更多地表现出将建筑、雕刻、

将富有动感的人像柱与起伏的穹顶空间相结合，创造出富于激情变化的空间氛围。

绘画等多种艺术形式相结合的方法与技巧，而不是在建筑结构和功能上的创新。在盛期的巴洛克与洛可可风格的建筑中，甚至还出现了因为过于注重装饰而部分牺牲建筑使用功能的现象，而且巴洛克与洛可可的建筑风格是一种供宗教和王权所享用的装饰风格，不仅需要有一定的技术性，还需要较高的建造成本，因此这两种奢侈的风格必然随着权贵势力的消退而结束。

巴洛克和洛可可这两种风格流行的时间较短，大约只有一个世纪左右，但这两种艺术风格与正处于实力巅峰期的罗马教廷和法国王室相结合，因此结出了非常丰硕的建筑成果。这两种风格虽然流行的时间很短，而且此后很快就被古典主义风格所取代，但这两种风格所带来的更自由的古典建筑元素组合的方式，以及更具感观性的建筑形象特点，却被以后的建筑艺术部分地继承了。因此，虽然巴洛克与洛可可这两种建筑风格不像历史上出现的其他建筑风格那样，能够导致建筑结构和面貌上的巨大变革，但却也对此后的建筑发展具有很重要的启发作用。虽然建筑理论界对于巴洛克和洛可可建筑风格的评价历来存在争议，但毫无疑问的是，这两种艺术风格确实为人们奉献出了许多让人惊叹的建筑精品。这些建筑精品本身，就是对人类想象力和创造能力的礼赞。

第二节
意大利巴洛克建筑

巴洛克建筑是由文艺复兴后期的手法主义建筑逐渐发展而来的，而手法主义建筑风格的最早起源，则可以上溯到文艺复兴盛期，尤其以米开朗琪罗的设计手法为代表。米开朗琪罗在罗马卡皮托山（Capito-line Hill）上的市政厅建筑中所使用的通层

巨柱、梯形布局与椭圆形铺地的配合，以及他在圣洛伦佐圣器室（New Sacristy of San Lorenzo）中将建筑立面与人物雕塑相结合的做法，在此后都为巴洛克时期的建筑师所借鉴。

将手法主义建筑风格演绎得最为出奇的作品位于曼图亚（Mantua），那里有著名的手法主义建筑师朱里奥·罗马诺（Giulio Romano）为贡查加（Gonzaga）公爵及其家族所设计的德特宫（Palazzo del Te）。这座宫殿是由四面建筑围绕一个方形庭院构成的，虽然建筑立面都采用粗石面与光滑壁柱相组合的形式，而且四个立面都为单层建筑形象，但实际上这座宫殿建筑的立面并不像初看时的印象那样简单。

首先是宫殿四个方向上的立面都不相同，而且在窗形、壁柱和入口的设置上都有较大变化；其次是建筑虽然借由巨大的壁柱显示出只有一层，但实际上在内部却存在二层空间；最后在建筑内部，借由同时代画家曼特尼亚（Andrea Mantegna）运用透视原理所绘制的模糊空间的绘画衬托，室内呈现奢华、离奇的空间效果。总之，德特宫整个建筑的外部形象和内部处理都存在一些与古典

朱里亚诺陵墓

米开朗琪罗将雕刻与建筑紧密结合的做法，以及对柱式、山花等古典建筑要素突破传统的处理与表现手法，都为巴洛克建筑所广泛借鉴和使用。

德特宫局部

由于德特宫本身就是为享乐目的而建，因此建筑的形象和内部的装饰都以华丽和自由的风格为主，显示出世俗力量对建筑的深刻影响力。

法尔内塞别墅平面

这座建筑是外部封闭而内部开放的堡垒式别墅代表，建筑本身具有很强的防御特征。

法尔内塞别墅

这座建筑的正立面经过改造后，被加入了连续的大拱窗和巴洛克式的折线楼梯，因此显示出较为开放的建筑形象，与改造之前封闭的建筑形象形成了对比。

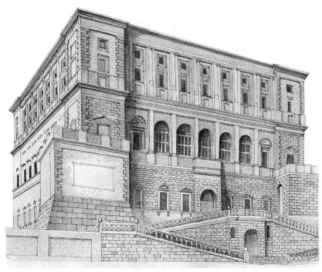

建筑规则明显不符的设置，这种自由的建筑风貌与其本身作为宫廷享乐建筑的功能相符，但在建筑上却不知不觉地创造出了一种不同于文艺复兴的新建筑风格。

就像是曼图亚地区的发展一样，比文艺复兴的古典风格更自由的手法主义建筑风格的变化，首先出现在府邸等私人建筑上，如卡普拉罗拉（Caprarola）地区著名的法尔内塞别墅（Castello Farness）。这座别墅最早是由文艺复兴时期曾经担任过圣彼得大教堂建设工作的建筑师小桑加洛（Antonio da Sangallo,The Younger）设计的一座平面为五边形的堡垒式宫殿。在16世纪后半期，这座建筑经由维诺拉改造后彻底建成，并成为手法主义的又一代表作。

法尔内塞别墅是一座由五面建筑体围合的堡垒式建筑，但在内部的中心区却开设有一个圆形平面的中心广场，这个广场由粗石拱券层与带双壁柱的拱券层构成，与建筑外部的折线形楼梯以及不规则窗形分布的立面一样，构成了一种既严肃又活跃的建筑形象，是从文艺复兴向手法主义风格过渡的突出建筑代表。

除了私人府邸以外，随着手法主义的普及使用，更自由的表现手法和建筑形象开始出现在教堂建筑之中。罗马的第一座手法主义风格向巴洛克风格转变过程中的建筑作品，是耶稣会教堂（Church of Jeusus）。这座教堂也是由设计了法尔内塞别墅的建筑师维诺拉设计的，但立面是另外由波塔（Giacomo della Portas）设计的。

耶稣会教堂是一座平面由长方形的巴西利卡式大厅在后部另加入一块半圆形的后殿构成的，在内部隐含着一个拉丁十字形，而且在十字交叉处还以穹顶覆顶形成内部中心空间。教堂内部以中厅为主，两边是矮而窄的侧厅。建筑的立面是手法主义的一个最著名的标本，也是将古典式立面引向巴洛克风格的开端。

耶稣会教堂的立面延续了文艺复兴早期阿尔伯蒂在佛罗伦萨圣母堂立面中的设计，采用向上收缩的两层立面形式，而且在上层两边的底部设置双向反曲涡卷的支架装饰以作为边饰。教堂正立面的上下两层都采用双壁柱分隔立面的做法，只是下层入口两边的双壁柱采用圆柱与方柱相组合的形式，而且圆柱明显凸出墙面较多，加强了入口的气势。在建筑上层与入口相对处设置拱窗，而在这个入口与拱窗形成的中轴之外，则分别设置辅助入口和壁龛。

耶稣会教堂的立面处采用很浅的方壁柱与入口处凸出的圆柱形成对比，同时在上下两层和入口之上都设置了山花和椭圆形的巴洛克标志性装饰图案。这种利用柱子形象，并在立面设置多重装饰物的做法，在此后成为一种反映新时期宗教形象与精神的象征，而且也被教廷尊为优秀的天主教堂形式予以推广，影响了罗马相当一批教堂的形象。

耶稣会教堂新颖的立面，以及以此为模本陆续兴建的几座此类教堂立面，是展现建筑风格从手法主义过渡到巴洛克的轨迹的一个缩影。实际上，预示巴洛克风格来临的标志性事件是17世纪初圣彼得大教堂（St Peter's Basilica）的改建。

17世纪初，在教廷的授意下，建筑师玛德诺（Carlo Maderno）拆除了由米开朗琪罗设计的九开间柱廊式入口，而是在教堂前兴建了长方形的巴西利卡式大厅，使教堂从穹顶集中式的希腊十字形平面，最终又变成了拉丁十字的平面形式，而且新大厅的立面采用了当时流行的壁柱形式。

除了这个加建项目之外，圣彼得大教堂的最大改观来自对新内部空间的装饰和对外部广场的加建，而这一系列建筑设计的主导者，就是建筑史上最著名的巴洛克建筑师伯尼尼（Giovanni Lorenzo Bernini）。伯尼尼也像文艺复兴的许多著名艺术大师一样，是一个多才多艺的人，他最具代表性的作品是为罗马圣彼得大教堂所做的一系列设计。

伯尼尼生于一个雕刻世家，他从很早就跟随父亲来到罗马并受雇于教皇，此后伯尼尼的才华被教皇所赏识，因此委托他担任圣彼得大教堂的多项整修工作。伯尼尼直接领导和参与新加建的巴西利卡大厅的内部装修工作，他不仅为大厅绘制壁画，而且还设计了主祭坛圣彼得墓上的华盖（Canopy）。在这个巨大的铜铸华盖上，伯尼尼大胆采用四根呈螺旋状扭曲的柱子来支撑华丽顶盖，而且无论是柱子还是顶盖上，还有镶金的叶子、天使等装饰物，使整个顶盖成为教堂内部当之无愧的焦点。

圣彼得大教堂华盖

伯尼尼设计制作的这座巨大的华盖中，最突出的是四根扭曲形状的柱子，这种柱子形式作为巴洛克风格的一种重要柱式而被人们广为使用。

耶稣会教堂

耶稣会教堂将不同形式的壁柱进行组合、层叠使用以及双层山花和涡卷形支架的设计，都十分独特，是手法主义向巴洛克风格转变的标志性建筑。

除了圣彼得大教堂的内部装饰之外，伯尼尼最重要的作品还有他为圣彼得大教堂所设计的椭圆形广场。大教堂前面原本有两段内收柱廊组成的梯形广场，但这个广场面积有限，不仅不足以容纳众多的教众，也不能衬托大教堂的气势。为此，伯尼尼在梯形广场之前又设计了一个椭圆形的广场。

这座广场采用两截弧形柱廊围合成椭圆形的平面形式是前所未有的。弧形柱廊采用四柱平面形式，而且都采用简单的塔司干柱式（Tuscan Order），四排柱子密集排列，并形成中间宽两边窄的三条信道，可让信众在其中通行时感到一种强烈的空间感。在广场中心设置了一个带方尖碑（Obelisk）

的中心，而在这个中心的两边，也就是广场的横轴上，还各设有一座喷泉（Fountain），强化了广场的横轴。

伯尼尼设计的这座半开敞的椭圆形广场，由两截弧形柱廊组成，按照伯尼尼自己的说法，是这两边的柱廊犹如一副张开的臂膀，伯尼尼特别注重对诸如透视、戏剧化等绘画特色的引入，以及通过柱子和雕刻等元素的组合来营造不同的，极具情境性的空间氛围，这种将雕刻与建筑的紧密结合，也成为巴洛克建筑风格最突出的特色。他在为圣彼得教堂与教皇宫之间的通道做设计时，利用向上逐渐缩小的柱子和柱外开窗的配合，营造出了一种具有深

圣彼得教堂与广场

伯尼尼为圣彼得教堂所设计的开放式广场，在布局上依然遵守古典的轴线对称原则，因此广场呈现出很强的聚合力。

远透视效果的空间，既解决了整个通道空间向上逐渐缩小的不规则问题，又营造出比实际空间深远得多的大纵深空间效果。

伯尼尼除了是一位杰出的建筑设计师和画家之外，还是巴洛克时期著名的雕塑家，他雕刻的充满戏剧性的组雕《阿波罗与达芙尼》（Apollo and Daphne），以其对瞬间变化的捕捉和极具动感的表现，而成为巴洛克时期的代表性作品。此外，伯尼尼还受教皇委托，在罗马城设计制作了诸如《四河喷泉》（The Fountain of the Four Rivers）等气势庞大的喷泉。因此，在伯尼尼的许多建筑作品中体现出雕塑特性，也成为了一种必然。伯尼尼在建筑设计中不仅加入很强的雕塑性，而且也很注重对不规则图形与平面形式的营造。

他在 17 世纪中期为科尔纳罗（Cornaro）家族设计的家族祭坛中，不仅将科尔纳罗家族成员都塑造成了身处包厢中的观众形式，在主祭坛中雕刻了著名的《狂喜的特雷萨》（Ecstasy of Theresa）组雕，还为这组雕刻设

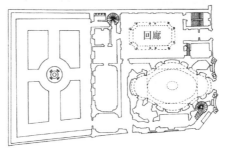

计了一个由大理石制作而成的，中间断裂的建筑式壁龛形式。这个壁龛中，底部的柱子与上部断裂的山花相配合，呈现出一种弧线形平面轮廓形式。这种平面形式此后在伯尼尼为法国人设计的卢佛尔宫立面中表现得淋漓尽致。伯尼尼为卢佛尔宫所设计的新立面呈起伏的波浪形，而且立面上还搭配包括断裂的山花在内的各种巴洛克雕刻装饰，但也是因为这种立面的造型太过张扬和华丽，最后没有得到崇尚古典素雅风格的法国人的认同，因此没有建成。

在罗马，除了伯尼尼之外还有一位天才的建筑师名叫波洛米尼（Francesco Borromini）。波洛米尼出生于 1599 年，他是罗马晚期巴洛克建筑的代表性建筑师，他早年曾经在伯尼尼手下工作，其夸张、变形的风格比伯尼尼有过之而无不及。波洛米尼的代表作品是位于罗马的圣卡罗教堂（church of St.Carlo alle Quatro Fontane），这座建筑在处理形式上十分具有想象力。

科尔纳罗家族祭坛（上图）

这座家族祭坛使用彩色大理石建造而成，再加上富于紧张感的雕塑的配合，使原本应该严肃的祭祀场所变得犹如华丽的舞台。

圣卡罗教堂平面（中图）

教堂本身起伏多变的造型和灵活的平面形式，正好符合建筑处于城市建筑之中的不规则平面要求。

圣卡罗教堂

圣卡罗教堂起伏的立面形式，将雕塑和柱式形象凸显出来，展示出建筑的雕塑特性，也暗示了建筑内部不同寻常的空间形象。

圣卡罗教堂穹顶

设计师波洛米尼通过椭圆形的穹顶造型、几何形穹顶藻井装饰和巧妙的开窗互相配合，营造出富于观赏性和感染力的教堂内部空间。

圣卡罗教堂的外部立面极具巴洛克的自由、随意风格，充满起伏变化。整个立面构图分上下两层，而且每层都被四根立柱分割成三部分，其中部凸出，两边的部分则内凹，并通过起伏的曲线状檐口和顶部带椭圆形饰的山花在上部形成引人眼球的视觉中心。立面上开设诸多壁龛，底层壁龛设置人物雕像和椭圆形开窗，上部壁龛则留空。由于建筑正处于街边的转角处，因此在沿街的一个侧立面也设置了罗马式的拱券和雕像。

建筑内部同样是以一个椭圆形的空间为主，它的外部充满了难以理解的变化。内部椭圆形的空间虽然暗含一个拉丁十字，但以穹顶为主的集中式空间形式却明显带有东方传统，而非像其他教堂那样采用规则的巴西利卡式大厅。室内由于采用椭圆形穹顶，因此底部墩柱的设置也不规则，再加上连接各柱子的、拥有连续曲线形状的檐口，更突出了内部空间的凹凸变化感。椭圆形穹顶上除中部饰有代表圣灵飞鸽的盾之外，满布以圆形、八边形、六边形和十字形的图案，再加上穹顶周边一圈隐含开窗透进的自然光，形成新奇的带藻井的穹顶形象。

伯尼尼和波洛米尼和他们对新教堂形象的设计，只是17世纪罗马诸多巴洛克建筑师和一系列建筑活动中的突出代表。处于巴洛克风格之下的罗马，无论是世俗的民众还是高高在上的教职人员，都被这种

极具动态和感染力的风格所感染了，因此除了像圣卡罗教堂这样新建的教堂建筑采用巴洛克风格之外，一些以前建设的教堂也纷纷开始改建建筑的外立面或内部，以追赶这股新建筑潮流，比如位于罗马拉特兰的圣约翰教堂（St.Giovanni Basilica）就是在此时形成现在人们所看到的立面形象的。

17世纪的罗马正值发展的鼎盛时期，因此除了以伯尼尼为代表的建筑师对各种教堂建筑的兴建与改建之外，还进行一定规模的城市改建工程。这种城市改建的最突出特点，是在城市中开辟出了更多的公共广场，比如由古罗马竞技场改建的纳温纳广场（Piazza Navona），也是伯尼尼著名的喷泉雕塑作品《四河喷泉》的所在地。而位于三位一体山上（Trinita dei Monti）的教堂和带有大台阶的西班牙广场（Piazza di Spagna），则是此时兴建的最具特色，也是罗马城最著名的广场。西班牙广场的著名来自广场上由伯尼尼的父亲设计的《破船喷泉》（Barcaccia）、带宽大台阶的西班牙大阶梯（Spanish Steps）、山上的三位一体教堂等多个艺术作品的集中展现。尤其是宽大的西班牙阶梯，不仅连通了三圣山教堂及教堂广场与山下的西班牙广场，还为此在城市中形成了一处非常开阔的景观。

由于雄厚的资金支持以及巴洛克建筑

西班牙大阶梯

西班牙大阶梯以长而宽的阶梯和花园的组合设计，使这里实际起到了重要的城市广场的作用。同时通过阶梯的铺垫与烘托，也使山顶上的教堂建筑显得更加高大、雄伟。

风格的全面铺开，使得罗马几乎在整个17世纪的建筑活动都很兴盛。也是借由这次全面的整修，罗马城开辟了几条主要的大道以及数量众多和面积不等的广场，这些大道和广场的设计虽然是以保证人们顺利地到达城市中散布的教堂建筑作为主导思想兴建的，但却有效地达到了统合城市空间的目的，也是较早在有规划和设计的前提下对罗马城所做的大范围改造。这场改造罗马城的活动，一方面使整个城市得到了一次大的整修，增添的主要放射形大道和整建的一些原有道路之间的联系也更为紧密，而在道路交叉处和教堂前面形成的广场和喷泉，都极大地美化了城市环境，同时也为城市中居住的人们提供了充足的公共交流空间。这种在道路交叉处和教堂前兴建广场和喷泉以美化城市环境的做法，此后被许多国家和地区的城市建设活动所借鉴。

除了整个城市的整建之外，罗马城此时兴建和改建的诸多教堂都以巴洛克风格为主，而且连同私人府邸和一些公共机构的建筑中，巴洛克风格也占据着主流。以罗马建筑为代表的巴洛克风格是建立在古典建筑传统基础上所产生的最具叛逆性的一种建筑风格，虽然巴洛克建筑仍以柱式系统和壁龛、拱券、三角山墙等古老的建筑结构和元素为基础，但实际上的发展却很大程度上是建立在针对这个古典体系进行反向研究的基础上进行的，这种反叛与创新的程度之深，是文艺复兴时期也未曾达到的。但另一方面，以罗马为中心的巴洛克风格的流行，是一种被罗马天主教廷所推崇的、追求异化和装饰性为主的风格，而且需要雄厚的资金与技术作保障，因此使其影响的扩大与应用也受到了限制。

巴洛克风格在罗马和意大利其他一些地区的兴盛和发展只有大约一个世纪的时间，而且此后其影响虽然撒播到了欧洲各地，但在很多地区都没有被人们所采纳。此后，巴洛克风格除了在法国和德国的宫

廷文化氛围中得到一些发展，并衍生出更加华丽、精细的洛可可风格之外，在欧洲其他地区无论影响范围还是程度，就都不是很深了。

纳温纳广场

这座广场至今仍保留着古老的竞技场平面形象，在广场中心还设有伯尼尼雕刻的《四河喷泉》，是罗马城最著名的巴洛克广场。

第三节
法国巴洛克与洛可可风格的诞生

17世纪到18世纪前期的法国，先后由路易十三和路易十四统治，尤其是路易十四统治的时期，为其发展的鼎盛时期。此时由于法国处于完全王权为主导的统治时期，而且社会各方面的发展基本良好，因此王室大规模地兴建宫殿建筑，并追求奢华、享乐的生活。法国因为地理上以及几度侵入意大利地区的关系，因此从很早就开始全面引入意大利的建筑发展体系，并在此后引入的巴洛克建筑风格的基础上创造出了一种矫揉造作、极具妩媚风情的风格——洛可可风格。

法国从文艺复兴时期就开始全面引入意大利的古典复兴式建筑，而且与意大利建筑风格在此后转向巴洛克风格所不同的是，法国人此后在漫长的时间内都保持着对简洁、优雅的古典建筑风格的喜爱，也

**通向国王寝殿的
阶梯**

通向国王寝殿的
阶梯使用彩色的大理
石雕刻而成，在墙面
上同样用大理石镶嵌
板与镀金的装饰相配
合，而走廊上被拱框
界定的、具有逼真透
视形象的场景绘画，
则是拉伸空间效果的
巧妙设置。

**凡尔赛宫平面示
意图**

庞大的凡尔赛宫
以宫殿区为起点，通
过道路和水渠的设置
强调了中心轴对称式
的布局，但在主体轴
线之外，也有一些富
于特色和情趣的小型
建筑区。

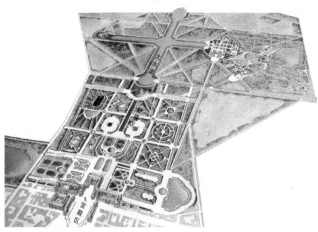

是这种对古典建筑风格的热衷，使法国在
17世纪一方面全面接受意大利巴洛克建筑
风格的同时，一方面也还在实施的建筑活
动中保持着严肃的古典主义建筑的风格。
而对于活泼、多变和富于装饰性的巴洛克
风格，则在与华丽的风格相结合之后，被
大规模地应用于建筑内部的装饰上。

大约在17世纪60年代开始扩建的凡
尔赛宫，曾是路易十三打猎的行宫，此后
路易十四在原有的这座三合院式砖构宫殿
的基础上开始加建。路易十四本着建造一
座庞大、华丽的，堪与西班牙埃斯科里尔
那样的宫殿相媲美的庞大宫殿建筑群的目
标，将许多著名的画家、雕刻家、建筑师
等艺术家都召集在一起，来作为这座巨大

建筑群的营造与装饰设计团队。凡尔赛宫
因为规模庞大，所以，虽然路易十四的宫
廷在1682年就正式迁入了凡尔赛宫，但实
际上整个宫殿的建筑、园林等各个方面的
建筑分为几个时期，而且几乎在此后的历
任法国国王时期都一直在进行着建造。

凡尔赛宫在路易十四统治时期奠定了
中轴对称和以中轴线为起点的放射形道路
为网络的总体布局，以及在主体宫殿群
之前设置各种几何形古典花园的建筑特色。
凡尔赛宫的构成部分从轴线上来说由主要
宫殿区、几何庭园区、十字形大水渠和水渠
另一端通过放射形道路与主轴相连的一片
附属宫殿区构成。这座凡尔赛宫经历漫长
的时间和集中了法国及欧洲各国的各种优
秀人才，以及征用了大量劳动力才兴建起
来。但对整个宫殿贡献最大，也是在路
易十四当政时期奠定整个宫殿规划、建
筑和装修基调的是安德里·勒诺特（Andre
le Notre）、路易斯·勒沃（Louis le Vau）、
勒布朗（Charles le Brun）和朱里斯·哈杜
安·芒萨尔（Jules Hardouin Mansart）。

勒布朗是凡尔赛宫内部巴洛克和洛可可
风格装饰的主导者，他与在后期接管宫殿建
筑管理工作的芒萨尔一同发展了一种源自皇
室儿童房的装饰风格。这种风格最早源于为
路易十四长孙的幼年新娘兴建的宫殿建筑中
为了迎合儿童的特性，当时的画家与室内装
饰设计者共同设计的一种利用灰泥雕饰，再
以镀金装饰镜框、家具装饰手法，以动植物、
天使、乐器、贝壳等图案和曲线形轮廓为主的，
呈现出纤细、柔弱但富丽的装饰风格。

洛可可一词是由法文"Rocaille"而来，
这个词的本意指岩石、贝壳和贝类的动物，
也就暗示了这种新的装饰风格主要以贝壳、
泡沫、海草等动感和婉转的形象为主。在
此后的不断完善中，洛可可风格的装饰题
材也主要来源于自然界，如柔软的枝蔓、涡
卷以及早期出现的乐器、天使和其他小动物
以及累累硕果，如葡萄和其他水果的形象
等，有时还加入一些伊斯兰题材的图案。

凡尔赛宫中的维纳
斯厅

维纳斯厅是连接
几座大厅的中心通
道，也是重要的休闲
场所，这里的墙壁和
顶棚上都满饰各种精
美的油画装饰。

洛可可风格中出现的这些装饰题材，主要通过镀金的灰泥饰、金属材料雕刻或绘制而成，在色彩上可以统一于一种色调，也可以由黄、红、蓝等多种色调营造出多彩的氛围，但在色彩运用上除了纯粹的金色之外，其他颜色多用飘逸、温婉的色调，如桃红、嫩粉、天蓝、鹅黄等。

在此之后，这种极具装饰性的风格被用于凡尔赛宫中各种空间的装饰上。在具体应用时，因为这些装饰不再只用于儿童房间中，而是多作为公共大厅或宴会大厅使用，因此在风格上保持了巴洛克和洛可可的那种细腻、华丽的特色，而少了一些趣味性。此外，建筑装饰中对洛可可的运用，还更多地表现在装饰手法和材料的变化上。建筑中除了公共大厅要彰显气势而仍旧大面积采用大理石材料饰面之外，一些普通

用途的议事厅和寝宫都开始用木质的护壁板和带有壁纸背景的大幅绘画来装饰墙面。墙体与屋顶结合的檐部通常都被做成不同形状的画框，并在其中饰以绘画装饰，而且墙体顶端与屋顶并不严格分开，有时借助窗、画框和另外加入的雕塑装饰来进行连接，具有很强的一体性。

在凡尔赛宫中，这种新的装饰手法最突出的代表就是凡尔赛宫主翼建筑中面对花园的镜厅（Hall of Mirrors）。镜厅实际上是连接国王寝殿和王后寝殿的一段狭长的露台，芒萨尔将其设计成相对封闭的长廊，并用镜子和华丽的装饰使其变成了一座富于纪念意义的大厅，也在此后成为重要公共活动的举办地。

镜厅的得名，是因为在长廊内侧的墙面上设置了17面巨大的拱券形大镜子，而与镜子相对的另一面，则相应设置了17扇高大的拱窗。这种设置使镜厅的空间格外明亮。每当太阳升起的时候，从窗口照射到大镜子上的阳光经过反射照亮了整个大厅，再加上厅内所使用的是由白银铸成的桌子，烛台和吊灯也是由金、银和水晶等材料制成的，因此整个大厅可说是光芒璀璨。除此

维纳斯厅顶棚细部

顶棚上除了有镀
金雕花的画框特别突
出的绘画之外，在画
框之间也绘有带虚幻
场景和天使的过渡性
壁画，使整个天顶的
绘画连为一体。

凡尔赛宫镜厅

整个镜厅内部除了镜子之外，都被镀金的装饰和镀金的人物托座水晶灯占据，因此无论是在白天还是黑夜，这座大厅都金碧辉煌而且色彩绚丽。

之外，大厅的镜间和窗间都由带镀金柱头的大理石壁柱和带花纹的大理石饰面装饰，在屋顶上则是由密集浮雕花边的金灿灿的画框分隔，30幅由勒布朗及其学生绘制的作品被分别用不同形状的相框框住，满饰在镜厅狭长的拱顶上。镜厅的建成，开创了一种全新室内装饰格调，它融宏大、华丽和细腻于一体，此后被各国的宫殿建筑所借鉴。

在凡尔赛宫中有多种用于接待室的客厅，这些客厅的装饰题材各不相同，比如镜厅两端就各有一座分别以战争与和平为主题的待客厅。在这些客厅中，四壁也都由彩色大理石贴面装饰，墙壁通过镀金的灰泥饰过渡到屋顶，屋顶则同镜厅一样，也都由符合客厅名称为主题的绘画装饰。在这些小客厅中，许多也都设置着几面巨大的镜子，这既是实用的设置，也是当时法国玻璃工业技术高超的象征。

与各种正式的会客厅和大厅那种华丽中带有肃穆基调的装饰不同，在国王和其他王室成员的寝殿里，巴洛克、洛可可风格的装饰变得柔和，也更细碎得多了。这种细碎、纤弱和华丽的装饰尤其在王后及太子妃们的寝殿表现得最为突出。在一间标准的洛可可式的室内，整个墙面会被壁板分为上中下三

个部分，底下的基部和上面的檐部面积较小，中央的墙面较大，墙面不再用大理石，而是用满饰花纹并且镶有金银丝线的锦缎或挂毯装饰，还有用木壁板的形式。大片的木壁板表面被涂以白、淡黄等底色并进行浮雕，最后在上面再饰满王室标准或其他主题的镶金装饰。比如在路易十四寝殿的第二候见室，墙面上部就设置了一圈以镀金花边为框，以菱形格为背景，表面饰有一圈金色舞蹈天使的装饰。

牛眼窗前厅

这座用于国王召见大臣的小厅，因在上部设置有一扇椭圆厅的开窗而得名。这座大厅中最具特色的部分是在屋顶檐壁上设置了一圈带有镀金的舞蹈天使的装饰带。

在这些建筑的室内，除了建筑的装修有统一的花纹和主题之外，连同桌子的样式与装饰花纹，床上的华盖、窗帘和椅子的靠背与座面等，也都是采用相同花纹的织物做成的。因此，可以说整个凡尔赛宫的不同房间都有着各自不同的装饰主题与色调。在这些建筑室内，人们大量用贵重的大理石、木材、金、银和锦缎、丝绸，同

时与纤细的、枝蔓相连或富丽堂皇的植物纹样相结合，再加上淡雅和粉嫩的鲜艳色彩以及各种题材的绘画、通透的水晶吊灯、大面积镜框与开窗的配合，使室内如同神话中的天堂一样，反映了追求奢靡的宫廷生活情趣。

洛可可装饰风格自路易十四时期起源于宫闱装饰之后，又经历了路易十五（1715～1774年）和路易十六（1774～1792年）大约一百多年的发展时间。洛可可装饰风格经由凡尔赛等法国宫殿建筑的影响而传播到周边的其他各国中，并被作为一种宫廷文化而使其发展局限于统治阶层，因此这种风格也必然会随着宫廷势力的衰落而消失。

洛可可风格主要显现于室内的装饰上，而几乎不表现于建筑的外观上，更是不涉及结构创新等更深入的层面。洛可可风格摒弃了古典式的硬朗与严肃，它所追求的是一种女性化的柔美、温雅、轻巧细致和活泼多变的装饰氛围。建筑师们运用了夸张和浪漫主义的手法，注重于对一些建筑细部，诸如门框、镶板之类构件的巧妙装饰设计，而且往往还要有水晶、金银和纺织品等贵重的材料与之相配合。

洛可可风格起源于凡尔赛宫华丽的装饰，它的装饰主题除了西方传统的装饰主题之外，还加入了阿拉伯花式、中国花式及石贝装饰等新鲜和充满异域风情的图案相组

洛可可风格的祭坛

这座1730年路易十五时期放置物品的祭坛（Altar）采用了缠绕的枝蔓与庄重的古典柱式和檐壁相组合的形式，显示出洛可可风格向新的古典风格的转化。

合。洛可可的装饰通常分布于门、窗、墙面和顶棚上，材料多为木材或是灰泥，最后作镶金处理，题材以贝壳、珊瑚、花卉，阿拉伯花式中的C形、S形的涡卷以及多枝蔓类的植物为主。法国洛可可风格的装饰除了以上题材之外，还大量加入了来源于古典神话中的人物形象，如赫耳墨斯（Hermes）头像、斯芬克斯（Sphinx）像和头戴面具的各种人像。此外，最具特色的法国洛可可装饰物，还有一种主题图案直接与王室有关的喻义丰富的组合图案形式。比如最常见到的是以王室成员名字的缩写字母经美化形成的标志性图案。此外还有大奖杯、箭袋、战盔和武器等形象与不同植物和动物纹样组合在一起形成的象征胜利、正义等不同内涵的图案形式，这种图案不仅起到了一种装饰美化的作用，还是皇室所专用的标志。

洛可可风格是一种集中了雕刻、绘画与建筑等多种艺术形式的装饰风格。在雕刻装饰方面，这一时期多使用浅浮雕的形式，原来古典风格建筑中的壁龛、圆雕和

棕叶贝壳饰

将植物与贝壳形状相结合作为装饰花边的做法，在洛可可建筑中十分常见，通常这类雕刻都以反转变化的曲线构成，是一种十分精巧的装饰图案。

以武器、战盔和不同植物及人名的缩写字母组合而成的图案，表面镀金并且被设置在大门、墙面等处，是凡尔赛宫中常见的一种具有深刻象征意义的装饰图案。

高浮雕已经很少或基本不再被使用了。在洛可可风格装饰的室内，大量使用各种形式的线脚（Moulding）和花边（Lace），这些花边的运用，使房间各处的装饰连为一体，整体效果也更加完美。

此后，洛可可主要被一些宫廷和教廷所使用，其共同的突出特点就是对金、银、宝石等贵重材料的大量应用和对装饰纹样的堆砌。但除此之外，法国的巴洛克和洛可可风格中更自由地组合和运用各种古典元素，并掺入了更多的异域化装饰元素的做法，也给其他国家以启发，各地都在奢华而繁多的装饰基调中显示出不同的地区特色。作为一种纯粹的装饰风格，洛可可风格本身就是在特定的历史条件下才产生的，因此其强烈的地域性与奢华的特色，都局限了这种风格大规模向外扩散和发展。

波姆·耶稣教堂

这座位于葡萄牙布拉加的巴洛克式教堂，以其园林式的设计与教堂前层叠的楼梯景观而闻名。

第四节
巴洛克与洛可可建筑风格的影响

巴洛克建筑风格是一种发源于天主教廷中心罗马的、讲求装饰性与叛逆性的建筑新风格，而洛可可风格则是一种发源于当时最强大的君权国家宫廷的纯粹装饰性风格。这两种建筑风格总的来说都是通过装饰来改变建筑的形象，都追求一种世俗的享乐之风，因此这两种风格的特性也使它们无法像以往的建筑风格那样可以迅速展开和深入影响到其他更多的国家和地区的建筑风格发展。相反，巴洛克和洛可可建筑风格受其所代表的宗教与君权体制以及奢华的风格等原因的限制，甚至还在一些国家和地区受到了有意的抵制，但即使如此，这两种建筑风格仍然刺激了一些国家和地区的建筑发展，向着更华丽的方向转变。

西班牙建筑风格发展与意大利建筑风格的发展贴合最近，这在很大程度上是由于西班牙对罗马教廷的狂热崇拜造成的。西班牙此时期的建筑发展已经脱离了早期以埃斯科里尔为代表的冷漠风格，而是转向复杂而且繁多装饰物为主的巴洛克风格。

西班牙巴洛克风格以繁多的雕刻装饰为特色。此时罗马教廷正在大兴土木，修建和改建各种教堂建筑，并且全面采用巴洛克风格。受其影响，西班牙地区也开始在教堂和宫殿建筑中进行巴洛克风格的改造，但西班牙的巴洛克最突出的特色在于雕刻的堆砌。

一些早期兴建的教堂在此时猛烈的巴洛克之风的影响之下被改建，这其中最著名的就是圣地亚哥-德孔波斯特拉（Santiago de Compostela）教堂。这座教堂的所在地是中世纪时著名的基督教圣地，因此这里从很早就有兴建教堂的历史了。这座

教堂原是一座罗马风的建筑，此后在中世纪的哥特风格热潮中，重新整修了西立面，只保留了立面入口的罗马风式大门，还在立面两边加建了两座高塔，将立面改建成了哥特式的教堂立面形象。

到了18世纪之后，随着从罗马传播来的巴洛克之风席卷西班牙，人们又在这个哥特式立面的基础上继续改建，立面重新由一种金黄色的大理石材料所构成，虽然仍保留了哥特式的立面形象，但整个立面都被密集的雕刻装饰所占据。强烈的巴洛克精神尤其体现在两座高塔建筑上，两边塔身上都有细窄的壁柱和拱券装饰，而且这些形象的线脚都很深，使高塔的塔身呈现出很强的凹凸感。随着塔身向上退缩，塔身上连续的檐线和栏杆也一路曲折、断裂着上升，直至小穹顶的尖端。在塔基、塔身和中央的建筑部分上都布满了人物和拱券、柱式、涡卷的雕刻装饰，显示出西班牙巴洛克的那种过度热情地堆叠雕刻装饰的特色。

除了西班牙之外，巴洛克和洛可可风格在以德国、奥地利为主的日耳曼语系（Germanic Languages）地区发展得最为活跃，而且也取得了很高的成就。德国地区仍旧维持着早先诸侯分立的政治局面，虽然在1648年结束的30年战争之后，德国各地的

经济衰退，但同时大规模的破坏也给新建筑的建立提供了前提。在大约半个世纪的恢复期之后，各国各地区的社会总体局势相对于之前的动荡不安有所改观。这样各地更大规模的建筑活动的计划被提上了日程。

首先借鉴巴洛克和洛可可的新风建造起来的是人们的别墅和府邸建筑。在德国著名的建筑师诺伊曼（Balthasar Neumann）设计的维尔兹堡主教宫（Wurzburg Residenz）的楼梯处，巴洛克和洛可可的那种将多种艺术混合而造成华丽室内景观的做法被发挥到极致。宫殿内部最具震撼性的部分在人们走上一段通向上层楼梯的折返处之后呈现。诺伊曼在大厅中设置了一个呈"Z"形的楼梯，底部的楼梯采用拱廊支撑，开敞的楼梯将底层与上部大厅连为一体，加大了大厅的纵深感。大厅楼梯的栏杆上有立体的奖杯和人物雕塑，大厅两边的墙面上与真实的门窗相配合，也都布满了镶板、山花、天使和花环装饰，而且与大厅顶部彩色和神话题材绘画不同，底部的装饰都

圣地亚哥－德孔波斯特拉教堂

这座教堂长期处于修建与改建工程中，因此仅建筑立面就同时显示出罗马风、哥特和巴洛克三种建筑风格特色。

特洛多教堂内部

特洛多教堂以内部密集的雕刻装饰而闻名，建筑内部配合不同雕刻设置的天窗，如同舞台上的灯光一样，使遍布在室内各处的雕刻形象更加生动。

入口楼梯处是这
座豪华宅邸最具视觉
和心理冲击力的空
间，利用建筑、雕刻
与绘画的相互配合，
营造出格外高敞的空
间效果。

以纯粹的色彩为主，并不像法国的洛可可
宫廷那样镶金镶银，因此既突出了华丽的
屋顶，也与恢宏的建筑空间相配合，构成
了有主次、相辅相成的空间形象。

18世纪初在德累斯顿（Dresden）建
成的温格尔（Zwinger）别墅中，主体建筑
一方面学习通透的建筑特色，在两层立面
上都设置了大面积的拱形开窗，另一方面
也通过包含大量曲线和其他装饰元素的雕
刻装饰的形象，向人们展示了一种学习过
程中的巴洛克风格。因为整个立面中出现
的半身人像托座、断裂的拱券等形象要素，

都明显是来自法国和罗马地区的做法。

而在府邸建筑中，最能够体现出洛可
可精神的是位于慕尼黑的宁芬堡中的亚玛
连堡阁（Amalienburg Pavilion）。这座堡阁
是由德国本土的建筑师设计的。因为这座
建筑的设计师是被送到巴黎学习的建筑，
因此亚玛连堡阁显示出与凡尔赛宫镜厅极
强的联系性。这座平面接近圆形的大厅墙
面，也被带拱券的长窗和镜子相间设置的
方式占满了。其余的墙壁、镜子四周、屋
顶是以淡蓝色为主色调的，其上如蛛网般
满布镀金的纤细装饰。屋子中间也吊有多
枝的水晶吊灯，其铺满细碎装饰的室内比
法国宫廷的洛可可风格室内更加华丽。

除了府邸建筑之外，德国最能够体现
洛可可装饰的那种近乎失去理智的装饰特色
的，还有著名的巴洛克和洛可可建筑师阿萨
姆兄弟（Egid Quirin Asam & Cosmas Damian
Asam）的设计作品，而这对兄弟最突出的
作品，也堪称德国洛可可建筑的顶峰之作，
是位于慕尼黑的圣约翰尼斯·尼波姆克
（Church of St.Johannes Nepomuk）教堂。这座
教堂与阿萨姆兄弟的住宅连为一体，因为处
于住宅区中，所以室内空间不规则。但阿萨
姆兄弟正是利用这种向内缩小又狭长的不规
则地形，创造了一座梦幻般的教堂建筑。教

这座仿照凡尔赛
宫镜厅修建的华丽小
厅，创造了一种平面
为多边形或圆形的堡
阁式新建筑类型。此
类建筑多位于大型府
邸一侧且装饰豪华，
专门为各种文化和娱
乐活动使用。

堂内部被纵向分为两层，以绿色大理石为主色调，墙壁和祭坛等处都铺满了镶金的人物形象和花饰，主祭坛之上设置了四根扭曲的柱子，再加上绘制有透视形象建筑的天顶画光线的巧妙设置，不仅使祭坛部分的空间深度得到极大提升，也由此得到了一个具有强烈升腾之势的魔幻空间氛围。

除德国之外，作为哈布斯堡王朝（The Habsburg Dynasty）的首都，维也纳当时是奥地利王室的居住地，因此也成为巴洛克和洛可可风格的集中发展地之一。在维也纳的巴洛克与洛可可建筑之中，尤其以卡尔斯克切教堂（Karlkskirche）最为著名，而它的设计者也是奥地利著名的本土建筑师约翰·伯恩哈德·菲舍尔·冯·埃拉（Johann Bernhard Fischer von Erlach）。

卡尔斯克切教堂可以说将巴洛克自由的风格演绎到了极致。这座教堂是集中了历史上诸多著名建筑元素构成的，这从教堂立面就可以看出。在这个立面上处于中心位置的是建筑后部的集中式大穹顶，前立面真正的中心则是一个来自古罗马万神庙的六柱柱廊。在这个柱廊立面两边各立有一根纪功柱，这也是从古罗马图拉真广场纪功柱的形式而来的，柱身上设置着螺

旋状的雕刻带，并在顶端以一个带穹顶的小亭结束。这种神庙式立面和纪功柱的加入，给教堂增添了些许的异教色彩。

但整个立面构图设计到此并未结束，在纪功柱之后，通过一段带壁柱的凹墙与主体相连接的，还有正立面两边的两座钟塔。钟塔的样式更为特别，它在底部带有拱券，向上则逐渐退缩，在第二层设置了半圆形的山墙和方窗，顶部收缩，以一个类似法式屋顶的小方尖端屋顶结束。而在教堂内部，则设置了一个椭圆形的大厅空间，其形象明显来自波洛米尼（Francesco Borromini）设计的圣卡罗教堂（church of St.Carlo alle Quatro Fontane）。

建筑师在这座教堂中综合了来自古典和中世纪的多种建筑形象，这种富于新意的立面组合方式本身，就是对传统建造理念的反叛。因此，如果说其他地区的巴洛克建筑更多的是在装饰方面的突破的话，那么卡尔斯克切则是一座在建筑造型上具有巴洛克创新精神的建筑。

除了卡尔斯克切教堂之外，维也纳最具代表性的巴洛克与洛可可建筑风格，也像法国的凡尔赛宫一样，蕴含在皇家的美泉宫（Schonbrunn Palace）中。美泉宫本身就是17世纪时奥地利王室依照法国凡尔赛宫的样式修建的皇家宫殿，在18世纪中期的扩建工程中，其内部又开始比照凡尔赛宫中的装饰

圣约翰尼斯·尼波姆克教堂

这座建筑拥有巧妙的设计与装饰，通过建筑、雕刻、色彩与光线的配合，将狭长、细高且不规则的这一建筑空间的缺点变成了缔造震撼性室内氛围的优势。

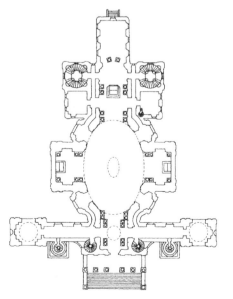

卡尔斯克切教堂平面

卡尔斯克切教堂吸收了各地和多个时期的标志性建筑形象，其建筑平面也很自由，是由多个富有表现力的部分组合而成的。

卡尔斯克切教堂
立面

　　由于包含了诸多不同的建筑组成元素，因此这个立面成为整个教堂中占地最宽的建筑部分。

无忧宫音乐厅

　　位于柏林附近的无忧宫，是德国巴洛克与洛可可风格建筑的代表，其内部装饰以纤巧、细腻和富丽堂皇为主要特点。

开始改造。美泉宫中也仿照凡尔赛宫的镜厅建造了大回廊厅（Grosse Galerie），厅内的装饰同样采用洛可可风格，由拱窗与镜子对应的形式构成大厅，厅上设置了大幅椭圆形的绘画，室内加入许多镀金的线脚和雕饰，只是整体风格较凡尔赛宫的镜厅更素雅一些，而在另一间中国厅（Chinese Cabinet）中，则学习德国建筑师的做法，将洛可可风格与圆厅形式相配合，营造出独特的空间氛围。

　　这种将古典主义建筑风格与巴洛克和洛可可装饰风格相结合的做法，在此后夏宫（Belvedere）的修建中更为明确地凸显出来，而且无论在建筑的外立面还是内部，自由的巴洛克式的雕塑元素被更多地运用来装饰建筑的各处。

　　在以上提到的接近罗马和法国的地区和国家之外，欧洲还有两个地区的建筑发展在此时也蓬勃进行，那就是英国和俄国。此时英国和俄国的王权统治也正值上升期，但其建筑发展却并未大范围地接受巴洛克风格，而只是将其作为一种有效活跃建筑气氛的风格，在有限的建筑上进行了小规模的尝试。

英国接受巴洛克的时间较晚，大约是从 17 世纪晚期才开始的，而且巴洛克风格在建筑上的表现不是很突出，它只是被作为一种有效地调剂建筑氛围的手段时才被有节制地使用。更重要的原因则在于，英国是新教国家，而巴洛克风格则起源于天主教中心罗马，因此这种带有明显指向性的风格当然并不能被英国人所接受。

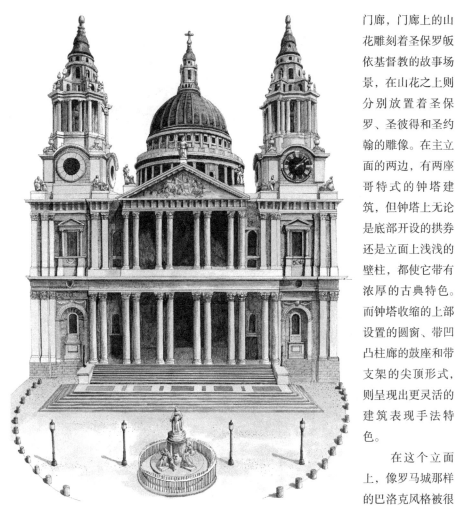

门廊，门廊上的山花雕刻着圣保罗皈依基督教的故事场景，在山花之上则分别放置着圣保罗、圣彼得和圣约翰的雕像。在主立面的两边，有两座哥特式的钟塔建筑，但钟塔上无论是底部开设的拱券还是立面上浅浅的壁柱，都使它带有浓厚的古典特色。而钟塔收缩的上部设置的圆窗、带凹凸柱廊的鼓座和带支架的尖顶形式，则呈现出更灵活的建筑表现手法特色。

在这个立面上，像罗马城那样的巴洛克风格被很有节制地借鉴了，无论是整个立面的组合方式，还是双柱的形式，亦或是钟塔的形象和钟塔上部起伏的檐口设置，都显示出与古典规则不同的风格特色。雷恩以更多的直线和严肃手法诠释了巴洛克自由的建筑特色，使圣保罗教堂的西立面显示出庄严而不呆板的全新面貌。

圣保罗大教堂最值得人们关注的还有穹顶部分。圣保罗教堂的穹顶在形式上借鉴了罗马圣彼得教堂的穹顶形式，采用高高的鼓座将尖拱顶凸显出来，但圣保罗教堂的穹顶并不像以往的教堂那样采用内外两层结构。雷恩在设计圣保罗教堂的穹顶时，为了使穹顶看起来更加高大、雄伟，因此将尖拱形的穹顶设置在两层退缩的柱廊鼓座之上，并在穹顶上再设采光亭。但实际上这个最外层的穹顶是采用木结构外覆铅皮而制成的，

伦敦圣保罗大教堂

圣保罗大教堂将哥特式尖塔加入教堂前立面，以及只在尖塔处有一些巴洛克式处理的做法，显示出英国对巴洛克和洛可可风格有节制地接受与应用的建筑特色。

英国直到17世纪末时才谨慎地引入了巴洛克风格，而这种风格在英国的发展则与一位著名的英国本土建筑师的名字联系在一起，他就是克里斯托夫·雷恩（Christopher Wren）。雷恩在1666年席卷全城的伦敦大火之后受命设计了城内的许多教堂建筑，其中规模最大也是最著名的作品，就是圣保罗（St.Paul）大教堂。

圣保罗大教堂是按照传统的英国教堂形式建造的，其平面为拉丁十字形，西部的正立面横向拉长。但这座教堂在传统上有所创新，首先在后部十字交叉处不再设尖塔，而是设置了一座大穹顶，而正立面不再是以往的那种屏风式的立面，而是两层带柱廊和三角山花的神庙式立面与两座哥特式钟塔相组合的特殊形式。

教堂西立面的中部是由双柱组成的两层

**圣保罗大教堂穹顶
部分建筑结构
示意图**

　　由于穹顶由木结
构外层、砖结构中层
和半圆形彩绘的内穹
顶，共三层穹顶构成，
因此整个穹顶的质量
并不重，内部空间相
对开阔。

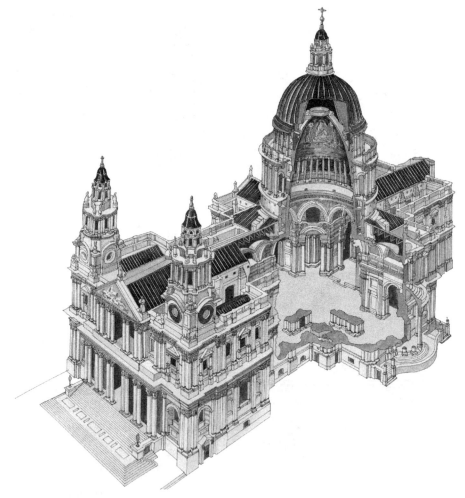

　　这个木结构穹顶是无法承受上部石造采光亭的重量的，因此实际上采光亭并不修建在外层的木架构上，而是主要由木穹顶内层的砖结构圆锥形承重。这个圆锥形从底部建筑十字交叉处升起，到外层木构架顶端结束，也是穹顶的主要承重部分。

　　但这种圆锥形的屋顶形式在室内并不美观，因此又在锥形顶的内部加建了另外一层半圆形的穹顶。这三层穹顶的端部都开设了天窗，因此来自穹顶采光亭的光线也可以部分照射进穹顶所在的室内。雷恩所设计的这个穹顶，利用多层的结构解决了复杂的技术问题，而且无论在建筑内外都获得了良好的视觉效果，可以说是从结构与形象两方面继承了巴洛克自由灵活的风格。

　　除了圣保罗教堂之外，雷恩还为大火后的伦敦城设计了几十座新的教堂，而且在这些新的教堂建筑中，雷恩采用了更为自由多变的设计。在不同的教堂中分别试验了哥特式、巴洛克式、古典式等多种风格的混合，可以说是开创了一种混合的新折中建筑风格。

　　英国的巴洛克风格节制的发展状态不仅体现在教堂建筑上，还体现在此时兴建的公共建筑、宫殿及私人府邸建筑上。尤其在私人府邸建筑的设计中，虽然古典风格的严谨基调仍然被保留着，但巴洛克风格的创新与装饰性也被更大程度地引用了。

　　此时许多动人的府邸建筑是由非专业的建筑师建造的，在这一时期的代表人物是曾经在雷恩工作室工作过的尼古拉斯·霍克斯摩尔（Nicholas Hawksmoor）与约翰·范布勒（John Vanbrough）。他们二人一起合作设计了许多华丽的府邸建筑，这些建筑中往往有被设计成具有强烈凹凸感的动态建筑部分。另

拉德克里夫图书馆

　　位于英国牛津的
这座图书馆建筑，虽
然采用巴洛克式的双
壁柱等夸张的表现手
法，但其建筑形制明
显来自于布拉曼特设
计的坦比哀多，显示
出回归古典建筑风格
的发展倾向。

外他们在建筑基本风格与装饰性设置的尺度
把握上极具特色，经常能使建筑物既有活泼
的动感形式又保有凝聚力和典雅气势。

　　范布勒早年曾去过法国，这使人们推测
他们设计的布兰希姆府邸（Blenheim Palace）
可能是模仿了凡尔赛宫的设计，因为府邸的
平面同凡尔赛宫一样，呈倒"凹"字形。主
体建筑的四角都设置了一座方形塔楼，在前
立面的方形塔楼之前，又在两边伸出一段柱
廊，由此在建筑前面围合出一片广大的广场。
整个府邸最动人的是各种柱子的设计，庭院
两边的柱廊采用多立克柱式，而立面带三角

山花的门廊下，则由两边方形的科林斯柱
与中间的两根科林斯圆柱构成，而且这些柱
子的尺度高大、粗壮，使整个立面显得有些
拥挤，凸显出明确的巴洛克建筑倾向。

　　在这个立面与两边塔楼建筑的相接处
外部立面，则仍旧采用带壁柱的弧形建筑
立面形式，这里的壁柱与建筑底层层高的
尺度相当，因此与立面高大的立柱之间形
成了鲜明的对比。整个府邸的建筑面貌虽
然以古典风格为主，但通过这些不同高度
的柱式的配合，以及四角塔楼上耸立的尖
塔形式，都极大地活跃了建筑的氛围。

布兰希姆府邸，是英国最具明确的巴洛克风格倾向的大型建筑群，但总体上仍遵循均衡、对称的古典建筑基本原则。

霍克斯摩尔在另一座霍华德城堡陵墓（Mausoleum of Castle Howard）建筑的设计中，则明确地借鉴了文艺复兴时期布拉曼特设计的坦比哀多，通过一座圆形小庙来表达一种纪念性。这座圆形的水上神庙建在两层台基之上，在这个台基之下也是庞大的带拱顶墓室。小庙平面为圆形，外部采用极其简洁的多立克柱式和带三陇板的檐口，但柱子和上面与之对应的三陇板数量被明显加多了，而且顶部退缩处也不再是尖拱顶，而是成了饱满的半圆穹顶形式。这种设计既避免了与此前建筑的雷同，又借助密柱式营造的坚固感和内敛的半圆顶的配合，营造出一种肃穆、庄重的氛围。

巴洛克风格在英国的发展显得谨慎而含蓄，无论是在教堂建筑还是私人府邸建筑中，巴洛克自由组合建筑元素的设计思路和诸如断裂、转折等的一些具体的手法都被英国建筑师们所应用，但繁多的雕刻装饰和曲线等却被有意摒除了，因此英国的不纯粹巴洛克风格，可以说是在保留了古典建筑基调上的一种调剂。

不管是产生巴洛克风格的罗马，还是将巴洛克精神演绎得近乎疯狂的西班牙，以及在巴洛克风格基础上创造出洛可可风格的法国，还有在建筑上紧跟法国时尚的奥地利与德国，抑或是对这两种风格采取保守性接受的英国，可以说，巴洛克和洛可可风格在17世纪深入影响了欧洲许多国家的建筑艺术发展，而且这种影响一直延续到了18世纪。

巴洛克和洛可可两种建筑风格，从严格意义上说在建筑结构方面的贡献较小，比如洛可可风格就是一种纯粹的装饰风格，这种缺乏建筑创新性的特点和对享乐风气的突出，也是导致这两种建筑风格流行时间较短而且影响范围和程度极其有限的主要原因。但同时，巴洛克和洛可可建筑风格也可以说是最具有创新精神的建筑风格，这两种建筑风格的发展，不仅在于为人类历史创造了诸多富于视觉欣赏性的建筑作品，还在于为此后的建筑界打开了一种更加自由和随意的建筑设计思路，它鼓励人们全面和大胆地应用所有以往的建筑风格及细部要素，并在此基础上形成具有个性化特色的建筑形式。

这座建筑是英国人模仿坦比哀多兴建的又一座亭式建筑。建筑师通过简化的柱式和密集的柱式排列方式，来营造一种肃穆和压抑的氛围，突出了陵墓的主题。

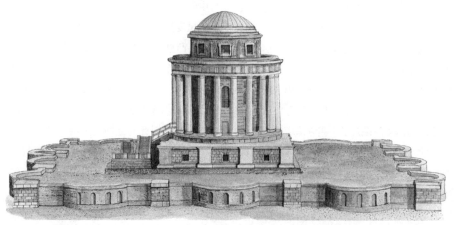

第十章　新古典主义建筑

第一节　综述

整个欧洲在18世纪和19世纪的时候无论是在政治还是经济方面都发生了巨大的变化，原本强大的意大利和西班牙在这时期呈现出了颓势，取而代之的是法国、英国和德国北部普鲁士以及俄国的崛起和兴盛。这两个世纪也不止是欧洲各地资本主义制度与王权和神权相抗争的时期，也是继文艺复兴以来更大规模的思想启蒙运动（Enlightenment）兴起的时代，此时欧洲政治文化的中心由传统的意大利向北部转移，形成以法、英、普鲁士和俄国为主的新发展区。上述各国因为资产阶级革命的爆发，也处于政治、经济、文化等各方面思想杂陈交织的发展状态之下，而此时期建筑的发展则突出地反映出了这一社会发展特点。

18世纪后期，人们发现了由于火山突然爆发而被火山灰完整覆盖的古罗马庞贝城，由此引发了人类的考古热。由于庞贝城所处的特殊位置，使这座城市不仅为人们展现了早期古罗马的街道布局、住宅形式以及巴西利卡和公共浴场等这些大型的公共建筑，还因为意大利南部有许多来自

希腊的移民，因此那里的建筑又有着浓厚的希腊建筑风格。

在18世纪的新古典建筑（Neoclassical architecture）复兴热潮中，由艺术家、建筑师组成的考古队对古希腊和古罗马的遗迹进行了全面的考察，几乎将所有历史上著名的建筑全部进行了记录。对于古希腊和古罗马建筑的复兴，因为每个国家不同的政治、历史背景而各不相同。比如最早兴起的新古典建筑风格是以文艺复兴风格为主的，此后随着考古热潮所提供的研究结果的增多，各地的建筑开始真正回复到以古罗马和古希腊为主的古典风格复兴上来。

彼得宫俯瞰

　　彼得宫是俄国的彼得大帝仿照凡尔赛宫进行设计和建造的，因此以整个宫殿为起点，将水池和道路作为主要轴线的布局，以及设置花园等细部的设计方式，都与凡尔赛宫的做法相似。

维多利奥·艾曼纽二世街廊

这座 1867 年建成的街廊，虽然包括拱顶和穹顶在内的建筑部分都是按照古典建筑样式制作而成的，却仍然体现出了新结构、新材料的优越性。

这种对古典建筑风格的复兴在各国所呈现的形式不是统一不变的，而是随着社会政治、经济、文化以及其他因素的发展而在不断变化。最初，欧洲各国的古典复兴几乎都以古罗马建筑风格为主，但之后随着拿破仑对外侵略的开始，被拿破仑所欣赏的罗马风格，以及由此衍生出的帝国建筑风格则开始被其他各国所抛弃，再加上此时各国资产阶级革命的进行，古希腊民主城邦的建筑形式作为一种反抗暴政的强烈宣言，开始成为人们竞相模仿的对象。

新古典主义时期古典建筑风格的复兴与文艺复兴时期的古典建筑风格复兴不同，此时期不仅仅是建立在对古希腊与古罗马建筑的认识更加深入的基础上的复兴，它还包括对以往所有流行过的建筑风格的重新审视与混合运用。此外还有两方面更加复杂的社会因素影响此时建筑的发展：一方面此时期各国的政治体系与社会发展形态的发展错综复杂，既有像处于绝对君权统治盛期的俄国，也有资产阶级逐渐兴起而封建贵族逐渐没落的英国，更有革命频发的法国和崇尚进步思想的普鲁士（Prussia），因此各地区的古典复兴受各自社会生活状态的影响而有所不同。另一方面，受工业革命的影响，以铁为代表的新材料在建筑中的大规模应用给建筑带来了更多的可能性，新材料催生出了新建筑结构的探索，虽然没能立即改变古典的建筑面貌，但也开始对建筑产生一定的影响。

此时配合古典建筑的复兴热潮，许多不同时期的建筑测绘图集、建筑理论书籍等开始被各地的建筑师所重视，这些建筑典籍的流行和新建筑学说的不断出现，对新古典主义建筑运动的发展起到了极大的推动作用。

在英国，包括文艺复兴时期帕拉第奥所著的《建筑四书》、英国建筑师琼斯（Inigo Jones）在早年对文艺复兴建筑风格的介绍与理论书籍，以及诸如1715年出版的由苏格兰建筑师科伦·坎贝尔（Colen Campbell）所著的《不列颠的维特鲁威》（Vitruvius Britannicus）等新老著作，都对英国建筑师们产生了巨大的影响。

这种情况在其他国家也同样存在，而且由于此时社会财富积累已经到了一定程度，许多国家都已经形成了以城市生活为主的社会发展模式，因此新古典主义建筑的发展虽然仍旧以教堂和宫殿建筑为主，但这些建筑已经不再是新风格发展的惟一象征。各种新古典主义风格的建筑，已经开始与私人住宅、联排住宅、各种公共机构建筑相结合，成为一种被全社会的各阶层所进行不同演绎的基础建筑风格。

在这种混乱的建筑风格发展时期，出现了一些将各种建筑元素混合运用的、奇特的建筑形象。从建筑历史的发展角度上来看，这种万花筒式的建筑形式只是对以往各时期建筑成果的拼凑，因此并没有对建筑的发展起到推动作用，反而是一种建筑创新枯竭的表现。

另一方面，此时期也出现了一些意识到建筑发展所遇到的新问题的建筑师和理论家。比如威尼斯建筑师罗多利（Carlo Lodoli）已经明确指出建筑应该是材料特性的表现，而另一位意大利人皮拉内西（Giambattista Piranesi）则大胆指出了古希

巴黎歌剧院

19世纪后期建成的巴黎歌剧院，是一种将多种历史建筑风格混合在一起的折中风格建筑，这种混乱的建筑风格是新的现代主义建筑来临之前，古典主义建筑发展经历的最后一个阶段。

《论建筑》插图

洛吉埃在书中提出的建筑本原，是以木材为主的框架式建筑结构，这种建筑结构理论对现代主义建筑思想有很大的启发作用。

腊建筑过于注重诸如柱式和比例之类程式化的弊端。这种注重建筑功能性的设计理念趋势也是此时许多建筑师和理论者所体现出来的共同特征。来自法国的修士洛吉埃（Jesuit Laugier）在1753年发表的专著《论建筑》（Essaisur I'Arctritecture）一书中，不仅勾勒出以梁柱结构为主构成的建筑的最早雏形，还提倡当时的建筑学习这种纯净的建筑构造，让建筑回复到单纯的梁柱体系中来，甚至可以摒弃墙体。

洛吉埃的这种单纯的梁柱理念在当时看来可能是种空想，但它与现代主义建筑初期人们所倡导的纯净化建筑理念是一样的，现代建筑提倡以梁架建筑结构为主，尤其是在现代化的高层摩天楼中，主要的承重结构就是采用网格等形式设置的柱列与横梁，而墙体不过是作为一种空间围合与分隔物而存在，这种建筑结构与几个世纪之前的洛吉埃的建筑想法可说是不谋而合。

但洛吉埃的这种纯净化的建筑风格在他所处的时期却不能变为现实，因为古典建筑主要以砖石材料为主，虽然砖石结构的穹顶结构可以提供较大跨度的使用空间，

但这种空间的营造是单一而且造价昂贵的，因此这两种材料都无法提供价格低廉、结构简单的，适于普及的较大跨度空间形式。这种结构、材料上的特性也直接限制了古典建筑进一步的发展。

到19世纪中叶之后，在古典主义建筑与现代主义建筑发展的过渡时期，建筑界开始出现更为丰富的新建筑形式，许多建筑师在逐渐接受混凝土、铁等新建筑结构材料的同时，又将其与古典的建筑传统相结合，因此出现了一些转型时期的特殊建筑形式。可以说，在这些建筑中所出现的古典元素和建筑形象，是以新结构材料为基础构成的现代建筑，在寻找和确定全新的现代建筑形式过程中所经历的一个过程。在新古典主义建筑发展后期经历了混乱的风格发展之后，古典主义建筑被现代主义建筑所取代了，但古典建筑并未完全退出历史的舞台，它甚至直到现在还在不断给予现代建筑师以新的设计思路和灵感。

第二节
法国的罗马复兴建筑

法国从意大利文艺复兴晚期开始全面地接受古典主义建筑风格，至17世纪中叶进入强盛的"太阳王时代"（The Sun King Era）之后，以凡尔赛宫（The Versailles）为代表的一系列大型古典风格宫殿的兴建，将古典主义建筑风格的发展推向第一个高潮。此后法国

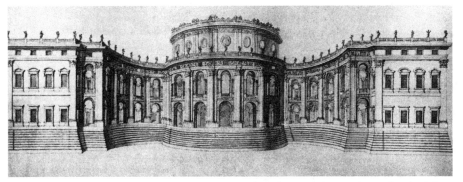

伯尼尼遵循意大利巴洛克式建筑的特点，为卢佛尔宫设计了一个起伏变化的立面形象。这一立面形象虽然新奇，但却没能得到法国人的认可。

虽然受意大利的巴洛克风格影响，也请来了罗马著名的巴洛克建筑大师伯尼尼（Giovanni Lorenzo Bernini）来为已建成的巴黎卢佛尔宫（The Louvre）设计新的东立面，但法国人并不能接受伯尼尼所带来的拥有起伏立面和诸多装饰的建筑立面形象，因此最后采用了另外由本国建筑师设计的古典式立面形象。

卢佛尔宫的东立面整体仍采用古典建筑规则，除了严格遵守古典的三分式立面设置规则之外，还十分注重比例与尺度的搭配。比如由于东立面长达172米，因此在建筑中部和两端各设置了一段凸出的建筑体，正立面凸出部分宽28米，两边凸出体的宽度为24米。立面上设置的双柱形式很富于巴洛克精神，这些巨大的双柱中心线大约6.69米，正好是柱子高度的一半。在总体上，建筑底部1/3处被设置成拥有连续高拱窗的基座层，但整个基座层总体上形象十分封闭，再加上与立面上的高大双柱形式相配合，呈现出一种高耸和封闭的冷漠之感，突出了皇家建筑的威严。

除卢佛尔宫的东立面改建之外，法国最突出的古典风格的建筑是凡尔赛宫中的主要建筑部分。凡尔赛宫的建筑虽然也在很大程度上借鉴了巴洛克的建筑风格，但总体基调并未脱离古典建筑沉稳、典雅的特点。18世纪末期到19世纪初的十几年里，法国大革命及一系列政党的纠结虽然造成一定程度上的社会动乱，但最终结果却是推翻了封建君主的统治，因此在这种浓厚的民主氛围之下也诞生了一些优秀的建筑成果。

这种建筑成果反映在真实的建筑探索，与大胆的建筑理论探索两方面。在真实建筑的探索方面，以索夫洛（Jacques Germain Soufflot）设计的巴黎先贤祠为代表。先贤祠最早是为纪念巴黎圣女圣几内维芙（St. Genevieve）所修造的纪念性教堂，此后改名为万神庙（Pantheon，国内通常译为先贤祠）作为一处国家重要人物的公墓使用。

也许是建筑本身特殊的纪念功能性，因此索夫洛设计的希腊十字形建筑平面得以被有关部门通过。先贤祠是平面为四壁等长的十字形，西立面设置神庙式柱廊并在十字交叉处的上方设置了大穹顶的一座独特的建筑。入口处的柱廊没有高大的台基，只通过很矮的台阶与地面层相连，但柱廊内19根科林斯柱子高达18米，因此在入口处首先制造出了慑人的庞大气势。

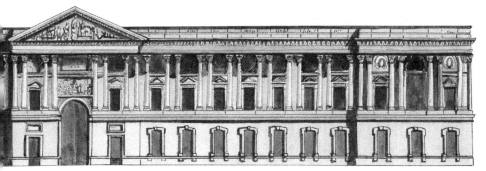

卢佛尔宫东立面

卢佛尔宫东立面，是新的古典主义设计思想重新回归建筑发展主流的标志性作品之一，这一立面的形象被后来的许多建筑所效仿，成为一种新的建筑母题。

先贤祠内部及平面

先贤祠在穹顶和建筑两部分的结构上都进行了精心的设计，因此整个建筑的结构相当轻盈，这使建筑内部的空间显得相当开敞。

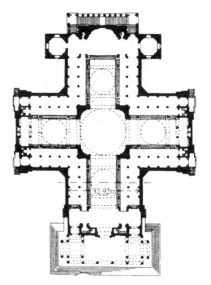

穹顶是建筑中最重要的结构部分，在这部分穹顶的营造上索夫洛采用了伦敦圣保罗穹顶的结构，而且将穹顶的墙面砌筑得非常薄，因此穹顶的侧推力和重力都大大减小了。在最初的设计中，不仅建筑内部都设置细柱承重，十字形建筑的墙面上还开设了大开窗。在当时，像先贤祠建筑这样通透的造型和通敞的建筑内部空间是很少见的。但是好景不长，这种牺牲结构的承重能力而带来的后果是建筑出现裂缝

先贤祠建筑结构

先贤祠的穹顶结构是仿照伦敦圣保罗大教堂穹顶而建的，整个穹顶分为三层，因此使穹顶的整体重量减轻，底部支撑墩柱也相应变细了。

和变形。因此，人们不得不把墙面上的窗口堵上，把柱子加粗。但即使是在因为结构问题而将建筑内部支撑穹顶的细柱变成了墩柱，而且将墙面上的窗户封死之后，建筑的纤巧感觉和通透意趣仍然不减。先贤祠的内部主要由柱子支撑的结构空间相当宽敞，而且建筑内部不像巴洛克教堂那样设置过多的雕饰，因此梁柱和拱券的结构表现得非常明确，使整个室内空间显得更加神圣和空敞，纪念性十分突出。

在先贤祠建筑中，将希腊十字的集中平面形式与中世纪哥特式的尖拱顶相组合，并运用先进的三层穹顶结构，获得了新颖的建筑形象效果。在建筑结构设置上，抛弃了巴洛克的那种对装饰的堆砌和曲线、断裂等装饰手法，取而代之的是一种庄严和简洁的建筑形象，展示了古典主义建筑风格的回归。

在大胆的理论探索方面，以布雷（Eti-enne-Louis Boullee）和勒杜（Claude-Nicolas Ledoux）两位法国建筑师为代表。布雷和勒杜的共同特点在于都追求更简化的建筑形象和超尺度的庞大建筑形体，在他们的设计之中，建筑已经远远超出了"雄伟"的标准，而以其超大的尺度给人一种骇人的尺度压迫感。

在两位建筑师中，布雷的设计特点在于将纯净化的几何形体与大尺度结合了起来，形成一种明显的纪念性建筑特质。布

雷最著名的牛顿纪念馆设计方案，是要建造一个直径达 150 米的球体，这个球体拟建造在一个逐层上升的圆形基座上，再在每层上升的基座上种植树木，这种高台式建筑的设计与古老的两河流域高台式建筑相似。牛顿的灵柩就计划停放在巨大的圆球内，而且圆球只在底部设有很小的入口，此外顶部还要开设密集的洞，使内部如同一个人造的宇宙空间。

布雷的这种利用简化几何体构成的建筑形象，与以往所有的建筑形象都不相同，而且其巨大的尺度和在以砖石材料为结构件的当时，无论从哪方面来说营造这种建筑都是不可能的。与布雷相比，另一位建筑师勒杜的设计虽然也追求庞大的气势和新的建筑形象，但无论从尺度还是结构上都显得更加实际。勒杜在 1804 年曾经出版了一本名为《幻想建筑》（L'architecture Consideree）的书，他在这本书中勾勒了诸多理想的建筑，以及对新兴的工业化城市的憧憬，但这本书

中所勾勒的理念化建筑大多没有建成。勒杜在 1773 年被选为皇家建筑师，虽然他很快就因为法国大革命的爆发而卸任，并因为为统治阶级服务的罪名而遭到囚禁，但在短暂的皇家建筑师任职期间，他还是有一些实际的、富于纪念性的建筑被建成。

勒杜最具代表性的设计是他为一座理想城市构想的总体规划，整个理想城的布局以圆形为基础，在中心的圆形广场中，以主管住宅为中心向两边一字展开的管理用房形成圆形广场的直径。在这个圆形广场之外，隔一定距离用绿化带分隔出多圈同心圆，城镇的种植用地、职工住宅、医院、托儿所、教堂甚至坟墓，都分别设置在不同的同心圆里。在巨大同心圆的每环与每环之间，还有以中心广场为起点设置的多条放射形道路，以方便人们的出入。这个理想城市规划最后只有主管住宅和入口等几座建筑建成，但在这些建筑中，勒杜抛弃了装饰，采用粗面石、简化立柱与希腊式平屋顶的形式，却显示出他对于纯净化和纪念性建筑体量的追求。

这种对纪念性和庞大建筑气势的追求，在此后随着拿破仑在 1799 年的掌权和 1804 年的封帝而到达发展高潮。法国的新古典主义建筑风格开始转向一种以罗马建筑风格为主的新发展阶段，这阶段的建筑出现了一种被称之为帝国风格（Empire Style）

牛顿纪念馆设计方案

布雷采用纯净的几何图形的组合形成建筑体，并将其与高大的建筑体量相结合，以借助建筑的震撼力营造出一种肃穆、庄严的纪念性。

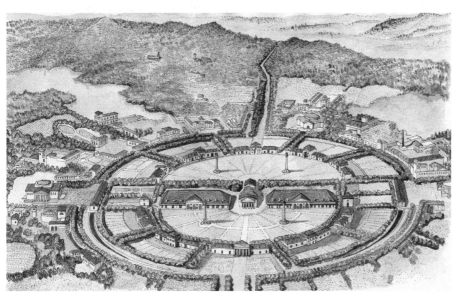

查奥克斯城想象布局图

在勒杜勾勒出的这座理想城市中，人口的数量与城市环形使用带的数量与间隔距离等要素之间，都有着密切关系，整个理想城以古典建筑风格和布局规划为基础。

的形象。所谓帝国风格，是一种在古罗马帝国风格的建筑基础之上产生的，为拿破仑的专制帝国服务并彰显帝国权威的建筑风格。这种风格在发展的前期，以高大和富于纪念性的古罗马建筑形式和极其简化的装饰相结合，意在突出强大的政权，在其发展的后期则逐渐转向了追求装饰性和异域趣味的华丽风格上去了。

帝国风格最突出的建筑代表，是一些特别为此而建的纪念性建筑，比如凯旋门，已经同古罗马帝国时期的广场建筑一样，是为当时强大皇权歌功颂德而建造的。拿破仑时期在巴黎兴建的凯旋门，最早是完全按照古罗马的凯旋门形制而建造的，但很快就在原有建筑基础上形成了新的风貌。

1836 年建成的巴黎凯旋门（Arc de Tri-omphe），就是拿破仑下令兴建的一座帝国风格的全新凯旋门形式。这座凯旋门不再采用古罗马的三门洞形式，而是单门洞形式，

但在建筑的四个立面上都开有一个门洞，建筑立面上不再设置壁柱，也不再有雕塑装饰，而只是由简单的凸出线脚分划出基座，主体上部和一个平屋顶几个部分。建筑基座无装饰，上部拱券两边分别设置一些不同主题的浮雕装饰，整个凯旋门的雕刻重点集中在平屋顶上，但屋顶的雕刻并不繁复，没有破坏凯旋门整体的庄严感觉。

为了突出凯旋门的威严，还以凯旋门为中心设置了圆形广场，并以广场为中心在四周设置放射形道路，这种以广场为中心设置放射形道路，并在道路之间穿插建筑的做法，以其很强的向心性与方向性，而在此后被许多国家的工业城市改造所引用。

巴黎城另一座拿破仑帝国风格的著名建筑，是为存放和展览对外征战所俘获战利品而建的战功神庙（the Temple of Glory），又称为马德琳（Madeleine）教堂。这座教堂是一座希腊围廊式神庙的建筑，整个建

凯旋门区域俯瞰图

以凯旋门所在的广场为中心设置放射形道路，并在道路之间建设城市建筑的做法，是巴黎突出的城市区域布局特色之一，而各区域之间则通过位于轴线上的主干道相连通。

筑坐落在一个长方形台基上，长约 101 米，宽约 45 米，是一座 8×18 柱的科林斯式建筑。整座建筑除柱头和之上的檐部及山花有雕刻装饰之外，包括柱子和柱子之内的墙面都无装饰，再加上 19 米高的柱子底径与柱高之比不足 1∶10，因此柱身显得粗壮，整个神庙给人无比威严的感觉。但值得一提的是，教堂的屋顶采用了当时较为先进的结构，它不是石砌拱顶或木结构屋顶，而是在内部采用三个铸铁结构（Cast Iron Structure）的穹顶形式。虽然这种先进的金属结构穹顶在建筑内外都被传统的形象很好地掩盖了起来，但它的建成，是现代结构与传统建筑样式相组合的最早尝试。

法国在 18 世纪末到 19 世纪初的新古典主义建筑发展，是以拿破仑所提倡的帝国风格为主导下进行的，各种建筑借助庞大的体量和古典建筑所具有典雅气质，表现出统一帝制和王权的强大力量。拿破仑倡导下的法国古典建筑的复兴，主要以罗马帝国时期的风格为主，以此来彰显出他将法国再造成为欧洲霸主的决心，因此法国的新古典主义建筑都不可避免地显示出一种强大气势。

在法国的新古典建筑风潮之中出现的，以布雷和勒杜为代表的建筑师，虽然在当时看来其大胆的想象和设计具有很强的幻想性，但其设计所透露出来的两个特点却带给后世建筑的发展以很重要的启发。勒杜和布雷的设计都以超尺度和简化的古典建筑形象来表达强大的权力性，这也成为此后营造纪念性建筑所遵循的一项重要原则。此外尤其以布雷为代表的建筑设计中将建筑形体简化到纯净的几何体组合的形式，这给此后现代主义建筑思想的萌芽提供先兆。

第三节 英国的希腊复兴建筑

英国无论在地缘文化还是宗教上，虽然与欧洲大陆有着千丝万缕的联系，但作为与欧洲本土隔海相望的新教国家，始终与欧洲本土的建筑有着不同的发展轨迹。在经过一些政治上的反复之后，英国在 17 世纪末确立了君主立宪制度（Constitutional Monarchy），因此其社会出现了国王为代表的封建贵族与资产阶级同时存在的景象，此时无论是复辟的王室贵族还是得到国家治理权的资产阶级，都开始营造建筑来作为其庆祝胜利与保有统治权的主要方式。

在建筑风格方面，英国执政的两方力

马德琳教堂内部

通过使用现代铸铁结构，马德琳教堂内部获得了连通、高敞又极富表现力的空间形式。现代结构材料也通过这种大空间的营造，展现了其在结构上的优势。

皇家堡阁

这座位于布莱顿的皇家宫殿建筑，不仅体现出传统的哥特式复兴风格，还同时体现出伊斯兰教的异域建筑风格，体现出一种浪漫的混合建筑风格特色。

奇斯克之屋

奇斯克之屋是英国回归文艺复兴风格时期的代表性作品之一。这座建筑虽然以古典建筑为范本建造，但更多地兼顾了实用性，这种对使用功能的注重，是对此时社会建筑需求的反映。

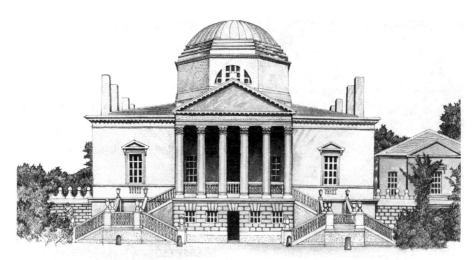

量都不约而同地选择了古典建筑风格的回归，只是各方势力所倾向回归的古典建筑风格各有不同。因此，英国的建筑在此时也呈现出多风格流派纷繁变化共存的发展状态，这在欧洲各国中是较为少见的。

18世纪初，英国国内的古典复兴之风渐盛，但与欧洲其他国家和地区首先回复到古罗马和古希腊风格的发展趋势不同的是，英国建筑首先回复的古典风格是文艺复兴时期的帕拉第奥风格（Palladian Style）。帕拉第奥是文艺复兴晚期的著名建筑师，他以对古典建筑的大胆改造而著称，是文艺复兴晚期将古典建筑风格与时代建筑风貌结合得最为紧密的建筑师。英国早在17世纪时经由伊尼戈·琼斯（Inigo Jones）的介绍，已经在国内掀起过一阵文艺复兴建筑热潮，而到了18世纪的这次古典文艺复兴，再次大力推动对文艺复兴风格的重新解读的，是柏灵顿伯爵（Earl of Burlinton）和他的建筑师朋友威廉·肯特（Willian Kent）

肯特在柏灵顿伯爵的资助下，不仅对许多古典建筑典籍与建筑进行深入地研究，还与伯爵一起参与了许多大型府邸的设计工作。位于伦敦的奇斯克之屋（Chiswick House），是柏灵顿伯爵和肯特最著名的建筑设计之一。在这座府邸的设计上，主要模仿了帕拉第奥设计的圆厅别墅，但无论希腊式的柱廊还是圆穹顶，显然都已经做了适应使用功能的修正，而且在柱廊山花与穹顶所占

据的主体部分之外，还加入了更多的实用空间。在建筑外部的立面中，立面两边多出来的部分对称设置了两坡的折线形楼梯，这种灵活的楼梯形式是巴洛克时期的产物。

除了文艺复兴风格的府邸之外，此时英国还有另一种被称之为风景画派运动（Picturesque Movement）的建筑风格也很流行。这种风景画派运动主要流行于大型的庄园府邸之中，而这些带有大片使用土地的庄园府邸的所有者，则大多是没落的贵族。

随着君主立宪制的确立，受资产阶级革命的影响，此时失势的英国贵族阶层的生活重心从政治生活转向乡村生活，因此修建一种带有大片园林的乡村府邸在此时颇为流行，也由此促成了英国风景画派运动的流行。英国的风景画派园林与对称和几何图形组合的法式古典园林不同，而是追求一种自然和高雅的情趣，因此园林的设计思路与中国园林"师法自然"的思想十分相近。这种风格的府邸，其建筑往往融入多种建筑风格修建而成，而且建筑往往与大片的风景园林相组合，风景园林是自然随意的植被与水泊构成，在水边或密林深处，还往往要设置一些小桥、岩洞和古典式小亭，营造出极具古典神话氛围的情境。

在风景画派运动中涌现出许多著名的建筑师，如擅长设计具有古罗马风格室内装修的亚当（Robert Adam）、擅长建造优雅古典园林式景观的布朗（Lancelot Brown）和热衷

于将印度和中国等东方风格与西式景观园林相组合的钱伯斯爵士（Sir William Chambers）等。

除了没落贵族的那种追求古典趣味的乡村庄园府邸之外，城市中的建筑也有了更进一步的发展。英国伦敦出现的最具创新性的建筑，是由此时著名的建筑师索恩（John Soane）设计的英格兰银行（Bank of England）。索恩在英格兰银行中设计了一种带大穹顶的大厅形式，这种穹顶按照古典式的墩柱经帆拱与穹顶相连接的结构形式，但实际上穹顶是采用新的铁和玻璃结构建成的，而且建筑师还在穹顶下设置了一圈来自希腊伊瑞克提翁神庙侧廊中的女像柱形象。这种借助古典元素进行的创新发展，在位于英国温泉度假胜地巴斯地区的联排住宅中也得到了很好的体现。巴斯地区的联排住宅有两大建筑特色，一是这些住宅都采用弧形平面，二是这些住宅都是由一对建筑师父子设计的。

巴斯最早的一座特色建筑群是由老约翰·伍德（John Wood Ⅰ）设计的巴斯圆环（Bath Circus）联排住宅。这组联排住宅由三段弧形联排住宅和由它们围合而成的一个圆形广场构成，其中三段住宅间还设置有放射

英格兰银行

　　英格兰银行建筑是利用现代钢架穹顶结构与古典建筑形式相结合后产生的，它展示了此时先进材料结构与滞后的设计思想并存的建筑发展状态。

形的道路与外界相通。弧线形的联排住宅形式本来就十分新颖，而且老伍德在住宅的三层立面中都采用统一的双壁柱与长窗相间而设的形式，楼层之间通过连续的檐口相连，因此整个建筑的形象统一、简洁且气势十足。

在此之后，小约翰·伍德（John Wood Ⅱ）又在这个圆环形建筑的附近建造了一座更大规模的弧线形平面的皇家弯月（Royal Crescent）住宅。这座皇家弯月联排住宅的

皇家弯月住宅区

　　皇家弯月建筑以新颖的建筑形象获得成功之后，人们又在皇家弯月附近修建了另外几座弧形和曲线形的联排住宅，使这一地区发展成为新的居住区。

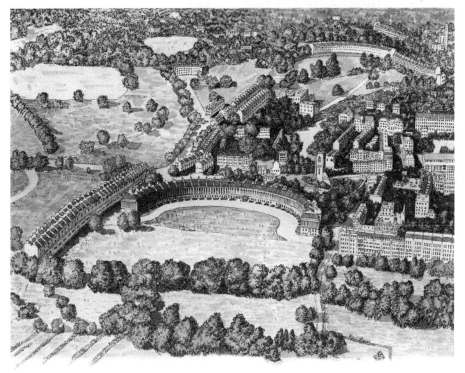

大英博物馆立面

有着连续爱奥尼门廊的大英博物馆，是英国希腊建筑复兴最重要的建筑之一，也是在复兴古典风格的同时具有时代创新的建筑代表。

伦敦英国议会大厦及平面

议会大厦的平面，具有中心轴对称的严谨古典布局特征，而建筑部分则是具有强烈哥特复兴风格的形象。这种古典式平面与哥特式建筑的组合，也是英国古典复兴建筑的一种创新形式。

建筑规模更大，因此立面不再采用三层平分的形式，而是将单独的壁柱集中于建筑的上部，而通过底部连续开窗和连续的檐线，勾勒出一种构图上的基座层的感觉。

进入 19 世纪之后，英国同其他欧洲国家一样，处于建筑风格的高度混乱之中。在北方的爱丁堡 (Edinburgh)，大量的希腊复兴式建筑被兴建起来，导致爱丁堡甚至获得了"北方雅典"的称号。爱丁堡地区的希腊建筑复兴是多方面的，既有像托马斯·汉密尔顿 (Thomas Hamilton) 建造于 1825～1829 年的皇家高级中学 (The Royal High School) 那样建成的希腊神庙式建筑，也有像苏格兰国家纪念碑 (National Monument) 那样雄心勃勃地设计却最终没能建成的建筑。此时爱丁堡的希腊建筑复兴，其重点在于对古希腊建筑的那种典雅形体的复兴，因此建筑复兴的重点多集中在形体上，建筑只有很少的装饰或几乎不装饰。希腊建筑复兴也并没有局限于爱丁堡一地，在英国的其他地区，希腊复兴建筑被广泛推广开来，如博物馆、美术馆、教堂、大学、火车站以及乡村别墅等，大都模仿希腊式建筑来进行兴建。

但与这种希腊风格普及化的发展同时，哥特式建筑也被作为一种富有地区传统特色的风格而得到上层阶级的欣赏，并将其作为一种能够表达地区文化独立性的标志使用在建筑中。在风景画派的私人庄园府邸中，哥

特式的尖塔形象就已经得到了应用，而此类哥特复兴风格的建筑代表则是 1860 年建成的伦敦议会大厦 (Houses of Parliament)。

议会大厦最早由英国的古典派建筑师贝里 (Charles Barry) 设计了一个古典式的平面，平面以上的建筑部分则主要由怀有热情的哥特式建筑理想的建筑师普金 (Augustus Welby Northmore Pugin) 设计完成。议会大厦总体呈宫堡式建筑形象，而且在建筑上还设置有带尖塔的塔楼式建筑，无论是四周的建筑部分还是高塔部分，都通过细长壁柱和开窗突出一种纵向的升腾之势。

英国的这种建立在对以往多种风格基础上的建筑复兴，是欧洲各国的古典复兴建筑中较为特殊的一种，产生这种现象的根本原因与英国此时处于政治、经济的双重变革期有关。而且这种多风格的古典复兴建筑发展，虽然占据着此时英国建筑发展的主流，但并不是建筑发展的全部特色，因为随着英国社会工业革命的深入，铁与玻璃已经开始更多地被人们用来建造大型的公共建筑，如市场和展览馆等。这些新结构、新材料的建筑此时还需要与古典建

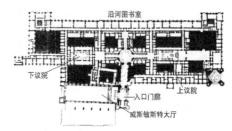

筑形式相结合使用，但由于其材料的特殊性，已经使这种建筑形式与传统的古典及古典复兴建筑形象产生较大的差异，因此虽然此时期诸如国会和教堂等建筑虽然仍旧采用古典建筑形式，但现代化的新结构材料已经全面地向更深入的建筑领域渗透了。

第四节
欧洲其他国家古典复兴建筑的发展

对于新古典主义风格的复兴，除了像法国、英国这样统一国家中出现的大规模建筑活动之外，在其他地区和国家则受其发展状况的影响而情况有所不同。现代意义上的德国虽然在此时还处于分裂状态，但普鲁士作为其中实力最强大的城邦已经发展到帝国时期，而且由于当时的弗里德里希大帝（Frederick the Great）在政治军事上的统治十分的英明，普鲁士国家强盛兴旺。包括国王在内，都希望通过古典复兴风格的建筑的建造，显示国家实力，因此普鲁士此时期的古典复兴建筑局面也十分兴盛。

德国的新古典主义开始于18世纪中叶，在德国柏林建造的勃兰登堡城门（Branden-burg Gate）是第一座具有希腊风格的建筑实体。这座建筑是模仿希腊雅典卫城的山门而建造的，它的正立面有6根高大挺拔的多立克柱式。在实际兴建中，城门建筑将原来希腊柱廊上部的三角形山墙改为了罗马式的平顶式女儿墙，并在其上设置了铜马车的装饰，其余的几乎完全是按照希腊雅典卫城山门的形象而设计的。

这种具有创新性的对古典建筑风格的借鉴，也是德国古典风格复兴建筑最大的看点，而且这一特点在普鲁士才华横溢的建筑师——卡尔·弗里德里希·辛克尔（Karl Friedrich Schinkel）的手中变得更加突出了。他是19世纪德国古典复兴风格最伟大的建筑师。除了建筑师这个职业，他还是一位绘图员、舞台设计师和画家。他的建筑设计既能够发挥古典建筑典雅、肃穆的形象特征，又能够适应新时期的使用需要，营造出清晰实用的内部使用空间，显示出他对于古典建

勃兰登堡门

勃兰登堡门是希腊柱式与罗马式平顶相结合的产物，由于建筑的实用功能不强，因此用柱式与平顶的配合，着力突出一种肃穆的纪念性。

阿尔特斯博物馆

这座博物馆的立面柱廊和内部以穹顶大厅为中心的空间设置，都是在古典建筑规则之上的创新，尤其是内部空间设计，显示出很强的实用性。

筑风格的独特领悟和完美诠释能力。

辛克尔设计建造的阿尔特斯博物馆（the superb Altes Museum），是普鲁士国家的伟大象征。这座建于1823～1830年的伟大建筑，坐落于德国柏林。博物馆的平面呈长方形，其中心部分包括一个带穹顶的圆形通层大厅，这个大厅既为内部各展览室的交通中心，也为建筑内部提供了一个可以休息和放松的空间。

建筑外部采用18根爱奥尼柱式所组成的长廊作为主要立面，屋顶上与柱子对应雕饰着18只鹰的雕塑，这是普鲁士国家的象征，而博物馆的名称就写在柱子与鹰之间长长的檐板上。建筑主立面后部的平屋顶上额外升起了一段两端带有雕塑的山墙，这是为了遮盖穹顶而设的，这样从建筑外部看不到穹顶，既保持了建筑外部肃穆建筑形象的完整性，又可以令人们在进入建筑之后获得意外的惊喜。

辛克尔在这座博物馆建筑中所显示出来的对古典建筑比例、形象与内部空间的综合协调与设置，显示出一种全新的对待古典建筑复兴建筑设计的态度。这种态度

是在保持建筑古典基调的同时，也保证其使用功能的便利性，而且在建筑中虽然也保持着雕刻与雕塑的装饰，但这些装饰元素明显被附属于建筑，成为调剂建筑形象的必要设置，而不是为了让建筑呈现出某种华丽效果而作的有意掩饰。

在欧洲南部，意大利作为古典建筑文化起源的重要中心之一，此时因为还处于分裂中尚未形成统一的国家。由于意大利的经济发展落后于中西欧地区，其领域内的古典建筑资源丰富，仍可以作为文化资本而感到自豪，因此新古典主义建筑风格的发展并不明显。相对于意大利，希腊在新古典主义建筑方面颇有建树，这与希腊1830年脱离土耳其统治的独立战争有关。

雅典在1830年独立之后，兴建古希腊复兴风格的建筑成为重振和增强整个地区民族自豪感的重要途径，这其中以雅典大学所兴建的一组建筑最具代表性。这组以古希腊神庙造型为基础，经不同变化设计的建筑组群一字排开，包括图书馆、大学与学院三座建筑。这三座建筑的共同特点在于，在保持希腊神庙的总体建筑特色

雅典国立图书馆

雅典的古典主义建筑复兴，也并不是对古希腊风格建筑的原样重建，而是加入了来自更多建筑风格中的标志性建筑元素，如这座图书馆前就加入了巴洛克式的楼梯。

大宫殿立面

　　位于皇村的大宫殿立面，虽然总体上按照卢佛尔宫样式设置有连续壁柱的建筑，但在立面加入了更多、更华丽的巴洛克风格的装饰物。

之外又各有变化，图书馆建筑前加入的巴洛克式楼梯、大学建筑横向的建筑设计以及学院建筑那种三合院式的闭合建筑形象，在统一中又蕴含变化，显示出此时创新性地引用古典建筑风格的总趋势特色。

　　这种创新和混合地对待古典建筑风格的新建筑思想，在欧洲北部的俄国表现得更为突出。俄国很早就形成了以对欧洲内陆地区各国的文化借鉴为基础的社会文化发展模式，各个时期的沙皇几乎都邀请过来自意大利、法国、英国等各地区的建筑师来对本土的教堂与宫殿建筑进行设计。但俄国真正的古典建筑大发展时期，可以说是从进入18世纪之后才开始的。

　　18世纪初俄国在彼得大帝（Peter the Great）的西方化改革中发展工业等各方面经济，国力逐渐强盛起来，也是从18世纪初开始，彼得大帝开始下令修建新的城市——圣彼得堡（St.Petersburg）。彼得大帝死后，俄国王室虽然经过了一段政权更迭频繁的混乱期，但从叶卡捷琳娜二世（Catherine Ⅱ）在1762年继位之后，俄国开始进入其历史上发展最为兴盛的时期。也是在此时期，在王室的积极支持之下，大批规模宏大的新古典风格中宫殿建筑纷纷落成。

　　从彼得大帝时期起，历任俄国沙皇都有从意大利、法国等地聘请建筑师来俄国设计建筑，或者将国内的建筑师送往以上各国学习建筑设计的传统，因此俄国的建筑发展同意大利和法国，尤其是和法国的宫殿建筑具有非常相似的特点，即建筑外部都以肃穆的古典风格为主要建筑基调，华丽的装饰则主要位于宫殿内部。

　　圣彼得堡在18世纪初期和中期修建的建筑与意大利建筑师拉斯特雷利（Count

斯莫尔尼教堂钟塔细部

　　这座教堂将古典风格与哥特式、巴洛克风格以及本土的屋顶形象相混合，是最具俄国地区特色的一座教堂建筑。

Bartolomeo Rastreli）密不可分，在他的主持设计之下，此时的圣彼得堡在涅瓦河（Nava River）边形成了最初的、带有广场和建筑的冬宫建筑群，也就是今天世界上最大的博物馆艾尔米塔什博物馆（Hermitage Art Gallery）的前身。

　　18世纪兴建的最具巴洛克风格的建筑是拉斯特雷利为伊丽莎白皇后（The Queen of Elizabeth）设计的一座教堂和一座位于皇村的大宫殿建筑。位于圣彼得堡的斯莫尔尼教堂（Smolny Cathedral）从1748年左右开始兴建，此后经历了近100年才建成。教堂采用退缩式建筑立面，将哥特式钟塔、穹顶和断裂的山花、双柱等形象与蓝色立面和白色立柱相结合，十分具有俄国建筑特色。

　　另一座大宫殿最早也是拉斯特雷利为伊丽莎白皇后兴建的，此后经历代不断修复，最终形成了近300米长的宫殿立面形式。这座宫殿同教堂建筑一样，也是一座极具巴洛克与洛可可风格的建筑，立面上的柱子都是白色的，而建筑立面则粉刷成蓝色，

美术学院大楼

这座大约在
1788 年建成的美术
学院大楼，是俄国早
期古典主义风格复兴
时期的产物，其立面
布局、形象设计，都
显示出浓厚的法国建
筑风格的影响。

包括窗楣、柱头和窗间等处又设置金色的
装饰物，其建筑立面形象也依照法国卢佛
尔宫的东立面，由高高的基座与带巨柱的
上层构成。这种宫殿形象不仅气势十足，
还具有华丽而明朗的建筑形象。

而在此之后，俄国的建筑开始同欧洲
同步，转向严肃的古典建筑风格。比如彼
得大帝主持兴建的夏宫（Peter the Great's
Summer Palace），这座庞大的宫殿和花园是
比照法国的凡尔赛宫而建的，虽然建筑外
部有气势庞大的花园，内部也有巴洛克和
洛可可式的奢华装饰，但建筑外部形象却
十分简洁，在淡黄色的立面上除了白色的
柱子之外就是不带任何装饰的拱窗，显示
出典雅、简洁的建筑特色。

在这种全面学习欧洲内陆地区古典建
筑的风潮之下，俄国也兴建了一批极具模
仿性的建筑，比如与一系列皇家建筑同步
的公共建筑。此时仅圣彼得堡就有多座仿
法国新古典风格的公共性建筑建成。大约
在 1788 年的美术学院大楼由本国建筑师设
计，其立面形象明显是来自改建后的卢佛
尔宫东立面，只是大部分柱廊都改为了浅

壁柱形式，更增加了建
筑立面的庄严之感。

但圣彼得堡最重
要的此类建筑并不是美
术学院大楼，而是直到
19 世纪初才由本国建
筑师沃洛尼辛（Andrei
Voronikhin）设计建成
的喀山大教堂（The
Cathedral of Virgin of Kazan）。这座教堂直接
模仿了罗马圣彼得大教堂及其广场的样式
建造，主教堂采用拉丁十字形的平面形式
由中心大穹顶和一个六柱六廊构成，在入
口门廊两边则分别建造了一段弧形的柱廊，
围合成半圆形的广场。本来原计划还要在
这个半圆形广场的对面再修建同样一个半
圆形的柱廊，以便围合出一个半开敞的圆
形广场，但后来这个计划并未实施。

在经历了长时间的学习与借鉴之后，
俄国在 19 世纪早期诞生了由本土建筑师
扎哈洛夫（Adrian Dmitrievitch Zakharov）
设计的最具震撼性的本土新古典主义代
表作——新海军部大楼（The New Admi-
ralty）。新海军部大楼所在的连续建筑立面
长达 480 米，因此这座拱门的尺度也非常
大，它底部的拱门部分以大面积的墙面为
主，并设置了一些浮雕装饰，以使大楼与
两边的建筑形象相协调。

真正具有标志性的形象是拱门上部的塔
楼，这个塔楼底部是带有爱奥尼柱的围廊形
式，再向上同通过一个近似的穹顶与上部的
尖锥形顶相连。这个塔楼的形象是由古典式

喀山大教堂

教堂的侧面与涅
瓦大街临近，因此人
们看到的这个带有半
圆形回廊的大门，实
际上是教堂偏北的横
翼立面，而真正的入
口仍按照传统设置在
西面。

的柱廊与独特的尖锥形顶构成的，其形象与此前俄国流行的洋葱圆顶（Onion Dome）的教堂形象截然不同。新海军部大楼超大的建筑规模与体量坐落在涅瓦河边，并且与中心广场群连接着，形成一连串古典风格建筑与广场构成的庞大建筑群的一部分。

由于圣彼得堡是一座事先经过规划的城市，而且其中的大部分宫殿和公共建筑都是采用新古典主义风格建造的，因此整座城市虽然在19世纪和20世纪仍有所增建，但总体典雅、气势磅礴的建筑氛围已经产生了。俄国在新古典主义建筑时期的建筑，虽然广泛采纳了巴洛克、洛可可等多种风格与当地的建筑传统相结合，但由于其所借鉴的古典风格主要来源于意大利和法国，而且这些建筑都是为彰显强大帝国的实力与王权的绝对统治为目的而建造的，因此总体上在建筑外部都保持着超大的比例尺度与相对简洁和严肃的建筑基调。与建筑搭配的无论是广场还是园林，也都秉承着严整的古典规则，不仅同样拥有超

大的尺度，广场和园林中还设置诸如纪功柱、雕塑之类的点缀物以增加古典氛围。

除了以上提及的几个国家之外，此时在欧洲的其他地区和国家里，以古典主义复兴为主的建筑热潮此时也正在兴起。而新古典主义建筑风格的再次兴起，除了是伴随着资产阶级革命而产生的一种现象之外，此时古典建筑风格的发展逐渐变得混乱的现象，也表明了此时在古典建筑创新方面的匮乏。

第五节
美国新古典主义建筑

18世纪之后，一股源于欧洲但独立于欧洲的新的政治力量开始在美洲北部强大起来，并最终在18世纪下半叶赢得了独立战争，建立起一个与欧洲文化血脉相连的新政权，这就是美利坚合众国（United States of America）。美国在建国之初并未在国内形成统一的建筑风格，而是在各地都呈现出来自欧洲不同地区的移民从家乡带来的建筑风格。

美国建国后，各州和联邦都开始兴建包括政府办公、学校在内的各种公共机构，而在这些大型的标志性建筑的营造风格上，则开始向欧洲各国学习，全面引入新古典主义复兴风格的建筑模式。在这场新古典主义建筑风格的引用方面最具代表性的是美国的第三任总统托马斯·杰斐逊（Thomas Jefferson）。

杰斐逊很早就热衷于建筑学的学习与研究工作，他在美国建国之初曾经作为大使被派驻到法国，在法国的几年时间里他深受法国新古典主义建筑风格的影响，因此也转向了以古罗马建筑

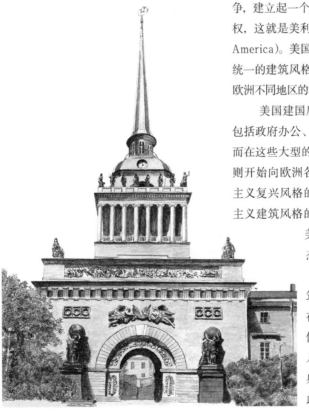

新海军部大楼

这座创新形象的建筑，是俄国新古典主义风格本土化创新的成果之一。建筑中所使用的细长尖锥顶，也成为俄国古典风格的纪念性建筑屋顶所独有的形式。

弗吉尼亚州厅

这座建筑是按照古希腊式神庙设计，在美国兴建而成的第一座政府建筑，此后美国许多州的政府和权力性建筑都受其影响，采用希腊风格建造而成。

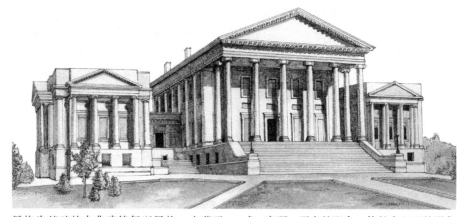

风格为基础的古典建筑复兴风格。杰斐逊较早设计的古典复兴式建筑，是为自己设计的住宅。这座住宅可能是杰斐逊参考了文艺复兴大师帕拉第奥的圆厅别墅建造的，但其正立面由八边形带穹顶的大厅与希腊神庙式门廊相组合的形式，又明显与古罗马的万神庙十分相似。

杰斐逊住宅

杰斐逊为自己设计的这座住宅，也是他以后为弗吉尼亚大学进行的建筑设计项目的初级形式，这座住宅的特别之处还在于其中包括了杰斐逊的许多家居小发明。

这座别墅在杰斐逊晚年又经他不断地改建和加建，其外部形态逐渐使装饰和一些可能影响到建筑整体形象效果的分划都削减到了最低。比如这座建筑在内部实际上有三层，但为了保持统一、稳健的建筑形象，因此整个建筑在外部看只有一层，整个立面以简洁、素雅的造型取胜。建筑的入口、门廊等虽然有着较大的建筑尺度，但其通过柱式、穹顶、开窗的配合，使整个立面的形象显得非常协调，丝毫没有高大建筑的压迫感，因此只有人们真正走近这座建筑时，才能够感受到庞大建筑尺度带来的震撼。

除了自宅的设计与不断改建之外，杰斐逊还积极参加各种公共建筑的设计。杰斐逊与法国建筑师克拉苏（Clerisseau）合作设计的弗吉尼亚州议会大厦（The Virginia State Capital）就是美国最早建立的古典复兴样式的政府办公建筑。这组州厅办公建筑由一座主体建筑与两座辅助建筑组合而成，主体建筑采用古罗马神庙的建筑形式，在主立面上设置八柱门廊，后部的主体建筑部分则采用方形壁柱形式。主体建筑两侧的附属建筑在后部通过一段连接建筑与主体建筑连

通。在主立面的部分不再设出入口，因此加入了带三角山墙的柱廊装饰性立面。附属部分的主要入口设置在两侧，并且在那里也同样设置有带希腊神庙式柱廊的入口。

在杰斐逊所设计的弗吉尼亚州厅的带动下，美国许多州的办公机构都采用了这种古典复兴式的建筑，而且各地在对古典建筑形式的引用方面又各不相同，一时间使古典建筑风格的复兴在美国呈现十分多样的面貌。除了政府建筑之外，杰斐逊还致力于对大型组群建筑的设计，并且将他对于建筑与教育的构想借助对弗吉尼亚大学（The University of Virginia）的规划与建设表现了出来。

杰斐逊设计的弗吉尼亚大学最初由两部分组成，即校区和图书馆。校区以在一片规则的平面之内规则设计的两排单栋建筑为中心，以连接各单栋建筑之间的长廊为围合标准，形成一个具有中心庭院和两边建筑的中心教学区。这个教学区的两边共有10座单栋建筑，这些建筑也是给各专业教授建造的居所，每栋居所中都带有公共教学空间，杰斐逊通过这种以导师为中心的个性化教学空间的设置，表明了针对教学和小班化授课的教育观点。

在这个教学中心之外，同样由绿化带相隔的是围绕在四周的学生宿舍建筑，由此形成教学园区。在教学园区的尽端是一座以罗马万神庙般的建筑为开头的庞大建

筑，这里是学校的图书馆。图书馆建筑前部是一个模仿古罗马万神庙式的阅览室，杰斐逊对于这种集中穹顶式建筑的设置在他早年兴建的个人住宅中也可以看到，他对于此建筑形式的热衷由此可见。

杰斐逊的这种对于古典建筑风格的热爱并不是个人现象，庄严、典雅而又不失亲切的古典建筑风格在当时甚至是现在，都被普遍认为是一种塑造权力和纪念性建筑类型的最佳选择。因此除了单体建筑之外，小到一个学院，大到一座城市的规划，也都普遍地采用古典形式，在这方面，尤其以美国首都华盛顿（Washington）的哥伦比亚特区（The District of Columbia）规划最具代表性。

哥伦比亚特区也是集中了美国国会大厦（The U.S Capitol Building）、白宫（White House）、林肯纪念堂（The Lincoln Memorial）等权力机构和诸多国家级博物馆的所在地，因此对这片地土地的规划人们始终怀着谨慎的态度。早在1791年，在乔治·华盛顿（George Washington）和杰斐逊的双重肯定之下，由法国建筑师皮埃尔·朗方（Pierre L'Enfant）设计的一个以规则网格形道路和放射形道路为分脉络，以大片绿地为分隔手段的，轴线明确的总体布局，就已经为以后建筑的兴建奠定了基础。

华盛顿特区最具标志性的建筑，也是最具美国新古典主义建筑特色的建筑就

弗吉尼亚大学整体规划

对弗吉尼亚大学的总体设计，是杰斐逊建筑观与教育观的一次总结性的展现，他不仅将大学视为高级教育机构，还通过建筑设计，营造了一种理想化的教育生活环境。

华盛顿中轴线景观

以国会大厦为起点的中轴线两侧，只批准营造博物馆类的建筑，因此在中轴线两侧形成密集的博物馆聚集区，使这一地区成为美国重要的文化中心之一。

是位于特区主轴线起点端的美国国会大厦。它最早的设计师是威廉·托恩顿（William Thornton），托恩顿最早设计的国会大厦同杰斐逊的设计思路很像，是在一个长长的如同巴黎卢佛尔宫式的立面中间加入一个

类似万神庙的中心构成的。但真正建筑的修建并未按照这个设计顺利地完成，在建造过程中因为战争和经济等原因使国会大厦的修建工作断续进行，其间还先后经历了发明烟叶（Tobacco）柱式与玉米（Corn）

美国国会大厦

国会大厦是利用现代的钢铁框架结构与古典样式相结合的突出建筑代表，但其外部仍保持着严谨的新古典建筑风格，以突出一种严肃、庄重的建筑基调。

柱式的拉特罗比（Benjamin Henry Latrobe）对建筑室内的修建，以及布尔芬奇（Charles Bulfinch）在原设计基础上对建筑装饰性的设置等阶段。

接任国会大厦建筑工程的最后一任建筑师华特（Thomas Ustick Walter），也是让国会大厦拥有现在人们所看到形象的设计师。华特不仅扩建了建筑的两端，而且更重要的是，华特利用现代化的铁结构重新设计了穹顶，并且借鉴新材料的优越性将穹顶立于双层的高大鼓座上。

在国会大厦的建筑中，虽然建筑早在1793年就开始兴建，而直到1867年才彻底建成，其间经历了漫长的施工期，但这座建筑也由此拥有了更多的创新。无论是建筑师综合本地特色发明的烟叶柱式还是玉米柱式，抑或是利用现代铁结构得到的穹顶形式，都体现出人们对于欧洲传统古典主义建筑规则的创新。这种在古典建筑风格基础上的创新风格，也成为此后华盛顿特色建筑的一种共同的建筑特色。

比如建造于1829年的白宫（哥伦比亚特区的总统府），它首次建造的时间是1792年，设计师是爱尔兰人詹姆斯·霍班（James Hoban）。这个设计受到帕拉第奥建筑风格的影响，建筑外观是乔治风格的，立面的上下左右被分为三段式，像是一座18世纪中期典型的美国府邸。1807年，建筑师拉特罗比（Benjamin Henry Latrobe）又加建了希腊式的北门廊。这座扩建的白宫较之早先在建造规模上大了许多，霍班设计的南立面又被加上了平面为半圆形的外廊，整座建筑具有浓郁的文艺复兴风格。

美国在19世纪中叶的时候，随着南北战争的展开，宣扬奴隶解放的北方地区掀起了希腊复兴式建筑的热潮。这种风格的建筑大多集中在纽约、华盛顿、波士顿及费城等城市中，既有严格遵照古希腊建筑兴建的建筑形式，也有在古希腊建筑基础上的变体。而且这种以古典建筑为基调的建筑风格，在此后很长时间里都影响着

白宫

白宫是一座简化形象的古典风格建筑，自1830年正式投入使用之后，成为美国历届总统的住宅及办公所在地。

美国大型、公共和纪念性建筑的兴建，比如20世纪初在哥伦比亚特区兴建的林肯纪念堂（The Lincoln Memorial），不仅建筑设置在国会大厦所在轴线上，而且整个建筑也采用革新的希腊围廊建筑形式。在林肯纪念堂中，整个建筑都由一种白色大理石建成，只是希腊式的两坡屋顶和山花被罗马式的平顶所代替，呈现出新时代的一种纪念性建筑的新形象。

美国文化与欧洲文化有着非常紧密的联系性，这种联系性尤其通过18世纪和19世纪的许多古典复兴风格的建筑体现出来，而且直到20世纪现代主义建筑出现之后，这种古典风格对建筑的影响也一直存在。但同时，美国也像许多欧洲国家一样，在对古典主义建筑风格的引用与复兴的同时，带有很强的再创作性和创新精神。而且，美国古典复兴过程中的这种创新精神，已经显示出与欧洲不同的简化特色。

虽然直到19世纪末和20世纪初，新古典主义建筑风潮仍然在很大程度上影响着欧洲和美国的建筑发展，但这种风潮已经显示出衰败的迹象，其突出表现就是在19世纪末和20世纪初的历史阶段，欧洲和美洲的古典复兴建筑正处于一种异常混乱的折中风格之中。

各地的建筑不再像以往那样，是单纯地以古罗马、古希腊或哥特式风格等一个时期的建筑风格作为复兴的标本，而是在新结构材料所提供的更自由的创作平台上，

波士顿公共图书馆

1895 年建成的波士顿图书馆，是著名的麦金、米德和怀特事务所设计的简化古典主义的建筑作品。这种简化和折中的古典风格，在 19 世纪末到 20 世纪初的美国和欧洲各国广泛流行。

维多利奥·艾曼纽二世纪念碑

这座纪念碑将多种古典建筑风格的建筑元素混合在一起的做法，不仅表现出古典建筑创新能力的衰竭，也预示了古典建筑风格发展的没落。

将以往的多种建筑风格相互混合，因此产生了一批形象怪异、风格新颖的建筑形式。在这些建筑中既有像巴黎圣心教堂（Sacre-Coeur）和罗马艾曼纽二世纪念碑（Victor Emmanuel Ⅱ Monument）这样被赋予新奇面貌的古老建筑类型，也有像巴黎国家图书馆（The Bibliotheque Nationale）和伦敦水晶宫（Crystal Palace）这样依靠新结构技术，并大胆表现新结构技术的全新建筑形式。这两种建筑类型在建筑发展史上所代表的，可以说是现代与古典两种对立的建筑理念，虽然新结构材料的建筑在形式上还呈现出对古典建筑传统很强的依赖性，还处于新形式的探索阶段，但旧有的混合建筑形式无论在使用功能还是外观形式上，却已经

显然呈现出与新时代的不协调。

新古典主义风格与文艺复兴风格一样，都是建筑艺术发展到一定阶段以后，人们对于古典风格的怀念与回归，并明显表现出建筑艺术的发展是呈螺旋式上升的这样一种规律。但是，无论是文艺复兴还是新古典主义，都不是一种绝对的复古，而是在采用新技术并吸收之前各种建筑风格优点基础上的创新形的古典回归。还有一点，就是文艺复兴艺术成就大的地区，新古典主义成就也相对较小，这也说明建筑艺术的发展在不同地区的步履是不相同的。但是人们将古典风格作为一种正统、正宗、严肃和令人尊重的艺术的态度是毋庸置疑的。

巴黎国家图书馆

虽然建筑整体和细部构件仍然保持着古典式的造型，但包括阅览室在内，这座图书馆大规模地采用生铁框架结构，并按照使用功能要求来进行空间与结构设计，显示出现代功能主义的设计特色。

　　新古典主义建筑风格，也是古典建筑发展史的最后发展阶段。虽然在新古典主义建筑时期所产生的简化建筑装饰、追求结构材料真实性等特点，是符合建筑发展潮流要求的，但以砖石为主要材料的古典式梁柱结构不仅十分沉重，而且建造速度也相当慢，显然已经不适应现代工业化生产的需要。而且，随着欧、美各国工业化革命的深入以及城市的兴起，社会建筑发展已经从教堂和宫殿转入市场、学校、车站等更广泛的社会公共建筑类型中来，而古典主义建筑明显无法满足这些日益扩大的社会建筑需求。传统的古典主义建筑已经不只是在建筑形式与风格的层面上与社会需求脱节，而是建筑基本性质上不符合社会的需要，因此传统的古典建筑风格被现代建筑风格所取代，就成了一种历史的必然。

后记

　　2005年版《永恒的辉煌　外国古代建筑史》一书的书稿，是我于2004年完成的。当时的写作原则是要求文字"少而精"。但是当书出版以后，我自己使用这本教材来给学生上课时，发现这本书的文字数量是达到了"少"，但是内容并没有做到"精"。

　　仔细分析其原因后我发现，内容不精的原因就在于这本书的字数太少了一点，在这种制约下很多著名的建筑艺术作品没有分析透、没有讲明白，而一些在风格转型期有代表性的建筑，还都没有机会提到。这样一本小书作为教材，学生看不明白，而教师还要为讲课再花时间去找补充材料，这样看来文字"少"并不一定意味着"精"，但这也并不是说文字"多"就能够使内容"精"。现在改版后的这本书的文字量和插图量都增加了，主要目的是在条理清晰、文字量合理的情况下，给使用这本教材的师生提供足够的信息量，并能够从历史和理论两个方面将外国古代建筑史说清楚。

　　仅仅在书的内容中增加优秀建筑实例介绍的内容还不够，这本书在实例艺术风格的分析方面下了更大的工夫。我的想法是给读者说清楚每一个建筑新风格产生的背景、原因以及这种风格在后来自身的变化和这种风格对后世所产生的影响。

　　为了使讲课的老师或是有兴趣的学生深入阅读，我还在重要建筑名称、建筑师、地名的后面加注上了英文。这样，便于使用者上网查询更多的相关资讯，也能在出现本书的汉语翻译名称与其他书所使用的汉语翻译名称不统一的情况下，使读者更容易地判断本书提到的实例与其他书列举的实例是否相同。为达到使本书的信息量增加，而价格不增加很多的目标，我们将正文的字号和插图都调得略小了一些。这些举措都是从读者的利益出发的。

　　一本好的教材要经过千锤百炼。新版本书中所作的一些修改，都是建立在我本人使用这本教材进行授课过程中所取得的心得基础上的。因此，我也热忱地欢迎更多的师生为这本教材提出宝贵意见，以便再版时再作进一步修改。

　　谢谢您使用本教材。

王其钧

2009年7月于北京

中央美术学院城市设计学院人文社科中心

PEFERENCES
参考书目

[1] （意）伦佐·罗西.金字塔下的古埃及 [M].赵玲，赵青译.第 1 版.济南：明天出版社，
2001.

[2] 西班牙派拉蒙出版社编.罗马建筑 [M].崔鸿如等译.第 1 版.济南：山东美术出版社，
2002.

[3] （意）贝纳多·罗格拉.古罗马的兴衰 [M].宋杰，宋玮译.第 1 版.济南：明天出版社，
2001.

[4] 陈志华.外国古建筑二十讲 [M].第 1 版.北京：生活·读书·新知三联书店，2002.

[5] 陈志华.外国建筑史 [M].第 1 版.北京：中国建筑工业出版社，1979.

[6] （美）罗伯特·C·拉姆.西方人文史 [M].张月，王宪生译.第 1 版.天津：百花文艺
出版社，2005.

[7] （英）派屈克·纳特金斯.建筑的故事 [M].杨惠君等译.第 1 版.上海：上海科学技术
出版社，2001.

[8] （美）亨德里克·威廉·房龙.房龙讲述建筑的故事 [M].谢伟译.第 1 版.成都：四川
美术出版社，2003.

[9] （英）大卫·沃特金.西方建筑史 [M].傅景川等译.第 1 版.长春：吉林人民出版社，
2004.

[10] 建筑园林城市规划编委会.中国大百科全书：建筑园林城市规划 [M].第 1 版.中国大百
科全书出版社，1988.

[11] （古罗马）维特鲁威.建筑十书 [M].高履泰译.第 1 版.北京：知识产权出版社，2001.

[12] （英）约翰·萨莫森.建筑的古典语言 [M].张欣玮译.第 1 版.杭州：中国美术学院出
版社，1994.

[13] （英）欧文·琼斯.世界装饰经典图鉴 [M].梵非译.第 1 版.上海：上海人民美术学院
出版社，2004.

[14] 黄定国.建筑史 [M].第 1 版.中国台北：大中国图书公司印行，1973.

[15] 王文卿.西方古典柱式 [M].第 1 版.南京：东南大学出版社，1999.

[16] 罗小未，蔡琬英.外国建筑历史图说 [M].第 1 版.上海：同济大学出版社，1988.

[17] （英）彼得·默里.文艺复兴建筑 [M].王贵祥译.第 1 版.北京：中国建筑工业出版社，
1999.

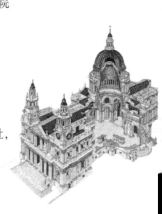

[18] （英）埃米莉·科尔.世界建筑经典图鉴 [M].陈镌等译.第 1 版.上海：上海人民美术出版社，2003.

[19] （法）罗伯特·杜歇.风格的特征 [M].司徒双，完永祥译.第 1 版.北京：生活·读书·新知三联书店，2004.

[20] 英国多林肯德斯林有限公司.彩色图解百科（汉英对照）[M].邹映辉等译.第 1 版.北京：外文出版社，上海：上海远东出版社，贝塔斯曼国际出版公司，1997.

[21] 傅朝卿.西洋建筑发展史话 [M].第一版.北京：中国建筑工业出版社，2005.

[22] 姚介厚等.西欧文明（上）[M].北京：北京社会科学出版社，2002.

[23] 王其钧.欧洲著名建筑 [M].北京：机械工业出版社，2007.

[24] 王其钧，郭宏峰.图解西方古代建筑史 [M].北京：中国电力出版社，2008.

[25] 王瑞珠.世界建筑史：古埃及卷 [M].北京：中国建筑工业出版社，2002.

[26] 王瑞珠.世界建筑史：希腊卷 [M].北京：中国建筑工业出版社，2003.

[27] 王瑞珠.世界建筑史：罗曼卷 [M].北京：中国建筑工业出版社，2007.

[28] 王瑞珠.世界建筑史：拜占廷卷 [M].北京：中国建筑工业出版社，2006.

[29] 王瑞珠.世界建筑史：西亚古代卷 [M].北京：中国建筑工业出版社，2005.

[30] （美）杰里·本特利、赫伯特·齐格勒.新全球史：文明的传承与交流 [M].魏凤莲等译.第 3 版.北京：北京大学出版社，2007.

[31] 陈平.外国建筑史：从远古至 19 世纪 [M].南京：东南大学出版社，2006.

[32] （法）罗伯特·福西耶.剑桥插图中世纪史 [M].陈志强等译.济南：山东画报出版社，2006.

[33] （法）让 - 皮埃尔·里乌，让 - 弗朗索瓦·西里内利.法国文化史（1～4 卷）[M].钱林森等译.上海：华东师范大学出版社，2006.

[34] Cyril M. Harris. Illustrated Dictionary Of Historic Architecture[M]. New York：Dover Publications, Inc.，1983.

[35] Fred S. Kleiner、Christin J. Mamiya. Gardner`s Art Through the Ages[M]. U. S. A:Thomson Corporation，2006.